智 慧 养 老 智 库 报 告
SMART ELDERLY CARE THINK TANK REPORT

中国智慧养老产业发展报告（2023）

REPORT ON THE DEVELOPMENT OF CHINA'S SMART ELDERLY CARE INDUSTRY（2023）

主　编 / 朱　勇
副主编 / 焦国翔　李志宏

中国智慧养老产业发展报告（2023）
编辑委员会

“中国智慧健康养老产业发展及创新经验研究”课题组

组　长　朱　勇

副组长　焦国翔　杨　彬　陈　帅

成　员　李志宏　王维铭　吴　昕　冯南海　庞志强
曾欢蓉　张　淼　王宇琛　龚阿玲　曾韵珊
李芳云　范竟鹏　罗青云　鲍先泰　杨成华
王光永

主要撰稿者简介

朱　勇　博士、研究员，华龄智能养老产业发展中心创始理事长；曾任全国老龄办党组成员、副主任，民政部政策研究中心副主任，《中国民政》杂志主编等职务；兼任中国老年学和老年医学学会副会长、中国老龄协会副会长；担任国家应对人口老龄化战略研究总课题组副组长，2012年提出“智能化养老”的政策建议，组织开展智能养老试点探索，出版有《智能养老》、《中国智能养老产业发展报告》（智能养老蓝皮书）等著作；担任工信部、民政部、国家卫健委智慧健康养老专家组专家，参加国家智慧健康养老试点示范单位及产品和服务推广目录评审，为中国智慧健康养老产业发展做出了积极贡献。

焦国翔　华中科技大学经济法学硕士，中益老龄事业发展中心常务副理事长兼中心主任，中国老龄产业协会副会长，华龄智能养老产业发展中心副理事长，民政部养老服务专家库专家。长期从事老龄事业和产业研究，提出了“三化五满意七转变三共两一”公益化养老核心理念，于2011年首创了“公益性系统化养老模式”，经过十余年的深化完善和研究论证，形成了具有独创价值的理论研究成果，并通过“中益老龄关爱工程”落地实践，不断完善共享经济和公益经济相结合、以政府为主导、公益化运营、企业参与的方式，提供让“政府、老人、子女、社会、投资商”五方满意、可持续发展的社会化养老解决方案。所著的《公益性养老模式理论与实践》荣获国家版权局颁发的作品登记证书，填补了我国公益化养老理论与实践体系研究成果知识产权上的空白。

杨　彬　教授级高级工程师，中铁康养产业投资运营有限公司总经理，华龄智能养老产业发展中心常务理事、专家委员会委员，中国健康管理协会常务理事，智慧健康养老产业联盟专家咨询委员会专家。拥有多年大型养老项目操盘经验，在养老运营管理和商业化运作、大型养老项目运营、智慧养老平台建设、大数据技术的养老产业应用等方面有独到的见解和丰富的实践操作经验，曾作为主要起草人，参与过多项智慧健康养老方面国家级课题及行业标准制定；主持研发了中铁智慧健康养老云平台，并打造了智慧健康养老整体解决方案，中铁康养公司荣获工信部、民政部、国家卫健委命名的“智慧健康养老示范企业”称号。在借鉴国际先进养老运营模式的基础上，结合中国实际创新打造了 HLSS 养老运营服务体系，在传统养老服务基础上融入了具有中国特色的健康管理服务，配合云平台，具有线上线下互动、用户黏性高、标准化程度高、易于复制推广的特点，填补了国内大型 AARC 养老社区运营服务体系空白。

李志宏 北京大学社会学博士，中国老龄协会政策研究部原主任，中国老龄协会事业发展部主任。中国老年学和老年医学学会智库专家，中国老龄科学研究中心特邀研究员。参与国家应对人口老龄化战略研究、《中华人民共和国老年人权益保障法》修订、《“十三五”国家老龄事业发展和养老体系建设规划》、《中国老龄事业的发展》（白皮书）、《国家积极应对人口老龄化中长期规划》、《中共中央、国务院关于加强新时代老龄工作的意见》等重要政策法规、文件起草及重大课题研究；参与编撰《大国应对之道——积极应对人口老龄化的国家战略探索》《政策科学与我国老龄政策体系的构建》《老年价值论》等著作；参与承担中央深改委、教育部、国家社科基金等省部级课题 10 多项；发表学术论文 50 多篇；获得全国老干部工作先进个人、中央国家机关青年“五四奖章”等荣誉称号。

陈　帅 清华大学工商管理学硕士，北京城投控股集团董事长助理，北京城投健康产业发展有限公司执行董事，北京洛子峰科技有限公司董事长，悦之府国际退休村品牌创始人。具备扎实的老龄产业理论知识和国际视野，拥有丰富的社区型养老项目和数字化平台建设运营经验；主持引进了国际先进的退休村养老模式，结合中国实际创设了“医养保一体化”养老服务体系，在北京建成并运营国内首家“悦之府国际退休村”。悦之府国际退休村以长期安全保障老年人居住权、参与权和收益权为核心，成功引进专属医疗保险（HMO）和管理费递延支付（DMF）商业模式，成为全国首家实现“CCRC+保险保障”相结合的养老社区，为中国居家养老模式创新和养老社区可持续发展做出了积极贡献。

吴　昕 中国电子科技集团公司第三研究所产业投资部主任，长期从事电子信息、健康养老等领域的产业政策研究工作，全程参与了工业和信息化部、民政部、国家卫生计生委《智慧健康养老产业发展行动计划（2017～2020年）》及其接续政策的制定和实施，是该领域的资深专家。近些年，先后承担了“面向智慧健康养老终端设备的标准及检测公共服务平台建设项目”“推动智能健康管理类可穿戴设备产业发展专项”“智能健康管理设备产业创新及应用推广项目”等一批智慧健康养老领域的国家重点专项课题研究；参与了智慧健康养老应用试点示范、智慧健康养老产品及服务推广目录、示范性全国老年友好型社区等健康养老国家级示范的评审工作。

冯南海 高级工程师，现任北京利安盛华科技有限公司董事长、华龄智能养老产业发展中心理事、中关村自主品牌创新发展协会副会长、北大元培工匠智慧医疗智库专家客座教授。代表性突出成果：带领团队历时11年、投资亿元研发的智能便携健康“多参数检测仪”+“全民健康管理云平台”服务系统，是用数字前门战略打造智慧康养生态系统的综合创新，实现了血氧、心率、体温、血压、血糖、体脂率、呼吸率、内脏脂肪、皮下脂肪、骨量、尿检等32项健康数据的居家个人监测，通过全球领先的“多传感器融合分析技术”、语音生物标记识别技术，从疾病的筛查诊断，到数字疗法的治疗、中医慢病控症干预，帮助上万会员专业地进行主动健康管理、心理健康筛查、慢病监测及医疗帮助。

罗青云 深耕养老产业领域十余年，资深养老产业专家。上海佳年乐健康管理有限公司董事长、中国老龄产业协会标准化与评价委员会副主任委员、华龄智能养老产业发展中心理事。连续组织承办7届中国老龄产业标准化论坛，参与多项养老产业标准制定。长期从事养老用品行业的整合与拓展，搭建2000+养老用品品牌供应链体系，通过不断优化养老设施设备配置，推动居家养老、社区和机构养老空间优化、居住体验优化，实现居住空间整体性的目标。深入研究“适老”含义及惠老意义，对居家适老化改造、家庭养老床位建设具有独到见解。以实际需求为前提，实需实配，按需服务，累计参与2万户居家适老改造，服务了近300家养老机构和养老综合体。

庞志强 广州中科新知科技有限公司创始人，广东省精准医学技术发明一等奖获得者；担任广东省心脑血管个体化医疗大数据工程技术研发中心副主任、广东省精准医学应用学会精准健康管理分会副主任委员、华南师范大学物理与电信工程学院专业硕士校外导师；曾主持多项国家、省部级科研项目，在 SCI/核心期刊发表论文 6 篇，IF 影响因子>35，申请发明专利 18 项。多年来致力于非接触式生命体征监测技术在慢病管理领域的研究与应用，打造了“家庭-社区-医疗机构”三级联合的疾病管理模式。主持研发的“非接触心律呼吸监测关键技术与应用”获得 2022 年度广东省科学技术奖技术发明二等奖，技术成果转化产品于 2020 年入选国家《智慧健康养老产品及服务推广目录》。

龚阿玲　《长三角》杂志社企业家理事会副理事长、海尔智家适老行业顾问。参与创建上海市黄浦区公益慈善联合会，为孤寡老人提供爱心午餐；在上海市浦东新区陆家嘴街道智慧城市实践的基础上，参与开展民生系统工程中的人民健康系统工程前沿探索；组织海尔“爱到家”公益品牌持续参与中益老龄事业发展中心的“孝行大爱进万家”公益活动，为北京、郑州、东营等地的老人提供公益服务；参与筹建山东省菏泽市单县第一家公益化社区养老服务中心；在北京、上海、杭州、武汉参与策划及实施“十五分钟社区康养综合体”试点项目。

摘　要

《中国智慧养老产业发展报告》是中国老龄协会立项的“中国智慧健康养老产业发展及创新经验研究”的成果结集，由总报告、创新报告、专题报告及案例报告、附录构成。总报告全面总结分析了2020年以来中国智慧健康养老产业发展的现状、成就和问题，提出了今后一个时期智慧康养产业发展面临的形势及趋势；创新报告和专题报告则选择智慧康养领域具有典型性和方向性的新模式、新行动进行深入研究分析及客观呈现；案例报告是对近几年涌现的创新经验的研究和剖析。

本书认为，2020年以来的三年，是我国智慧健康养老产业发展承前启后的重要时期，同时也是智慧健康养老产业发展最为困难的时期。在新冠疫情的影响下，智慧健康养老服务场所关停，市场消费减少，服务供给锐减，运营企业经营困难等，对产业发展造成极大的影响。这期间，在中央和各级政府的决策部署下，抗击疫情和产业发展同步推进，相继实施了老年健康促进行动、智慧助老行动、老年友好型社区创建、老年智慧照护服务工程、第二个智慧康养产业发展行动计划等重大举措，推动智慧康养产业创新发展，出现了融合式智慧养老、医养保融合智慧养老、公益性智慧养老、积分共享智慧养老等新模式；同时，也催生了基于数字前门的主动健康管理、“家社院”三级联合慢病管理、县域农村智慧助餐、医养康特色小镇等创新典型经验。全国智慧康养产业取得了数字化转型、创新技术应用、服务模式创新、商业模式创新、服务需求剧增等显著成绩。但也存在产品服务供给不足、老年人使用智能技术困难突出、产品服务市场消费疲软、专业人才队伍匮乏等短板。“十四五”期间我国智慧健康养老产业将进入新发展阶段，将强化科技支撑，优化产业生态，协同推进技术融合、产业融合、数据融合、标准融合；呈现需求驱动、政策推动、技术撬动、服务联动、市场拉动五大发展趋势，为满足广大老年人日益增长的健康及养老需求提供有力支撑。

本书既站位高远、视野广阔，又立足实践、尊重事实，针对智慧健康养老产品及服务市场的供需矛盾、消费痛点和经营难点等问题，通过对创新模式、创新经验的总结分析，提出完善提升和借鉴推广的建言建议，以及突破困境、寻求出路的解决方案和实现路径。本书政策性、针对性、实用性强，对政府有关部门决策具有重要参考价值，对智慧养老产业从业者具有重要的借鉴作用。

目 录

总报告

创新报告

专题报告

案例报告

附　录

总报告

中国智慧养老产业发展报告（2023）

朱 勇 焦国翔 王宇琛 曾韵珊*

摘 要：2020~2022年，是我国智慧健康养老产业发展承前启后的重要时期，同时也是智慧健康养老产业发展最为困难的时期。2019年11月，中共中央、国务院印发了《国家积极应对人口老龄化中长期规划》，确立了我国新时代积极应对人口老龄化、发展老龄事业和产业的政策框架。据此，党中央、国务院和相关政府部门，以及地方政府相继出台了有关老龄工作、老龄事业、老龄产业发展的一系列重大政策，为智慧健康养老产业发展注入了强大的动力。2020年以来的三年，新冠疫情肆虐全国，党中央坚持人民至上、生命至上的思想，坚决实施“动态清零”的防疫总方针，极大地保障了人民群众尤其是老年人的生命安全。同时在新冠疫情严重影响下，智慧健康养老服务场所关停，市场消费不振，服务供给锐减，运营企业经营困难等，对智慧健康养老产业发展造成很大的影响。2021年10月，我国智慧健康养老产业发展第二个五年计划发布，2022年末新冠疫情防疫政策调整，标志着我国智慧健康养老产业发展踏上新的征程。在“十四五”时期，智慧康养产业将强化科技支撑，优化产业生态，协同推进技术融合、产业融合、数据融合、标准融合，推动产业数字化发展，打造智慧健康养老新产品、新业态、新模式，为满足人民群众日益增长的健康及养老需求提供有力支撑。

* 朱勇，全国老龄工作委员会办公室原副主任，华龄智能养老产业发展中心创始人、名誉理事长。焦国翔，中益老龄事业发展中心主任、华龄智能养老产业发展中心副理事长。王宇琛，中益老龄事业发展中心事业部副主任。曾韵珊，中益老龄事业发展中心办公室副主任。

关键词： 老龄化　数字化　智慧养老　智慧健康

一　引言

2020~2022 年，是我国智慧健康养老产业发展承前启后的重要时期。2019 年 11 月，中共中央、国务院印发了《国家积极应对人口老龄化中长期规划》。规划近期至 2022 年，中期至 2035 年，远期展望至 2050 年，是到 21 世纪中叶我国积极应对人口老龄化的战略性、综合性、指导性文件，确立了我国新时代积极应对人口老龄化的政策框架。

2021 年 3 月，《中华人民共和国国民经济和社会发展第十四个五年规划和 2035 年远景目标纲要》发布，提出了全面建成小康社会、实现第一个百年奋斗目标，开启全面建设社会主义现代化国家新征程，向第二个百年奋斗目标进军的宏伟目标，并且首次提出了实施积极应对人口老龄化国家战略。2021 年 11 月，中共中央、国务院印发《关于加强新时代老龄工作的意见》，同年 12 月，国务院印发了《“十四五”国家老龄事业发展和养老服务体系规划》，对我国今后一个时期老龄工作、老龄事业和产业发展作出了全面部署。2021 年 10 月，工业和信息化部、民政部、国家卫生健康委共同制定发布了《智慧健康养老产业发展行动计划（2021~2025 年）》（以下简称《计划》），对今后五年智慧健康养老产业发展做出全面安排。

2020~2022 年也是我国智慧健康养老产业发展第一个五年计划收官和第二个五年计划启动时期。在党中央、国务院一系列重大政策的推动下，我国智慧健康养老产业取得长足发展。主要体现在：产业发展政策体系更加完善、数字化和智能化技术基础更加坚实、产品和服务供给更加丰富、应用场景和商业模式持续创新、产业数字化转型迈出新步伐，等等。同时也由于新冠疫情的严重影响，大量的智慧健康养老服务场所关停，市场消费需求受到抑制，产品和服务供给明显减少，服务供给和运营企业经营困难等，为智慧健康养老产业发展造成极大影响。因此，从某种程度上讲，2020~2022 年是我国智慧健康养老产业发展最为困难的三年。

2021 年 10 月，我国智慧健康养老产业发展第二个五年计划发布。《计划》提出：到 2025 年，智慧健康养老产业科技支撑能力显著增强，产品及服务供给能力明显提升，试点示范建设成效日益凸显，产业生态不断优化完善，老年“数字鸿沟”逐步缩小，人民群众在健康及养老方面的幸福感、获得感、安全感稳步提升。《计划》提出实施“智慧健康养老产品供给工程”“智慧健康创新应用工程”“智慧养老服务推广工程”；《计划》要求持续推进试点示范建设，拓展试点示范类型。在现有试点示范的基础上，再培育100个以上示范企业、50个以上示范园区、150个以上示范街道（乡镇）及50个以上示范基地，进一步强化示范引领效应。

智慧健康养老产业发展第二个五年计划提出了阶段性目标，在我国步入老龄化社会、大力推进医养结合发展的背景下，智慧健康养老产业仍是未来很长一段时间产业发展热点，也是政策大力支持的方向之一。

二　中国智慧养老产业发展现状

2021年，时任总理李克强在政府工作报告中指出：过去一年在新中国历史上极不平凡。面对百年不遇的新冠疫情，在人民生命安全和身体健康遭到威胁之际，针对疫情形势变化，党和国家及时调整防控策略，健全常态化防控机制，有效遏制疫情蔓延。在举全国之力抗击疫情的大背景下，智慧养老产业同其他行业一样面临前所未有的压力与挑战。

（一）疫情影响严重，挑战与机遇并存

新冠疫情突发三年多来，全国人民在党中央、国务院的坚强领导下坚韧不拔，团结一心，共克时艰，抗击疫情，取得了抗疫的重大决定性胜利。同时，受疫情的影响，智慧康养领域遭遇了前所未有的困难。面对突如其来的风险挑战，康养行业从业人员不畏艰辛，克服多重困难，推动康养产业稳步发展。

1. 连续三年疫情影响，线下服务普遍关停

疫情之下，为了最大限度保障老年人生命安全和身体健康，健康养老领域采取了更为严格的安全保障措施。在养老机构、居家社区养老服务场所封控的情况下，养老服务业处于停滞状态，运营企业面临极其困难局面。在防疫上，养老行业不仅面临防疫手段、药品、人员、物资等缺乏的困难，而且面临突发疾病老人的紧急救治问题；在服务上，不仅面临生活保障物品和服务人员短缺的困难，而且面临服务站点、服务项目关停的局面。三年来各地疫情风险管控措施的严格实

行，导致线下服务基本关停，养老服务运营企业普遍遇到了入住率降低、服务停滞、成本激增、收入锐减以及现金流短缺等问题，导致大量小微养老服务企业陷入困境甚至倒闭。

2. 疫情倒逼服务创新，智慧康养优势显现

面对疫情常态化防控的空前压力，智慧康养服务的优势得到了充分释放。最显著的变化是疫情防控倒逼养老服务方式创新，催生了众多以线上服务为支撑的智慧康养新业态，互联网+人工智能产品的应用场景不断拓展。比如，远程健康监测及管理、新冠疫情在线检测、智慧医疗问诊、平台购药配送等；就养老服务而言，在面对面的线下服务停摆后，依托互联网平台的智慧化服务项目得以快速拓展。如，基于互联网医疗的居家智慧医养结合服务、老年教育智慧自助服务、家庭照护床位远程支持平台、智慧家庭照护管理平台、老年智慧助餐服务、老人智慧安全看护、独居老人智慧关爱服务等。同时，在服务过程中更加注重社会工作和心理咨询等专业资源的介入，以更标准化的服务质量和更精细化的管理手段应对新冠疫情带来的挑战。

3. 疫情刺激需求增长，迎来新的发展机遇

疫情和疫情防控措施的倒逼一定程度上促成了老年人和数字科技的“双向奔赴”。一方面，防疫的现实提升了老年人对智能设备的认知和依赖，拉近了其与智能设备的距离，促使老年人智能设备使用率大大提高，从而催生了智慧养老服务市场需求快速增长；另一方面，快速增长的市场需求也加速了智慧康养新技术、新产品的更新迭代和推广应用。这两方面的作用，客观上促进了智慧养老产品和服务市场潜在需求转化为现实需求，智慧健康养老产业势必迎来新的发展机遇。

（二）第一个五年计划取得阶段性成效，第二个五年计划开始启动实施

2020 年，我国第一个智慧健康养老产业发展行动计划如期收官，并实现了预期目标。2021 年，第二个智慧健康养老产业发展行动计划如期发布。接下来，智慧养老领域将重点围绕智慧健康养老产品供给、智慧健康创新应用、智慧养老服务推广方面持续发力。

1. 政策密集出台，助推行动计划贯彻实施

在第一个智慧健康养老五年计划期间，我国出台了一系列政策措施，助推智

慧健康养老产业发展。2022 年国家卫健委等十一部门联合印发《关于进一步推进医养结合发展的指导意见》，明确提出建设全国老龄健康信息管理系统、实施智慧健康养老产业发展行动、推进“互联网+医疗健康”“互联网+护理服务”等任务。2020 年 11 月，国务院办公厅印发了《关于切实解决老年人运用智能技术困难的实施方案》，要求在全国开展智慧助老行动，帮助老年人跨越“数字鸿沟”。按照国务院的部署，工信部、民政部、卫健委、文旅部、全国老龄办等部委，先后出台文件，要求各地各部门结合自身职能和业务，动员社会力量开展智慧助老行动。2020 年，国家卫健委、全国老龄办印发了《关于开展示范性全国老年友好型社区创建工作的通知》，要求将老年友好型社区创建工作与“智慧助老”等活动紧密结合。这一系列利好政策，对智慧康养产业的发展起到重要的推动作用。

2. 试点示范的作用进一步增强

智慧健康养老是一种新兴的养老模式，其普及离不开优质产品、服务的支撑及典型示范的引领。2017~2020 年，工信部、民政部、国家卫健委三部门着力推动智慧健康养老产品服务示范应用，先后开展了 4 批智慧健康养老示范单位评选工作和《智慧健康养老产品及服务推广目录》的编制（以下简称《推广目录》）。2020 年《推广目录》做了更新，分别收录了 118 项产品和 120 项服务项目，在产品服务数量上进一步增长，在试点示范方面，共评选出 167 家示范企业，297 个示范街道（乡镇）和 69 个示范基地，初步形成了示范带动、典型引领、以点带面、全面开花的良好发展局面。

3. 新的五年计划颁布实施

《智慧健康养老产业发展行动计划（2021~2025 年）》已经启动实施，为智慧养老产业今后几年的发展指明了方向，预计到 2025 年，智慧健康养老产业将呈现科技支撑能力显著增强、产品及服务供给能力明显提升、试点示范建设成效日益凸显、产业生态不断优化完善的特点。老年“数字鸿沟”逐步缩小，人民群众在健康及养老方面的幸福感、获得感、安全感稳步提升。

（三）创新技术广泛应用，智慧化基础不断夯实

随着云计算、大数据、人工智能等信息技术的成熟和在智慧养老领域的应用，智慧养老解决方案呈现数字化、网络化、智能化的发展趋势，“硬件+软件+服务”的产品形态逐步形成，提升了用户体验，增强了用户黏性。

1. 信息平台日趋智能化

信息平台是智慧健康养老服务管理的基础，支撑健康养老数据的采集、传输、治理、分析及应用。近年来，随着 5G、云计算、大数据处理、区块链、智能传感器、物联网等新一代信息技术的应用，我国各地的智慧健康养老信息管理平台也不断迭代升级，不断由信息化向智能化的方向发展，智慧健康养老数字底座不断夯实。根据民政部提供的数据，全国建成和正在运行的智慧健康养老云平台已达 840 个，其中，山东、浙江、新疆、四川、山西、内蒙古等地平台数量均超 50 个。这些系统平台的普及应用，创新了老龄化社会的管理体制机制，提升了养老服务机构管理经营效率，展现了信息技术支撑康养产业发展的巨大潜力。

2. 智能产品不断创新

智慧健康养老服务离不开优质产品的支撑。随着科学技术的蓬勃发展，越来越多智能设备已经从概念化变为真实的产品，智慧养老产品和应用不断突破创新、快速迭代，为健康养老提供了新的解决方案。在第一个五年行动计划期间，健康管理类可穿戴设备、便携式健康监测设备、自助式健康检测设备、智慧养老监护设备和家庭服务机器人等重点产品均取得了一定的突破与发展，智能设备市场已呈现“百家争鸣”的景象，已有不少企业投入智能设备的研发当中，并相继推出了自己的产品。未来，智慧养老产品将越来越深入地影响老年人健康养老生活方式。

3. 从 IT 到 DT——数字化转型开始起步

我国正在快速迈入数字化时代。这是以数据资源为关键要素，以现代信息网络为主要载体，以信息通信技术融合应用、全要素数字化转型为重要推动力，促进公平与效率更加统一的经济社会新形态。数字化正以前所未有的速度、广度、深度推动生产方式、生活方式和治理方式深刻变革，同样也对健康养老产业产生深刻的影响，赋予了健康养老服务新的外延，催生新的业态，孕育新的商业模式，推动健康养老产业向数字化转型，进入深化应用、规范发展、普惠共享的新阶段。

（四）服务模式不断创新，服务供给能力显著增强

随着社会老龄化日渐深入，老年人养老需求呈现多层次、多样化特点，养老产品和服务模式（业态）也日趋多样化，产品服务提供主体不断增加，产业规

模持续增长。

1. 产品和服务呈多样化特点

随着信息和智能技术产品与健康养老服务的深度融合，智慧健康养老服务的产品也日趋多样化。除了传统的社区居家和机构养老服务外，智慧健康养老服务领域不断拓宽，服务内容不断丰富，服务产品不断创新。面向老年人的智慧化家庭照护、文化教育、心理慰藉、旅居旅游、医疗保健、健康管理、康复服务、用品辅具、适老设施、老年食品等服务产品不断迭代创新，且更加精细化、精准化，催生出新的服务模式和新的业态，智能化成为推动养老产业发展的新动能。

2. 产品服务提供主体不断增加

近些年来，我国智慧健康养老服务的供给主体不断增加，特别是自《智慧健康养老产业发展行动计划（2021～2025年）》发布以来，除了传统企业（房地产）、科技企业、医疗健康服务企业等纷纷布局养老服务行业外，在工信部、民政部、国家卫生健康委三部委的共同推动下，一批大型央企国企、银行、保险、地产等多元市场主体陆续布局智慧健康养老产业，这一状况势必不断丰富智慧健康养老服务和产品的供给，同时也将助推康养服务行业的转型升级，推动产业规模持续快速增长。

3. 产业规模持续增长

中国老龄协会发布的《需求侧视角下老年人消费及需求意愿研究报告》（以下简称《报告》）指出，随着老年群体规模不断扩大、老年人生活生命质量提升，我国老龄产业市场潜力巨大、发展前景广阔。《报告》预计，2020年，我国老年消费市场规模将达到3.79万亿元，无论是老龄用品市场还是养老服务市场都有较大刚需。根据智慧健康养老产业联盟测算，2017年，我国智慧健康养老产业规模约为2.2万亿元，到2020年，已增长至4.27万亿元，年复合增长率超过18%，展现了迅猛的发展势头（见图1）。

（五）商业模式不断创新，市场化程度显著提高

智慧康养产业是满足老年群体消费需求的产业形态，按照市场规律配置资源、遵循市场机制运营发展是其必然选择。近年来，我国康养产业的市场化程度迅速提高，其中不乏市场主体对商业模式的探索与创新。

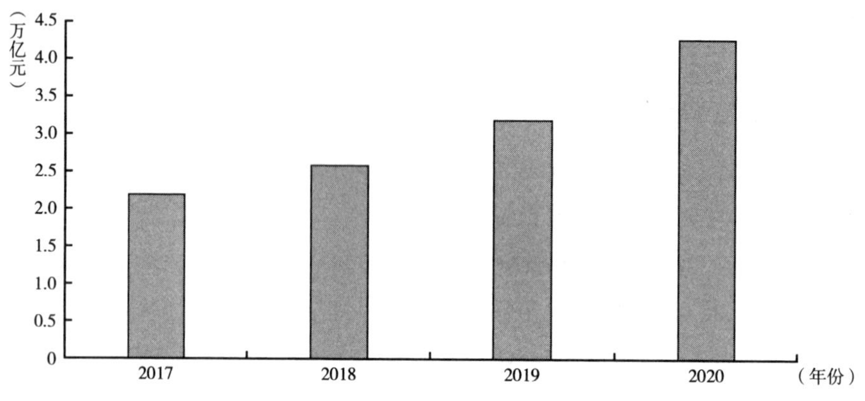

图 1　智慧健康养老产业规模

资料来源：智慧健康养老产业联盟测算。

1. 发展推动力由政策引导趋向市场主导

我国公共服务“十四五”规划已经明确：除了兜底性服务属于基本公共服务、由政府提供外，普惠性养老服务和生活性养老服务都属于非基本公共服务，其提供者为各类市场主体，政府承担扶持监管的职责。基于国家宏观政策引导，各地政府基本厘清了养老产业的发展方向和目标任务，在具体实施路径中更加注重对市场规律的遵循，更加注重以市场需求为导向，以市场机制为推手，注重发挥企业和市场的重要作用，不断推进公办养老机构的市场化改革，加大政策扶持力度，推进养老产业的市场化发展。

2. 国家出台政策，鼓励和拉动市场消费

我国已经进入依靠消费拉动经济发展的新阶段。早在 2018 年，中共中央、国务院就印发了《关于完善促进消费体制机制　进一步激发居民消费潜力的若干意见》，明确地提出消费是最终需求，是生产的最终目的和动力，消费对经济发展具有基础性作用；要求全面开放健康养老服务市场，完善鼓励消费政策，促进和提升医疗健康和养老服务消费。2022 年 7 月，国务院办公厅印发《关于进一步释放消费潜力促进消费持续恢复的意见》，要求既聚焦当前促恢复，又着眼长远挖潜力，推出五大方面 20 项重点举措，其中第五条措施是“加力促进健康养老托育等服务消费”，要求深入发展多层次多样化医疗健康服务，实施智慧助老行动，加快推进适老化改造和智能化产品开发，发展适合老年人消费的旅游、养生、健康咨询、生活照护、慢性病管理等产品和服务，支持开展省际旅居养老合作，系统全面地推动健康养老消费高质量发展。

3. 共享养老模式创新

面对庞大的养老智慧康养产业市场，各涉老市场主体不但在产品和服务迭代升级上发力，同时更加注重养老服务商业模式的创新探索，其中以河南新乡市为代表的积分制共享养老模式受到了相关政府部门和业内同行的关注。这一模式是以数字化平台为依托，通过大数据的采集、发掘和应用，整合养老服务供需各方的资源，共建养老服务市场；以积分制为杠杆拉动养老服务消费，共享养老服务消费市场成果。积分制共享养老模式已经取得较为成功的经验，被国家发改委、民政部、全国老龄办选为养老服务业发展典型案例。

（六）老龄化急速发展，服务需求持续增长

我国老年人口规模大，老龄化速度快，老年人需求结构正在从生存型向发展型转变，老年群体健康养老服务需求快速增长，加快推进老龄事业和产业发展的重要性和紧迫性日益凸显，任务更加艰巨繁重。

1. 老龄化急速发展

截至2022年底，我国60岁及以上老年人口28004万人，占全国人口的19.8%，其中65岁及以上人口20978万人，占全国人口的14.9%。据预测，“十四五”期间，我国老年人口迎来第二次增长高峰，年均增长超过1200万人，是“十三五”时期的2倍，进入人口老龄化急速发展阶段。预计“十四五”时期，60岁及以上老年人口总量将突破3亿，占比将超过20%，进入中度老龄化社会。老年人口的急速增长，一方面加大了老年民生改善和政府财经支出的压力，另一方面也表明健康养老服务市场消费潜力巨大，预示着健康养老产业发展“黄金期”的到来。

2. 老年群体文化素质显著提升

从2020年起，20世纪60年代出生人口陆续进入老年期，这部分老年人群体的文化素养、经济实力、消费观念、互联网使用能力等都明显增强。与此同时，随着“智慧助老行动”的持续开展，以及信息技术适老化程度的不断提高，老年人使用智能技术的困难将逐步缓解，这对于智慧健康养老服务需求的释放和增长，将产生巨大的内生推动力量。

3. 老年群体需求结构发生变化

随着20世纪60年代出生的“新生代”老年人口的增长，老年群体的健康养老服务需求也从生存型向发展型和享受型转化，由物质保障需求向精神文化需求转型。大部分老年人已不再仅仅满足于追求衣食无忧的物质生活，而是越来越偏

向于“老有所学、老有所乐、老有所为”的精神文化层面的满足。在养老服务需求结构中，以文化、体育、娱乐、旅游和社会参与等为主要内容的精神文化需求占比逐步提升。这对健康养老服务供给侧改革将产生深刻影响，预示着今后一个时期我国健康养老服务市场供需关系将发生质的变化，开始迈入高质量发展的新阶段。

三　中国智慧养老产业发展的问题及对策

目前，我国智慧养老产业正逐渐从疫情影响中恢复过来，逐步走向全面发展阶段，并呈现数字化、个性化、定制化以及服务化的特点。但就现阶段而言，尚未形成系统、完善、有效的商业运营模式，还存在一些亟待解决的突出问题。

（一）主要问题

如前文所述，整整三年的新冠疫情中，我国智慧养老产业发展面临的困境和问题得到了充分暴露。一些老问题在疫情面前被放大，有些新问题因为疫情显现出来。

一是智慧健康养老产品服务供给不足的问题更加凸显。新冠疫情导致大量的线下服务中止，催生了老年人对智慧健康养老服务的需求，但是市场上有效的产品服务供给不足，服务不配套，供需矛盾十分突出。尤其是老年人健康保障、生命安全、生活服务、出行办事等方面的服务十分短缺。

二是老年人使用智能技术设备的困难更加突出。老年人在生活服务、交通出行、养老医疗等诸多方面没有充分享受到新技术带来的便捷。以老年人就医为例，有相当一部分老年人不会使用自助挂号机或手机挂号，不会使用自助机器办理社保、医保等服务。究其原因固然与老年人学习能力、反应能力、记忆力等机能下降，接受新事物的阻力大有关，但相关智能应用、网页的操作流程烦琐复杂也是造成老年人使用智能设备困难的主要原因，如在使用某智能产品时，往往需要长按二维码、复制转发、使用浏览器打开等操作，这对于老年人来说不太“友好”，即便各平台推出“长者”模式，但仍有相当的提升空间。

三是智慧健康养老服务市场消费严重不足。一方面是必须或者被迫使用智能产品的需求急剧增长，另一方面是“不会用、不敢用”的问题更加凸显。由此带来的是老年人需要更加适老化的智能产品和智慧助老服务，这对市场来说应该是巨大的商机。但是，巨大的市场需求并没有带来智能产品和服务消费的增长，更没有带来企业经营利润的增长，市场经营者依然面临重重困难。如何存续下去，是智慧健康养老产业面临的最大挑战。

（二）成因分析

造成以上问题的原因是多方面的，既有政策和政府行为方面的因素，也有疫情及其防控措施的影响，但从产业发展本身的影响要素看，关键还在于智慧康养产品和服务难以适应市场供求的需要。

1. 从市场供需关系来看，老年人对智能硬件设备接受度较低

老年人出于自身原因对各类智能硬件设备的认知度和使用能力较低，消费理念和消费能力上也有所不足，导致市场有效需求降低。同时，我国对智慧化养老服务的宣传普及力度还很不够，大多数老年人对智能化设施设备的优势及作用认识和理解不够充分，加之许多智慧养老产品会采集老年人数据信息，涉及老人的个人隐私，老年人担心会带来隐私安全等方面的问题，这也是老年人对智能硬件设备接受度较低的重要原因。

2. 从产品生产看，适老化、人性化程度有待提高

目前，我国智慧养老产品多以智能可穿戴、智能用品和智能家居产品为主，虽然突出了智能化的特性，却忽略了老年群体自身的特殊性即适老性。大多企业对老年人多元化、多层次、多类型的养老需求了解不深，分析不足，虽然很多产品及服务已从单一型向多元型转变，但产品和服务之间还存在不匹配、相脱节的现象。企业过多专注于技术产品研发，为了提高产品功能，使得产品使用方法过于复杂，产品的适老性和友好性不足，降低了使用的便捷性、实用性和经济性。此外，大多数智能设备主要依托平台来实现，更加侧重线上使用、报告评估和结果反馈，实际上大多数老年群体更愿意享受线下产品及服务。

3. 从信息资源整合看，参与主体之间缺乏有效的协调沟通与对接机制，难以实现数据信息资源的共享利用

长期以来，政府各部门的信息系统基本上都是各自规划、分散建设、独立运行，从而形成了“信息孤岛”，存在一定的信息壁垒。由于缺乏信息共享机制，在智慧养老服务大数据库搭建方面，存在数据类型和数据标准不统一、信息资源整合难等问题，部分信息和数据具有隐私性不能互通共享，在一定程度上影响养老服务资源整合。

4. 智慧养老服务专业化人才队伍匮乏

智慧养老项目需要有专门负责的团队持续推动，在项目实施过程中针对老年人的实际需求找出问题，并通过专业化分析来完善解决。然而当前，我国从事智慧养老产品研发和服务的人才数量不足、专业化技术水平不高，缺少规范化的培训。此外，智慧康养教育培训体系尚不完善，相关高校及科研机构缺乏对高质量专业研发人才的培养，专业技能培训机构缺乏智慧康养服务知识与技能培训，无论技术研发人员还是服务实操人员，全面了解各领域、各发展阶段的复合型人才少之又少，与智慧养老产业人才需求匹配度较低。

（三）解决对策

针对以上问题，政府有关部门以及市场主体要履行各自的职能，加强协调沟通，共同寻求解决问题的对策和合力。

第一，建立数据共享机制，加强政策和资源的整合。各级政府要加强智慧健康养老产业发展的统筹规划和综合协调，实现政府部门之间的信息资源共享，消除“信息孤岛”，同时要有计划、有步骤、有监管地向市场主体开放信息资源，实现市场供需资源信息的全方位共享。同时，鼓励支持构建区域性乃至全国性的智慧健康养老服务云平台，提升平台的管理服务层级和覆盖率，充分利用各功能性平台的作用，推动智慧康养服务数字化赋能，以智慧化管理和大数据分析，实现智慧养老服务精准供给。搭建政府、家庭、个人、社会组织等在内的养老服务共同体，实现线上线下相结合的全资源共享模式，通过“互联网+”智慧养老服务模式，实现老人、家庭、企业、社会和政府等多方平台力量的共同配合协作，实现智慧居家、智慧社区和智慧机构“三网融合”。

第二，建立、优化行业标准和市场规范。政府部门要及时出台智慧健康养老产品标准、服务标准，使智慧养老服务有规可循，同时允许各地区根据发展状况的不同因地制宜，给予各地区充分的自主性，逐步解决地区发展不均衡、标准不统一问题，进一步优化产业发展环境。

第三，提高智能适配水平，增强用户体验。坚持以老年人为中心，立足老年人实际服务需求，加速创新成果转化和技术应用，将先进技术与老年人的健康特征、生活习惯和兴趣爱好相结合，研发适应老人不同需求、操作更加简便的智能化终端设备。要不断探索多样性、多功能性和系统集成化，建立“智能产品+匹配服务+后台支撑”的智慧养老服务闭环，实现智慧健康养老的多场景应用。

第四，加快智慧康养产业人才培养。注重智慧养老服务人才队伍建设，特别是成熟性、技能型人才的教育培训。教育部门要推进高校设立智慧养老服务课程，加大对专业护理人员智能信息技术培训力度。利用大数据技术，面向医护、电商等专业的大学生，提供实训平台。探索养老机构和学校的实训联动，通过实践场景锻炼和提高服务能力。社会公共服务在发展网上智慧养老的同时，应在关注线上渠道的同时拓宽线下服务。通过线上线下的协同发展，解决老年人智能生活的困境，跨越“数字鸿沟”，让数字养老从“云”落到“地”上。

四　中国智慧养老产业前景展望

我国已经进入新发展阶段，党中央、国务院把积极应对人口老龄化上升为国家战略，对今后一个时期的老龄事业和产业发展作出了全面规划和部署，先后制定颁布了《国家积极应对人口老龄化中长期规划》《关于加强新时代老龄工作的意见》《“十四五”国家老龄事业发展和养老服务体系规划》，工信部、民政部、国家卫生健康委共同制定发布了《智慧健康养老产业发展行动计划（2021-2025年）》，对这五年智慧健康养老产业发展做出全面安排。展望今后，我国智慧健康养老产业发展将呈现以下趋势。

（一）需求驱动

“十四五”时期是我国人口老龄化急速发展时期，老年人年均净增超过1200万人，2023年净增1408万人。到“十四五”期末，我国60岁及以上老年人口总量将突破3亿，占比将超过20%。老年人口的急速增长带来健康养老服务需求的急剧增长。据预测，“十四五”期末我国养老产业规模将从5万亿元增长到8万亿元左右，到2035年增长到20万亿元，约占GDP的10%。与此同时，老年群体的需求结构也发生明显变化。一是随着经济社会发展，老年群体的需求将从生存型向发展型转变，健康保健和精神文化方面的需求上升到主导地位。二是养老产业市场的有效需求显著增长。到“十四五”期末“60后”老年人口将超过1亿人，约占老年人口总数的1/3，60~69岁的低龄老人占55%。这部分低龄老人文化素养较高，有较多的资产积累，子女负担较轻，追求高品质的养老生活，有较强的消费意愿潜力。由此可见，我国老龄产业的发展将进入需求驱动的时代，老年群体对康养美好生活的期盼，就是这个产业大发展的最大驱动力。

（二）政策推动

自2013年以来，我国养老产业已经走过辉煌的10年。这10年间，党中央、国务院以及有关部委出台了一系列政策措施，对养老产业发展发挥了重要的引导推动、扶持规范的作用。从2023年到2033年，我国老龄人口将从3亿人增加到4亿人，从中度老龄化社会进入重度老龄化社会。这10年，将是我国养老产业进入高质量发展的10年，同样离不开国家政策的引导和推动，而且政策的着力点也将呈现新的特点。一是政策的覆盖面进一步拓宽。党中央、国务院《关于加强新时代老龄工作的意见》指出，要把“积极老龄观、健康老龄化”的理念融入经济社会发展的全过程和各领域。这一理念是我国老龄政策的里程碑式创新，预示着老龄政策将从养老的民生保障领域拓展至政治、经济、文化、社会、生态“五位一体”总体布局。二是政策着重点转向供给侧和需求侧并重。前10年，为解决养老服务供给不足问题，国家的政策更多地侧重于供给侧的改革；后10年国家政策将关注需求侧改革，尤其是通过政策引导和激励，进一步释放老年人的参与型、发展型、享受型需求，驱动老龄产业发展。三是更加注重消费市场的培育和规范。国家将通过政策措施和经济手段，有效解决老年人不敢消费、不想消费、不愿消费问题，激发老年人潜在的消费需求，优化市场营商环境，扩大老年消费市场。四是更加注重全人群、全生命周期的政策取向。目前的政策取向总体还是偏重于解决老年人老年期的问题，今后政策的关口将适度前移，通过事前干预性政策，应对老年人老年期的问题。同时立足“全人群”共享共融发展的要求，注重在维护老年人利益的同时，使“全人群”共享发展成果，促进代际利益的统筹协调。

（三）技术撬动

“十四五”期间，我国智慧健康养老技术产品的创新应用将实现新的突破。一是智慧康养的技术基础进一步夯实。物联网、大数据、云计算、人工智能、区块链、超高清视频、虚拟现实等新一代信息技术在健康及养老领域的集成创新和融合应用，将提升健康养老产品及服务的智慧化水平。二是智慧健康养老新技术广泛应用。在健康管理和慢病康复方面，将应用智能化生物传感技术、快速充电技术、微处理器和轻量级操作系统、康复干预技术、神经调控技术、运动功能康复技术等；在养老服务方面，有多模态行为监测技术、跌倒防护技术、高精度定位技术、家庭服务机器人的感知和自主学习技术等。三是智慧健康养老管理平台全面迭代升级。将建成互联互通的全民健康信息平台，实现健康数据的有效归集与管理；专业的健康管理及远程医疗服务应用软件的标准化、智能化及互联互通水平将显著提高；区域智慧养老服务信息平台的服务范围将进一步扩大，服务功能进一步增强，实现服务的流程化标准化。四是基本建成智慧康养数据要素体系。区域性健康养老大数据中心、居民电子健康档案、老龄人口信息等基础数据库及数据中台将逐步建成，统一提供治理分析、共享交换、安全开放等全链条数据服务，提升数据的使用效率，强化数据要素赋能作用。

（四）服务联动

随着智慧健康养老技术和产品的创新应用，智慧康养服务将呈现跨界融合、人机协同、群智开放、自主操作等新特征。随着产品和服务融合度越来越高，特别是线下人工智能服务发展迅速，将发挥科技资源整合赋能的优势，形成政府引导、行业监管、产品研发、项目管理、终端服务“五位一体”的康养服务发展格局，推动线上线下服务城乡全覆盖，养老机构平台监管全覆盖，适老化改造、居家养老服务运营中心、老年人助餐点等管理平台全覆盖，实行多级、多部门、多元化服务联动，与智慧养老服务网络平台形成功能互补、数据共享、多级联动的立体化、多层次服务体系。通过数字化转型，将促进专业机构运用互联网、物联网等技术，全面整合医疗、健康、康复、养老、照护、家政、社工、志愿者等线下资源，将老人需求与社会服务资源有效对接，形成功能互补、数据共享、多级联动的立体化、多层次智慧健康养老服务体系，为老年人提供更精准、更高效、更优质、更普惠的服务。

（五）市场拉动

我国《“十四五”公共服务规划》首次将健康养老服务属性及其权责边界作了清晰的界定。规划将健康养老服务分为兜底性服务、普惠性服务和生活性服务三大类。兜底性服务属于基本公共服务的范围，由政府负责提供；普惠性和生活性服务属于非基本公共服务，由市场负责供给，政府给予扶持和监管。可以预见，“十四五”期间政府除了确保兜底性健康养老服务均等化外，将鼓励、培育和扶持普惠性和生活性健康养老服务向市场化方向发展。与此相应的是，“十四五”及今后一个时期，老年群体多样化、个性化、高品质的健康养老服务需求，将由潜在需求向市场有效需求转化。按照中国老年科学研究中心的预计，从“十四五”开始，老年人口的消费能力将以每年 30%的速度增长，逐步形成需求牵引供给、供给创造需求的更高水平的动态平衡。

参考文献

崔开昌、刘纯燕：《人工智能+养老服务：发展模式与实现路径》，《中国老年学杂志》2022 年第 8 期。

王晨海：《养老服务智能化的现状和智能养老科技创新的展望》，《互联网周刊》2022 年第 7 期。

陈祺、王宇一：《大数据时代“互联网+”智能养老服务的实践研究》，《电子元器件与信息技术》2022 年第 2 期。

创新报告

“医养保”养老模式的创新与实践

——悦之府国际退休村建设与运营报告

朱　勇　陈　帅*

摘　要： 悦之府国际退休村是北京城投健康产业发展有限公司借鉴澳大利亚的“退休村”模式，结合我国实际情况打造的社区型养老项目。悦之府以“康养权益”为核心的运营模式，是适应我国社会现实需要和养老政策环境而创设的“产品”表达形式，是以财产使用权、服务享有权、经济收益权、运营参与权为标的的集合权利，具有法律、经济、社会等多重属性。悦之府秉持“有服务的家”的运营理念，构建了“医养保三结合”的独具特色的服务模式，尤其是专门为退休村居民量身定制的专属医疗保险，切实解决了老年人的痛点问题，开国内单个养老项目定制专属医疗保险的先河。悦之府坚持一切以老年人为中心的宗旨，在退休村建立了党支部、村民委员会等组织，组织村民参与管理运营，共建退休村幸福生活；悦之府贯彻“提升价值，人人受益”的运营理念，通过一系列共享机制的设计和实施，使退休村提升的价值即经济收益惠及老年人、投资方、运营方和运营团队，真正实现退休村共建共治共享共赢。

* 朱勇，全国老龄工作委员会办公室原副主任，华龄智能养老产业发展中心创始人，北京城投养老产业创新研究院名誉院长。陈帅，清华大学工商管理学硕士，北京城投控股集团董事长助理，北京城投健康产业发展有限公司执行董事，北京洛子峰科技有限公司董事长，悦之府国际退休村品牌创始人。

关键词： 养老社区　退休村　康养权益　共建共享

一　引言

养老社区一般指专门供老年人居住生活的服务型社区。[①] 悦之府国际退休村（以下简称“悦之府”）是北京城投健康产业发展有限公司打造的社区型养老项目。该项目借鉴国际上通用的“退休村”运营模式，亦称“活力退休社区”（Active Adult Retirement Community，简称“AARC”），结合我国“养老社区”项目建设运营的实际情况，创造性地提出了基于“康养权益”的运营模式，同时将医疗服务、养老服务、保险保障融为一体，形成了独具特色的“医养保三结合”的服务模式。

为了深入分析研究悦之府国际退休村运营模式和服务模式的科学性、合法性、创新性和可行性，为我国养老模式的创新探索提供实践借鉴，推进“养老社区”项目的健康持续发展，北京城投养老产业创新研究院组织资深专家成立课题组，开展“悦之府国际退休村创新模式标准化研究”。该研究重点采用国外经验分析、体验式调研、理论研讨、政策剖析等方法。现将研究成果报告如下。

二　国外社区型养老模式概述

根据课题组掌握的资料，国外社区型的养老模式主要有“持续照料社区”（CCRC：Continuing Care Retirement Community）、“活力退休社区”（AARC：Active Adult Retirement Community）和“退休村”（Retirement Village）三种模式。

（一）持续照料社区

持续照料社区最大的特色是提供连续性的居住和照护服务，即随着老年人生活自理能力的逐步衰退，为老年人提供自理、照料和护理一体化的居住设施和服务，使老年人在熟悉的社区和家庭环境中安度晚年。1999 年美国一项学术调查显示，CCRC 的老人余命年龄是非 CCRC 老人的 1.5 倍，这主要得益于 CCRC 适

① “养老社区”指专门供老年人居住的规模较大的生活区，居民年龄一般在 55 周岁及以上。

老化的居住环境和持续性的专业化服务，它深受全社会的认可和老年人的欢迎。

1. 社区环境

美国的 CCRC 大多建在城市近郊且环境优美的地方，便于利用城市的医疗和服务资源；社区住宅以多层为主，规划布局紧凑，有利于集中管理服务、降低成本；社区环境适老化程度高，普遍建有无障碍设施；社区建有众多的生活、文体、医疗、健康、照护等为老服务设施，满足自理、半自理和失能老年人多样化的需要；社区配备了各类管理服务人员，有的社区管理服务人员与老人的比例高达 1∶2。

2. 居住对象

CCRC 的居住对象大体分为三类：一是完全自理的健康活跃老人；二是需要生活照料的老人；三是全护理老人，大多行动不便或患有认知障碍。

3. 运营模式

CCRC 采用"居住权+服务费"的运营模式。社区的房产一般不销售产权产品，只销售居住权或使用权产品，按房间大小费用从 20 万到 100 万美元不等；居住权产品针对自理、介助、护理三类居住对象的基本特征有所区别，一般三类产品的配比为 12∶2∶1。购买了居住权的老人还需交纳服务费才有权享有相应的服务；服务费标准不尽相同，大体为健康活跃老人 3000 美元/月，半护理老人 4000 美元/月，全护理老人 5000~6000 美元/月。开发商通过居住权销售回笼资金，还能以持有的产权获得抵押贷款，通过年费（或月费）获得日常经营收益，通过出租店面获得租金收益。

（二）活力退休社区

活力退休社区是专门为健康活力老年人建造的商业地产项目，最先出现的是美国的"太阳城"，至今已经有近百年的历史。随着人口老龄化的不断发展，AARC 养老模式受到了老年消费群体高度认可，其市场需求急剧增长，推动 AARC 项目在美国遍地开花，而且规模越来越大，最典型的是位于佛罗里达的"群村"（The Villages）。群村不但满足了老人们的各种需求，还符合他们对美好生活的向往，因此被称为"老年人迪士尼乐园""退休天堂"。其主要特点如下。

1. 规模庞大的区域和人口

佛罗里达州位于美国本土最南端，气候温暖湿润，十分适宜退休养老和度假。群村位于佛罗里达州著名度假胜地奥兰多市西北约 70 公里处，占地面积 83.14 平方公里，横跨佛罗里达州中部的三个县。群村于 1990 年代开始以 AARC 的模式进行开发，2000 年入住居民 8333 人，2010 年增加到 51442 人，2014 年达到 114350 人，2016 年接近 16 万人，成为美国人口增长最迅速的地区。

2. 适老化的社区结构

群村是一个以独立式别墅为主的低密度住宅区，由“片区+组团”构成，共有 6 个片区，每个片区有若干个组团，共有 80 余个组团，组团又被称为“某某村庄”，每个村庄都是一个门禁社区，空间结构十分灵活，适应了高效管理运营的需要。群村对外向城市开放，与城市路网相衔接；内部道路密集顺畅，采用低速机动交通方式，居民普遍使用高尔夫球车作为代步工具，无须驾照即可驾驶，可以“门对门”地抵达社区任何地方，同时不排斥普通机动车，但车速不得超过 16km/小时。

3. 丰富多彩的文体娱乐设施

群村建有 80 多个社区级、组团级和邻里级等公共娱乐中心和大量不同种类的室外活动场地，以及提供野餐设施的公园、宠物公园和儿童乐园。还建有商业中心，每个中心有几条商业街，餐馆、咖啡馆、酒吧、服装店、书店、家居饰品店、药店等应有尽有，满足社区居民的日常生活需求。“群村”周边还聚集了大量商业、服务业设施，美国国内主要的大型连锁超市、银行、餐厅等在此均有布局。文体娱乐设施众多是群村的最大特色，也是最吸引老年人的地方。如高尔夫球场、马球场、网球场、棒球场、垒球场、篮球场、排球场、保龄球场、射击场、游泳池等等，围绕这些文体娱乐设施成立多个俱乐部，以会员制的方式向居民提供服务。

与 CCRC 不同的是群村的健康养老服务设施不多，偌大的群村只有一家区域综合医院，床位 223 张；还有 5 家社区医护中心和 1 家特别医护中心。为满足部分失能老人的需求，群村中也有少量的介护式公寓出售，提供 24 小时居家看护的专业付费服务。随着居民年龄的增长，医疗护理服务需求上升，这一状况会逐渐得到改变。

4. 高度自治的管理体制

群村居民有严格的年龄限制。规定年满 55 岁的人可以长期居住在社区，19 岁以下的来访者每年居住时间不得超过 1 个月。为了满足少数老人与子女共同生活的需求，群村建了唯一一个“家庭友好”片区，允许子女与老人同住。

群村实行社区高度自治。群村成立了十多个“社区发展区”（CDD：Community Development District）。社区发展区相当于一级地方政府，根据佛罗里达州的《规范社区发展区法案》设立，旨在帮助社区建设与发展，提供包括道路、给排水及其他基础设施、安保、消防、环卫等公共服务。CDD 所有事务由 5 人董事会决定，董事会由社区居民选举产生。CDD 通过向社区居民收取房地产税和市政公用设施费来提供公共服务。此外，群村还建立了两个民间组织——房地产拥有者联盟和群村业主联盟。群村拥有自己的媒体，包括网站、报纸、广播电台和闭路电视等。高度的社区自治和社区参与显著增强了居民对社区的强烈认同感和归属感，这是 AARC 社区取得成功的重要经验。

5. 充分市场化的运营模式

群村按照产权+服务的地产方式运营，定向的住宅产权产品销售是资金回笼的主渠道。社区的住宅只销售给 55 岁以上的老年人，居民可以通过住房按揭贷款购买住宅，首付款约为总房价的 5%~10%，贷款年限长达 30 年，而且没有年龄限制；住宅价格与相邻的城市房价相当（平均 25 万美元/套），加上普通住宅没有的适老化环境和配套设施的优势，产品市场销路很好。

群村居民需缴纳房地产税、市政公用设施费、俱乐部会员费等费用，平均每月约为 500 美元，每人每月可以参加多种娱乐学习活动，其他生活费用则因人而异。群村的退出机制也相当完善，居民的房屋和土地可以继承和出售，但继承者需年满 55 岁才能在群村居住。

AARC 塑造了一种积极的退休生活方式，因此又被称为“休闲退休社区”（Leisure or Lifestyle Oriented Retirement Community）。

（三）退休村（Retirement Village）

“退休村”是澳大利亚、新西兰等国打造的社区型养老项目，其社区结构和功能与“CCRC”基本相似，但在管理运营上更具特色，其建立和实施的几大保障机制，从法律上保障了退休村的规范运营，对我国类似的项目建设运营具有重要的借鉴意义。

1. 法律保障机制

20 世纪 30 年代，布里斯班的卫理公会资助建造了一个慈善性的村庄（Whellar Gardens）供因战争无家可归的老年人居住，这个村庄被视为澳大利亚第一个退休村。20 世纪 50 年代，政府为了推动退休村建设，颁布了一项法令

《老年人家园法》（The Aged Persons Homes Act），鼓励非营利组织为战争中失去家园的老年人建设更多的住房，政府提供相应的补贴政策。1974 年该法案被修订成《老年人或残疾人家园法》，受惠的群体扩大到残疾人。20 世纪 70 年代后期，随着人口老龄化带来的退休村需求增长，一批房地产企业开始投资建造退休村，澳大利亚退休村建设由政府推动转变为市场消费驱动。与此同时，政府制定的法律法规也更加健全。2003 年，澳大利亚颁布了《退休村法》，“退休村”的名称正式进入国家法律的范畴，2012 年澳大利亚再次对《退休村法》进行了修订，退休村这一社区养老模式在法律保障的基础上得以广泛推行、规范发展。据统计，澳大利亚有 1100 多家退休村，65 岁以上的老年人约有 7%在退休村养老。

2. 居住权保障机制

根据《退休村法》规定，居住权是指老年人对退休村房屋的占有、使用的权利。在澳大利亚，退休村的所有权（产权）大多由开发商持有并运营，开发商销售的是退休村房屋的居住权而不是产权。这种开发商与运营商合二为一的机制，一方面增强了运营商的责任心，保证了退休村的长期安全稳定运营；另一方面也有利于退休村的统一管理，极大降低了运营成本。基于此，《退休村法》赋予退休村居民居住权，老年人经过法定的程序购买退休村居住权，成为退休村的居民，才能享有退休村居民的权益，包括居住权、配套设施使用权、居住权收益权、退休村事务参与权等。

3. 居民权益优先保障机制

《退休村法》的相关规定赋予了退休村居民比退休村运营商更高的利益优先级别，即使退休村运营者破产无法偿还银行或其他投资，运营方也无权出售退休村资产偿还债务。这样，退休村只能通过转让运营权的方式选择新的运营方，而不会损害老年人的权益。

《退休村法》规定了取消合同的三种情形：一是老年人购买退休村住房支付的款项必须先存入由法定监事人监管的信托账号，老年人有至少 15 个工作日的反悔期，反悔期结束后资金才转给运营商。在反悔期内老年人可以随时改变主意，并退还全部资金；二是如果运营方违约，如未在规定的期限交房，老年人可以取消合同，合同取消后运营方要全额退款并承担额外费用，如律师费等；三是老年人入住退休村后，若发现运营方有违背法律规定事项及居住权协议的行为，运营方必须在扣除服务费或设备损坏费用后退还老年人的付款及利息。另外

《退休村法》规定，退休村居民享有退休村居住权的收益权。居住权收益是指居住权市场溢价收益，即居住权再次销售时高于原价的增值收益，居民享有收益的权利。

4. 法定监管保障机制

《退休村法》对退休村的管理制度作了明确规定。规定了监管责任主体及其职责：①财务能力委员会（Commission for Financial Capability），是由政府资助的独立组织，负责监督《退休村法》的实施；②法定监事人（Statutory Supervisor），由退休村运营方从持有政府颁发的执业资格证第三方公司或独立个人中选任，负责监管退休村运营，确保居民利益优先的原则得以保障；③规定了退休村登记官（Registrar for Retirement Villages）、退休村专员（Retirement Commissioner）、退休村协会等的职责范围。

5. 运营方权益保障机制

《退休村法》对运营方的权益保障作了明确规定。第一，保障退休村居住权产品的合法性。在澳大利亚，退休村住房产品大体有居住权产品、产权产品和租赁产品三种类型，其中居住权产品占绝大多数，产权产品和租赁产品占比很低，而且呈逐年走低的趋势。第二，保障退休村运营方的收益。法律规定，退休村居住权和其他产品销售收入归运营方所有，用于偿还退休村投资及建设成本。第三，根据《退休村法》规定，运营方依法享有收取退休村管理费的权利。当居民退出退休村并出售其房产时，运营方可按原房价的一定比例收取管理费，在协议里一般体现为"递延管理费"（DMF：deferred management fee）。管理收取方式大体有四：一是提前支付，即在购买退休村房产的同时支付管理费，支付比例一般为20%。二是延期支付，即居民在离开退休村并出售其房产时支付，支付比例根据居住年限的长短而不同，固定比例为9%，之后每一年增加3%，直至第8年增至33%"封顶"。第三，按协议约定收取退休村服务费，老年人入住退休村除了自己负担生活费用外，如水电燃气、物业费、餐饮等，还须支付退休村服务费、特殊护理费、定制服务费等，且允许服务费标准根据约定进行调整。第四，依法享有政府补贴的权利。

6. 运营管理保障机制

《退休村法》规定，有关部门、组织和运营方制定和完善相关法规、标准和规定，确保退休村的规范管理和安全运营。相关的规定有：信息披露声明（Disclosure Statement）、居住权协议（Occupation Right Agreement）、居民权利法规（Code of Resident's Right）、退休村守则（Retirement Village Code of Practice）、退休村认证标准等。通过这一系列的制度安排，对退休村的签约、入住、退出、收费、投诉受理、纠纷调解、居民参与、收益分配等作出了严格的规定，确保居民和运营方权益得到保障，实现退休村的安全稳定规范运营。

三　悦之府国际退休村概述

悦之府位于北京市怀柔区庙城镇，紧邻京承高速怀柔出口，距北京市北四环约 40 分钟车程，距怀柔城区 5 公里、怀柔医院 4 公里、雁栖湖和国家会议中心景区 10 公里，交通便利，环境优美，空气质量好，医疗资源充足。

（一）项目概况

悦之府是全国首家智能化养老实验基地“瀛公馆”的二期工程。瀛公馆是北京康瀛国际养老服务公司打造的养老项目，2012 年经北京市怀柔区发改委批准立项为养老项目，2016 年瀛公馆一期建成并以会员制的方式开始运营。2018 年，北京城投健康产业发展有限公司与北京康瀛国际养老服务公司达成合作，以瀛公馆二期建筑为基础，借鉴澳大利亚退休村模式，打造悦之府国际退休村。2022 年 7 月，悦之府经怀柔区民政局同意，备案为居家养老和集中养老相结合的养老项目，于 8 月 1 日开始试运营，11 月正式运营。

（二）空间布局

悦之府空间布局及其功能设置充分强调了“家”的理念，即悦之府要成为老年人安享晚年的“家”。这个家既不同于老年人原有的家，也不同于专业化的护理院，而是一个既有家的私密性又有贴心服务的新家。悦之府把这一理念充分贯彻到空间布局和功能设置全过程，体现了小家庭大服务的鲜明特色。

1. 小家庭住房

悦之府共有 262 户居室，其中两室一厅 88 户，一室一厅 49 户，开间 125 户；居室使用面积 $39m^2 \sim 140m^2$。居室就是老年人的专属房间，未经允许外人不得入内。居室的功能也按照家的要求配置，有门厅、客厅、卧室、餐厅、厨房、卫生间、阳台，配有厨具、电视机、洗衣机、储物柜、必备家具和紧急呼叫系统等设备，居室虽小但具备了家庭的基本功能。

2. 大服务空间

悦之府总建筑面积32100平方米，其中居室面积24700平方米，室内公共活动场地7400平方米。另有地下车库面积8000平方米。公共服务空间占总建筑面积的23%；此外，还建有五处室外活动场地4500平方米。通过大面积的公共空间布局及其服务配套，实现了小家庭不具备的强大的服务功能。悦之府公共服务空间大体分三类。一是生活照料服务空间，包括餐厅、酒吧、茶室、超市、洗衣、美发、社区服务等2500平方米；二是医疗康复服务空间，包括医疗中心、康复中心、温泉水疗康复中心、室外运动康复中心等2800平方米；三是社交娱乐服务空间，包括楼层休闲区、文体活动室、影视娱乐室、室外下沉广场花园、中庭花园、后花园等6600平方米。悦之府通过大面积公共空间布局和强大的功能设置，满足了老年人的生活、营养、运动、养身、养心、社交六方面的需求。

3. 适老化设计

悦之府在空间布局和服务功能设置上，充分考虑了对环境的安全、便捷、舒适的需求。

第一，把为老人营造一个有温度、有服务的“家”作为最高准则。在视觉上选用亮的颜色或暖色调，给老人温暖的感觉；在触觉上选用实木的设计圆润的家具，体现有温度的服务；在嗅觉上配置新风系统，卫生间和公共区域设计香氛；在味觉上为老人提供健康营养的菜肴，配置共享厨房，定期组织厨艺比赛，让老人感受到家的温暖；在听觉上严格噪声管理，在室内外布设背景音乐系统，处处体现社区的温馨。

第二，把促进老人的身心健康作为首要目标。营造一个安全、舒适、可达性好的居住环境，为老人提供温度、湿度、采光都适宜的疗养空间：配置各类的室内外医疗健康和运动康复空间，方便老年人参与养生保健和体育锻炼活动；每个楼层都有休闲区，专设了长者酒吧、茶室、咖啡厅，方便老人社交活动，保持与原家庭及社会的联系；配置文化娱乐空间，打造老人的精神家园。

第三，把提高运营效率、降低成本作为全面要求。空间布局充分考虑空间与成本的关系，每个空间兼具服务经营和课堂的功能；采光、通风、能源设计考虑节能环保；各功能区集中排布，既方便老人享用服务，也利于服务供给动线流畅，提高运营效率；服务人员配备要求职责多功能、角色多样化，服务员同时是经营者、陪伴者。

（三）服务体系

老年人选择养老项目最看重的是服务质量，因此高质量的服务是养老项目根基所在，也是最难令老年人满意的地方。悦之府秉持“有服务的家”的运营理念，针对老年人最突出的需求，整合国际国内资源，精心构建了养老、医疗和保险三结合的服务体系，尤其是专门为退休村居民量身定制的专属医疗保险保障服务，切实解决了老年人的痛点问题，同时也开了国内单个养老项目定制专属医疗保险的先河。

1. 养老服务体系

悦之府养老服务体系包括安全保障、生活照料和精神慰藉服务等。①安全保障服务：主要提供安全保卫、紧急援助、能源保供、物业维修等，为居民营造安全整洁优美的居住生活环境；②生活照料服务：主要依托生活设施，提供营养美食、生活用品、出行协助、居室保洁、生日节庆等服务；③精神慰藉服务：主要利用室内外文体娱乐设施提供音乐棋牌、书画观影、阅读手工、歌咏活动、品质社交、心理疏导等服务。

管家式服务是悦之府的一大特色，即为每户居民都安排了专属生活管家，提供生活照料方面的全方位服务。

2. 医疗服务体系

悦之府医疗服务体系包括医疗中心、康复中心和温泉水疗中心和户外运动康复设施提供的各类服务。医疗中心：是怀柔区卫健委批准的医疗机构，主要提供居民的健康教育、健康管理、疾病诊疗和转诊、中医问诊、紧急救护等服务。医疗中心为每位居民都建立了健康档案，家庭医生为每位居民主动提供医疗服务并制定 52 周健康管理计划。52 周健康管理计划包括用药管理、慢病康复服务、饮食健康服务、生活习惯调整。康复中心：针对慢病康复，悦之府提出“运动即良医”的理念，并引进了芬兰的智能气阻运动康复设备及技术（HUR）和户外智能运动器材，根据居民的身体状况制定个性化的康复方案，让居民在康复师的指导下进行康复训练。温泉水疗中心：提供温泉水疗和水中运动康复服务。

悦之府的医疗照护也是很有特色的服务项目。一是引进了澳大利亚的护理等级评估标准（ACFI），对老人的能力和护理需求进行为期 28 天的科学评估，评估内容包括认知能力、生活能力、精神和行为、健康问题四方面，评估程序包括信息采集、数据汇总分析、医护人员和居民共同讨论确定护理等级，动态观察及调整。二是原房护理。悦之府可以根据居民的需求提供专属的护理住房，也可以对居民现有的住房进行改造，配置智能化的护理设备，使之具备医疗护理的功能，居民可以在自己的住房里得到个性化的护理服务。

3. 保险保障体系

老年人大多罹患多种疾病，尤其是一旦患了癌症、心脑血管等重大疾病，或者丧失自理能力，需要使用价格昂贵的新药、进口药，或者需要特殊护理时，自费部分的医药费和护理费用将使老人和子女不堪重负。为解决这一痛点问题，悦之府与太平洋保险公司、意大利再保险公司合作开发了悦之府居民专属的医疗保险，保险对象为入住退休村时未满 80 周岁的居民，保险期限为年满 99 周岁，保险额度为每年 200 万元，保险范围为一般医疗住院保险、重大疾病住院保险、失能护理保险和门诊医疗补助。门诊医疗补助是指入住时年龄不满 80 周岁的居民每年享有 1 万元的医疗补助，大于 80 周岁的每年享有 2 万元的医疗补助，此补助仅限于在医疗中心就诊或取药，每自然年度清零。

四　悦之府的运营模式

养老项目的运营模式是基于养老服务产品的有效供给及其价值提升相关的各项管理工作的总称，包括产品构成、客户管理、服务提供、管理方式和运行机制等方面的制度安排。悦之府的运营模式主要由以下几方面构成。

（一）康养权益产品构成

悦之府的产品可分为居住权益产品和服务权益产品两大类，两类产品既相互独立又相互依存，属相辅相成的关系，统称为康养权益产品。

1. 居住权益产品

悦之府是租用农村集体建设用地建造的养老项目，其资产所有权和经营权属北京悦之府养老服务有限公司所有。基于此，悦之府根据国家有关法律规定，借鉴澳大利亚退休村的经验，研发并推出了“居住权益”产品。“居住权益”特指退休村住房的长期居住权、公共配套设施使用权和居住权益产品的收益权。老年人购买居住权益产品后获得退休村居民资格，即可长期入住其选定的专属房间，同时可以按规定使用退休村的生活、医疗、娱乐、运动等公共配套设施。

2. 康养服务权益产品

服务权益是指获得居住权的居民在退休村居住期间按照合同约定支付费用后享有各项服务的权利。悦之府的服务产品大体分为两类：一是基础性服务，即每月交纳服务费（简称“月费”）后享有的服务，由“月费服务清单”明确列出，共计71项；二是定制服务，即个别居民需要的“月费服务清单”以外的服务，由悦之府提供服务，居民另行付费。

（二）居民权益保障

悦之府康养合同约定，男性60周岁、女性55周岁且没有精神疾病或甲或乙类传染病老人方可入住退休村，符合条件的老人购买居住权益产品即成为退休村的居民，享有居民的各项权益即“康养权益”，具体如下。

1. 专属房间居住权

退休村居民占有和使用其选定的专属房间及其设施设备，以及使用退休村生活、医疗、运动、娱乐等公共活动空间和设施的权利。

2. 服务享有权

退休村居民按照规定和标准交纳服务费后享有养老、医疗和文体娱乐等基础性和定制性服务的权利。

3. 专属医疗保险权益

入住时未满80周岁且符合投保条件的居民享有一般医疗住院保险、重大疾病住院保险、失能护理保险和门诊医疗补助的权利，保险期限至99周岁，保险额度200万元/年，补助标准1万元/年，保险和补助额度每自然年度清零，不能累计。入住时超过80周岁的居民享有门诊医疗补助的权利，补助标准2万元/年，补助仅限于在医疗中心就诊或取药，每自然年度清零。

4. 康养权益收益权

居民退出退休村时，有权将其持有的康养权益产品进行销售，销售收入大于原价的增值部分，居民享有与悦之府按比例分成的权利。

5. 利益优先保障权益

悦之府康养权益合同赋予居民比退休村运营商更高的利益优先级别，即使退休村运营者因破产无法偿还银行或其他投资，运营方也无权以出售退休村资产来偿还债务。这样，退休村只能通过转让运营权的方式选择新的运营方，从而不会损害老年人的权益。

6. 村务管理参与权

退休村居民享有退休村运营及个人重要信息的知情权、村务管理建议权、服务质量监督权、退休活动参与权，以及居民个人隐私、人格尊严和人身财产安全的保护权等。

（三）退出机制

悦之府居民根据合同约定享有退出退休村的权利，且可以根据不同情况选择转售、转让、更名的方式退出退休村。居民退出退休村时，需根据居住时间的长短缴付不同金额的补偿金、折旧费、更名费等；居民通过转售转让其悦之府康养权益产品获得的增值收益由居民和悦之府按比例分配。

（四）运营权益保障

运营权益是指运营方依法享有的各种权利的统称，运营权益与居民权益是相辅相成的关系，运营方的合法权益得到有效保障，才能更好地为居民提供优质服务，居民的权益才能得到更充分实现，反之亦然。

1. 优先收回投资

退休村开发建设是一个重资产项目，先期需要投入大量的资金。如果退休村进入运营阶段仍不能收回投资，则退休村的服务质量和运营的稳定性将难以得到保障。为此，悦之府依据有关法律制定了“优先收回投资”的规定，即在康养权益产品收入中优先收回退休村建设的投资。

2. 服务费和管理费收益

悦之府进入运营阶段后，服务费收入是其运营费用的主要来源。据康养合同约定，居民按季度交纳月费（服务费），自入住之日起三年内月费不做调整，三年后根据北京市物价上涨水平进行调整。为了减轻居民的经济负担，促进居民身心健康，悦之府规定当期运营按成本计算月费标准，达到收支平衡，不计算利润。

悦之府制定了“管理费提取”机制。居民退出退休村时，悦之府从其支付的康养权益费中提取管理费，提取比例根据居民在退休村居住时间长短而定。这样做的好处是：（1）减轻居民当下经济负担，有利居民身心健康；（2）有利于塑造悦之府品牌良好形象，提升悦之府产品市场价值，增加产品二次销售收益；（3）运营方经济效益得到保障，实现退休村长期稳定高效运营，从而为保障居民的合法权益提供了坚实的基础。

3. 康养权益费保值增值

悦之府管理办法规定，康养权益费扣除投资成本后必须通过第三方以安全的方式保值增值。如上，悦之府销售的主产品是无限期的“康养权益”，而且康养权益产品是可退换产品，运营方必须储备充足的资金用于居民退出时的退款。基于此，悦之府依据有关法律和主管部门要求，建立了康养权益费安全保障机制。即，康养权益费总收入扣除投资成本后，剩余部分通过购买人寿保险的方式保证资金安全、实现资金保值增值。增值部分既可补贴运营经费的不足，也是悦之府的利润收入。

（五）运行机制

运行机制是指推动和规范事物运动变化的内外因素及相互关系的总称，是决定一个事物存在发展的内在机能和核心动力。悦之府作为一个创新型的养老项目，其创新之处就在于建立了一套科学协调、灵活高效的运行机制。构成悦之府运行机制的主要因素如下。

1. 运营理念

理念是法则、价值观的具体表现形式，是关于宗旨、目的理性归纳和概括。悦之府运营方提出的运营理念或价值观是：“安心、帮助、梦想”“打造有服务的家”“共建、共营、共享”等。这些有关理念的表述只是停留在做什么、怎么做的层面，如果上升到逻辑的高度，可以用八个字来概括，即“提升价值，人人受益”。“提升价值”是退休村运营的宗旨，“人人受益”是提升价值的目的。

“提升价值”就是不断地、持续地提升悦之府的品牌价值、市场价值等，亦即社会价值和经济价值。只有不断提升价值，悦之府才能生存、发展、壮大，否则梦想无法实现，“有服务的家”也难以存在。所以，悦之府退休村在规划设计、环境打造、团队建设、服务提供、标准体系、管理制度等各个环节都紧紧围绕“提升价值”的理念开展工作，把运营理念具体化、形象化、标准化、规范化，使之落实到每一个细节，从而形成了退休村运营的核心凝聚力和推动力。

“人人受益”解决了提升价值为了什么的问题，是退休村运营的根本目的。悦之府通过一系列共享机制的设计和实施，使退休村提升的价值惠及更多的组织和人群。首先是老年人及其家庭受益，老年人不仅享受到健康快乐幸福的晚年生活，而且分享到退休村价值提升带来的经济收益；还有，投资方受益、运营方和运营团队受益、政府和社会受益等等，不一而足。

2. 运营目标

关于悦之府运营的目标可以总结出很多，如效率、成本、满意度等，其实最核心的目标就两个字：“健康”。入住退休村的老人不存在生存问题，其最大的需求就是健康长寿。健康是心情快乐的基础，是生命长寿的条件，是老年人的安全感、获得感、幸福感的源泉。所以，从医疗中心、康复中心、家庭医生到营养配餐、生活管家、文体娱乐等设施建设和服务提供，都紧紧围绕一个目标：增进居民健康；还有居室环境、公共设施和室外花园等设计，也都是为了有利于长者健康。

健康不仅仅是居民对美好生活的向往，居民的健康水平也是衡量退休村价值的核心指标。所有为增进居民健康而付出的努力，都必须服务于“提升价值、人人受益”终极目的。健康带来快乐，快乐产生美誉，美誉创造价值，价值促进健康，健康带来快乐……退休村运营由此进入良性循环的轨道。

3. 运营方式

运营的理念和目标确立之后，还必须有正确有效的运营方式将其不折不扣地落到实处。否则最正确的理念和目标都会成为“无本之木”“无源之水”。悦之府围绕运营理念和目标，确立了最直接有效的运营方式：共建共享共赢。

（1）共建。共建是指共同参与社会和经济建设活动，其范畴有广义、狭义之分。就悦之府而言，共建是指积极主动地共同参与退休村的运营活动，参与的对象有居民、员工、运营方等。悦之府把居民定位于退休村的主人，而不仅仅是被服务对象，没有居民退休村就失去了生存发展的基础。居民也不只是被动地接受服务，而是以退休村主人翁的角色积极参与退休村的管理运营，共同为提升退休村的价值而献计献策，出工出力。

悦之府员工包括管理者是退休村运营的中坚力量，员工的工作责任感和态度如何，直接决定退休村运营的质量，影响退休村的价值提升。悦之府通过共享机制的设计和实施，调动了员工参与的主观能动性和工作责任感，员工把悦之府当成干事创业、实现价值的场所，把居民视为自己的亲人，大大提升了运营的质量和成效。

悦之府运营方（北京悦之府养老服务公司）是退休村运营的责任主体，肩负着培育共建意识、打造共建文化、制定共建制度、实施共建机制等责任，团结带领退休村各方面的力量共同参与运营活动，共建退休村服务品牌，协力提升其市场价值。

（2）共享。共享是共同享有退休村共建的过程和成果，其基础是共享运营理念，前提是共享共建资源，核心是构建共享机制。悦之府确立了“提升价值，人人受益”的运营理念，并通过理念宣贯和制度安排，使悦之府居民和员工理解认同共享运营理念的内涵和意义，在思想观念上达成一致。资源共享是指为居民和员工提供共建退休村的机会和途径。悦之府通过合同约定，赋予了居民参与退休村共建共享的权利，通过人力资源制度安排，赋予员工参与共建的机会和实现自身价值的途径。共享机制构建是达成共享状态的关键。悦之府通过村民利益优先保障机制、康养权益退出机制、收益分配机制、村务参与制度等一系列制度机制的安排，保障了村民分享退休村价值提升成果的途径。对于员工而言，通过职务晋升制度和收入增长机制等制度安排，为员工共享退休村发展机会和成果提供了保障。

（3）共赢。共赢是指共建共享达到了预期目标的理想状态。共赢的状态是多方面的，主要包含社会和经济两个层面的结果。对于悦之府而言，共赢是指通过共建退休村过程、分享发展机会和成果，参与各方都达成了所期望的结果。即：居民享受到健康快乐和经济收益，员工与退休村共同进步成长，投资方收回投资和利润，运营方收获了品牌美誉和经济效益；对老龄化日益严峻的中国社会而言，为养老行业提供了经验和样板，为政府分了忧解了难，为老龄事业和产业发展做了贡献。

五　悦之府运营模式剖析及评价

悦之府国际退休村是国外成功经验在我国养老领域的创新和应用，退休村的所有运营活动及其全过程都是围绕“康养权益”的销售、消费、保障、收益和终止而展开的。“康养权益”是悦之府适应我国社会现实需要和养老政策环境而创设的“产品”表达形式，是以财产使用权、服务享有权、经济收益权、运营参与权为标的的集合权利，具有法律、经济、社会等多重属性。因此，研究悦之府运营模式必须立足我国国情和养老产业现状，从分析“康养权益”的多重属性入手，进行深入研究和总结评析。

（一）康养权益的法律属性

1. 康养权益的权利关系

悦之府康养权益具有综合性，亦即康养权益不是单一的权益，而是多种权益的集合，包括集体建设用地使用权、专属住房居住权、公共空间和设施设备使用权，生活服务、医疗服务、康复服务、文体服务等享有权，医疗费用保障权、村务管理参与权、康养权益增值收益权等等。

在诸多权益中，建设用地、专属房间和公共设施使用权构成康养权益的主权利，其他权利是从权利，主权利是从权利的基础和前提，从权利依附于主权利而存在，随主权利成立而成立、生效而生效、变更而变更、转让而转让、消灭而消灭。所以，老年人通过履行合同约定的义务成为退休村居民，进而享有作为退休村居民的各项权利，即悦之府退休村康养权益；反之，如果居民按照合同约定转售、转让专属房间及其关联的建设用地和附属设施使用权，则视为退出退休村，不再享有退休村居民的各项权利。

这种主权利与从权利关系的设定，不仅有利于产品的精准定价、提高产品的辨识度、降低产品市场交易成本等，更重要的是有利于康养权益产品的法律适用，为优先保障老年人的权利提供了物质基础。

2. 康养权益的法律适用

在澳大利亚，《退休村法》对退休村居民权益及其保护作出了专门的规定。而在我国，类似退休村的养老项目目前既无专门的行政主管部门又缺少专门的法律规范。那么，我国现行的法律法规对悦之府“康养权益”涉及的民事权利有哪些相关规定呢？其实，悦之府康养权益完全适用于《中华人民共和国民法典》（以下简称《民法典》）关于“用益物权”的法律规定。

用益物权的定义。《民法典》第三百二十三条规定：“用益物权人对他人所有的不动产或者动产，依法享有占有、使用和收益的权利。”这里所指的“用益物权人”即自然人。《民法典》涉及的用益物权包括土地承包经营权、建设用地使用权、宅基地使用权、居住权、地役权。

用益物权的设立。《民法典》第二百四十一条规定：“所有权人有权在自己的不动产或者动产上设立用益物权和担保物权。用益物权人、担保物权人行使权利，不得损害所有权人的权益。”据此，作为悦之府退休村所有权人的北京悦之府养老服务有限公司有权利用退休村的不动产、动产设立退休村用益物权，亦即悦之府康养权益。

用益物权的收益。《民法典》第九章“所有权取得的特别规定”之第三百二十一条规定：“天然孳息，由所有权人取得；既有所有权人又有用益物权人的，由用益物权人取得。当事人另有约定的，按照其约定。”

“法定孳息，当事人有约定的，按照约定取得；没有约定或者约定不明确的，按照交易习惯取得。”

用益物权的取得。《民法典》第三百四十七条规定：“设立建设用地使用权，可以采取出让或者划拨等方式。”“严格限制以划拨方式设立建设用地使用权。”第三百六十八条规定：“居住权无偿设立，但是当事人另有约定的除外。”

由上可见，悦之府康养权益的设立、获取、行使、收益和终止是有法可依的，也是合理合法的。即：北京悦之府养老服务有限公司依据《民法典》规定在退休村不动产、动产上设立用益物权，居民依照合同约定获得和行使用益物权，同时根据我国有关健康养老服务的法律法规交纳月费享有康养服务；居民根据我国《老年人权益保障法》《城市居民委员会组织法》等法律规定享有退休村村务管理的民主权利。这就是在我国现行法律法规框架下，悦之府退休村康养权益的法律适用性的逻辑表达。

3. 康养权益的功能结构创新

悦之府居民享有的各种权利的集合可称之为“居民权益”。借用功能结构主义的观点，“居民权益”是具有一定结构的系统，居民权益各组成部分的功能以有序的方式相互关联，并对居民权益整体功能发挥着必要的作用。

第一，明确所有权归属。北京城投健康产业发展有限公司和北京康瀛房地产开发有限公司合资组建北京悦之府养老服务有限公司，并授权其持有悦之府国际退休村物权的所有权。如此，北京悦之府养老服务公司不只是退休村的运营者，而且是退休村物权的所有者，依照《民法典》的规定，悦之府养老服务公司有设立退休村用益物权的权利，这奠定了居民权益合法性的物质基础。

第二，设立用益物权。悦之府退休村是利用农村集体建设用地建造的养老项目，所以依据《民法典》的规定设立退休村“用益物权”产品，既为康养权益费的收取提供了法律依据，也为康养权益的收益分配提供了法律保障。

第三，用益物权赋能服务权益。用益物权是康养服务权益赖以生存的物质基础，康养服务权益又是用益物权价值的集中体现。所以，退休村只有不断提升康养服务的质量、全面充分地保障居民享有服务权益，才能持续提升退休村用益物权的收益，居民和运营方才能共享退休村发展成果。

综上，悦之府退休村居民权益是各部分权利按照整体性、系统性原则构成的集合体。即居民权益由康养权益和村务参与权构成；康养权益则由用益物权和服务权益组成；用益物权包括建设用地、专属房间和公共空间及设施设备使用权、用益物收益权；康养服务权益则包括医疗、养老、保险三大类的一百多项服务项目。各部分权益的功能存在相辅相成、互相促进的关系，其中运营方持有退休村物权，是退休村及其居民权益赖以生存的根基，用益物权是退休村合法运营的根本保证，服务权益权能的发挥是退休村价值提升的集中体现。

（二）康养权益的经济保障

悦之府康养权益是以经济利益保障为核心的综合性权益，而其经济利益保障权能则集中体现在优先保障用益物权人的权利，同时兼顾了运营方经济利益的保障。

1. 居民经济利益优先保障

如上，根据《民法典》的规定，构成悦之府康养权益基础的是退休村“用益物权”。退休村居民作为用益物权人，享有法律赋予的经济利益优先保障权。主要有如下方面。

一是占有和使用退休村专属住房、公共用房和设施设备等，获得满足物质文化生活需求的经济价值。

二是享有专属医疗保险、门诊医疗补助权益，获得每年 200 万元保险额度和 1 万~2 万元医疗补助的经济利益。

三是享有“福利性服务”权益。即支付低于市场价格的月费，获得高于月费价值的数百项养老服务“溢价”收益。

四是享有康养权益增值的经济收益。《民法典》赋予用益物权人享有使用标的物并获取标的物“天然孳息”和“法定孳息”的权益。据此，悦之府康养权益的收益当属于“法定孳息”，悦之府康养权益合同约定，居民在退出退休村转售、转让康养权益时，如果转售收入高于其当初支付的康养权益费，则增值部分由居民和运营方按比例分享。

五是优先保障居民经济利益。根据《民法典》的规定，用益物权是一种独立物权，一旦设立即独立于所有权，对所有权形成一种限制，所有权人不得干预用益物权人行使权利、追求利益的正当行为。当然，用益物权人行使权利也不能损害所有权人的利益。《民法典》还规定，因不动产或者动产被征收、征用致使用益物权消灭或者影响用益物权行使的，用益物权人有权依法获得相应补偿。据此，悦之府康养权益不受退休村所有权变化的影响，也就是说只要退休村不被拆除，无论退休村所有权如何变化，退休村居民（用益物权人）都依法享有占有和使用退休村不动产、动产的权利。即使退休村被拆除，居民也依法享有获得相应补偿的权利。

2. 运营方经济利益保障

悦之府运营方与退休村居民是利益共同体，双方通过共建共享机制，建立了互利共赢的经济利益关系。因此，保障运营方的经济利益，就能更有效地保障居民的经济利益。

一是依法保障康养权益费收入。如上，悦之府的“康养权益”实质上是以用益物权为核心的综合性养老服务产品，所以悦之府收取的康养权益费既不是养老床位（房间）的“预收费”，也不是会员制养老项目的会籍费，而是根据市场需求定价的康养权益产品销售收入。根据我国《民法典》第三百四十七条、第三百六十八条的规定，用益物权可采用对价的方式有偿获得，从而为康养权益产品的市场交易提供了法律保障。

二是服务费收入。根据我国养老服务业有关法律规定，悦之府进入运营阶段后按月收取服务费，即“月费”。月费包括基础服务费和餐费，自入住之日起三年内月费不做调整，三年后根据北京市物价上涨水平进行调整。相比北京市同类型的养老项目，悦之府的服务费标准是比较低的，这体现了悦之府的经营理念：第一，“低收费、高服务”减轻了居民在退休村的生活负担，从而有利于居民心情舒畅、精神愉悦，促进居民的身心健康，减少了悦之府医疗保险给付和门诊医疗补助支出，也就相当于降低了运营成本；第二，“低收费、高服务”树立了悦之府品牌形象，增强了退休村的市场竞争力，从而提升了悦之府的价值，增加了康养权益产品二次销售收益。

三是优先收回建设投资。为了收回先期投入的大量资金，悦之府依据有关法律制定了“优先收回投资”的规定，即在康养权益产品销售收入中优先收回退休村建设的投资，结余部分通过购买人寿保险的形式，实现资金的保值增值，确保有充足的资金回购居民的“康养权益”产品，同时补贴运营费用的不足。

四是康养权益费增值收入。悦之府康养权益费总收入扣除投资成本后，剩余部分通过购买人寿保险的方式保证资金安全、实现资金保值增值。增值部分既可补贴运营经费的不足，同时也是悦之府运营方的利润收入。

五是康养权益产品转售收入。渠道有三：（1）康养权益产品转售增值收入分成，悦之府运营方收益额不低于增值部分的 20%；（2）居民选择股东回购方式退出时，扣除康养权益费总额的 20%作为补偿金，视为利润收入；（3）房屋折旧费。

（三）悦之府运营模式创新的社会意义

如上所述，悦之府采用的是“用益物权+医养保服务”的共建共享运营模式，即通过退休村用益物权的设立、获取、变更、转售等运行机制，以及医疗、养老、保险三位一体的服务保障，实现退休村的可持续运营和发展。那么，这一运营模式与我国现行的社区型养老项目运营模式相比较具有哪些优势呢？同时对我国类似康养项目发展以及政策创新有何积极意义呢？

1. 高品质养老方式的创新

目前，我国社区型养老项目的权益类产品大体有产权产品、租赁权产品和使用权产品三大类。假设住房面积、配套设施和服务水平都基本相当的情况下，悦之府康养权益产品的优势是显而易见的。

第一，性价比高。相比产权产品，以悦之府所在地区为例，同是建筑面积 100 平方米的住房，商品房的产权为 70 年，悦之府住房为长期使用，总房价则商品房高出 1.5 倍左右，原因在于商品房项目的土地、税费成本高。就配套设施和服务而言，产权类养老项目大多属于房地产项目，除了少数的康养项目外大多名不副实。

相比租赁产品，以北京同类项目为例，居住 100 平方米左右的房子，需交 200 万元入门费（可退还但没有收益），每月房租 14000 元左右，不含伙食费。按居住 15 年计算，总共需支付房租 252 万元；而在悦之府，支付 200 万元康养权益费（可退还）则可免费入住专属住房，不用交房租，两者比较，仅住房一项支出，悦之府节约 130 万元，况且退出时有望获得一定的收益。

第二，安全感强。就康养服务而言，悦之府定制的居民专属医疗保险，为居民提供了每年 200 万元的重大疾病保险和护理保险，以及每年 1 万~2 万元的门诊医疗补助。老年人大多体弱多病，罹患重大疾病和失能的风险很高，一旦患上癌症等重大疾病，需要自费的几十万甚至上百万元医疗费将是极大的负担。而有了专属医疗保障，将极大减轻居民的后顾之忧，从而增强了居民及其家属的安全感。

第三，获得感强。悦之府依照《民法典》的规定，在退休村所有权之上设立了用益物权，退休村居民除了在法律的保障下安全使用退休村的用益物亦即不动产、动产外，还可以按照合同约定比例享有用益物产生的收益。这对居民而言，不仅可以收回先期支付的康养权益费，而且有望获得康养权益产品转售增值的收益。

第四，参与度高。悦之府作为社区型的养老项目，通过共建共享共赢机制的建立和实施，增强了居民对悦之府的社区认同感、归属感，尤其是通过用益物收益分配机制的建立，增强了居民对退休村的凝聚力，调动了居民参与退休村品牌建设和运营活动的积极性。

2. 居家养老模式的创新

悦之府退休村养老是对我国人口老龄化叠加家庭小型化背景下居家养老模式的探索和创新。创新之处在于：一是居民拥有属于自己的家庭式住房。退休村住房面积适中，具有起居室、卧室、厨房、卫生间等家庭住房必备的功能，而且属于居民的私有空间，未经允许任何人不得入内，居民有较强的安全感。二是居民拥有住房永久的居住权。退休村住房既不同于养老机构的房间，也不同于租赁性质的养老住房，根据《民法典》的规定，居住权大于所有权，不会因为所有权的改变而消灭，居民对自己的住房有较强的归属感。三是社区健康养老服务功能强大。退休村配套了充裕的公共服务设施，构建了完善的社区服务体系，弥补了居民家庭不具备的服务功能，满足了居民对多样化健康养老服务的需求。四是居民对退休村有较强的认同感。退休村依法保障居民的知情权、参与权和监督权，通过实施共建共享机制和收益分配制度安排，强化居民的主人翁责任感。

3. 可持续运营机制的创新

悦之府借鉴国际经验，结合我国实际，构建了退休村运营新机制。运行机制主要特点是：一是合法合规运营。悦之府严格遵照国家《老年法》《民法典》等法律法规规定，由运营方持有退休村所有权，在所有权上设立用益物权，居民依约获得用益物权，从而保证了退休村合法合规安全运营。二是优先保障居民的利益。居民的康养权益是以用益物权为核心的综合性权益，独立于所有权而存在。根据《民法典》的规定，即使退休村的所有权发生转移，也不影响居民使用退休村住房和配套设施的权利，新的所有权人不得随意收回居民住房或妨碍居民依法行使权利。三是确保康养权益费资金安全。悦之府康养权益销售收入除了分摊开发成本及其他费用外，其余部分依据国家规定通过保险公司年金险实现保值增值。悦之府模式不仅以公司信誉作为担保，更重要的是以资产作为担保，能够充分保障资金的安全性，这是悦之府与其他模式最大的不同点。四是保障运营方的经济利益。悦之府通过按比例收回投资、服务费收取及其调整、转售收益分配、退出补偿等财务制度安排，确保运营方的收入，为退休村可持续运营提供保证。

4. 健康养老政策的创新

我国对社区型养老项目管理还存在主管部门不明、管理职能不清、政策法规不健全等问题。悦之府退休村建设运营的成功实践，对我国这一领域的政策法规和体制机制创新起到了积极的探索和引领作用。比如，农村集体建设用地开发建设养老项目问题、用益物权在社区型养老项目的法律适用问题、养老项目用益物收益的法律认定问题、社区型养老项目投资、开发和运营企业合法权益保护问题、养老项目康养权益产品的合法性问题、社区型养老项目老年人权益保护问题、社区型养老项目老年人知情权参与权和监督权保护问题、社区型养老项目共建共享机制构建和商业模式创新问题等。对于这一系列问题，悦之府国际退休村通过多年来艰辛的探索实践，都做出了创新性乃至开创性的回答，这对于填补我国健康养老领域的政策短板、促进政策法规的建设和完善，都有十分积极的作用和意义，同时为我国社区型养老项目的建设运营提供了借鉴和引领的范例。

融合式养老新探索

——中铁康养产业发展报告

杨　彬*

摘　要： 居家养老是我国老年人最偏好的养老方式，90%左右的老年人选择居家养老。但传统的居家养老也面临着住房不适老、环境不宜居、服务不配套、就医问诊困难、文化生活贫乏等一系列痛点。中国中铁积极响应国家战略，聚焦居家养老领域，将主营业务与养老运营相融合，充分发挥中铁“制造城市、制造网络、制造环境、制造装备”的专业能力和康养全产业链资源优势，探索实践出一条“融合式养老模式”之路，实现养老功能的有机整合，让老年人在社区内即可享有“全阶段养老”生活，真正解决老年人居家养老的安全、便利、舒适问题。

关键词： 居家养老　融合式养老模式　“9073”

一　引言

居家养老是我国最传统也是老年人最主要的养老方式。据调查，约 90%的老年人选择居家养老，约 7%的老年人选择社区养老，约 3%的老年人享受机构养老服务，这就是“9073”养老格局。随着人口的快速老龄化，庞大的居家养

* 杨彬，华龄智能养老产业发展中心常务理事、专家委员会委员，智慧健康养老产业联盟专家咨询委员会专家，中铁康养产业投资运营有限公司总经理。

老需求面临着居家养老服务能力、服务质量以及配套设施的严重不匹配。

从老年人口和需求结构来看，第七次全国人口普查数据显示，我国 60 岁及以上人口有 2.6 亿人，比重达到 18.70%；其中 60~69 岁的低龄老年人口占 55.83%，超过老年人总数一半。他们对养老的需求，不同于高龄老人对生活照料、医护服务的高度依赖，而是更注重追求物质生活的好品质、精神生活的高品位、社会生活的深参与、自我价值的再实现。然而，目前社区居家养老服务提供的主要是日常生活照料和简单的健康服务，无法满足更高层次、更个性化的养老需求；从居家环境来看，第四次中国城乡老年人生活状况抽样调查显示，我国超过 2/3 的老人住在建成超过 20 年的老旧住宅中，适老化不足，硬件配套和治理机制不够完善。

2019 年 4 月 16 日，国务院办公厅印发了《国务院办公厅关于推进养老服务发展的意见》（国办发〔2019〕5 号），其核心内容之一就是加快“推动居家、社区和机构养老融合发展”；2021 年 12 月 30 日，《“十四五”国家老龄事业发展和养老服务体系规划》正式印发，再次强调要加快健全居家社区机构相协调、医养康养相结合的养老服务体系和健康支撑体系，促进为老服务多业态创新融合发展。

中国中铁是一家历史悠久的特大型中央企业，医院、学校等养老产业元素陪伴中国中铁走过了 120 多年的发展历程。2010 年，中国中铁初次涉足养老产业；2014 年，随着首个 AARC 活力退休社区——中铁任之健康城项目落地重庆璧山区，中国中铁正式开启了进军养老产业的具体实践，充分发挥专业建造能力和全产业链资源优势，深耕社区居家养老领域。经过 8 年的探索实践，中国中铁探索、创新、提炼出了一套“融合式养老模式”，即以房子为载体，以居家的方式，有机融合“医疗、康复、养老、养生、健身、文化、旅游、智能和农业”等多元化业态，将机构养老、社区养老、居家养老的功能及资源进行深度整合。

这种模式有效解决了传统养老服务供给单一且割裂的问题，让老人从退休开始、从低龄活力状态开始，即可在社区内享受“全阶段”的健康养老服务；同时以点带面，探索自建社区与城市既有社区养老服务中心联动模式，以自建社区为服务能力建设中枢，延伸健康养老运营和服务至城市既有社区，从而推动城市居家养老服务能力广覆盖，加强社区养老服务骨干网建设，让更多居家老人享受到有品质、有保障、可持续的居家上门服务。此外，“融合式养老”模式还可带动片区康养产业发展，并向周边乡镇、农村居民提供大量就业机会，积极响应了国家乡村振兴战略。

国资委调研组对“中铁任之健康城”项目高度认可，认为该模式是央企从事康养产业的最佳模式。中国社会科学院世界社保研究中心课题组也认定其为我国“融合式养老”模式的探索和发展提供了实践范例。

二　中铁融合式养老模式的特点

中铁融合式养老模式整合老人生命周期各个阶段的需求，有机融合“医疗、康复、养老、养生、健身、文化、旅游、智能和农业”等多元化业态，构建以服务为核心、健康管理为基础、医疗为保障、智慧科技为支撑的运营服务模式，可为老人提供“医、护、健、食、住、行、游、娱、学”等服务；融合居家、社区、机构养老资源，按照老人对服务需求的频次、方便性等要求，设置以社区、组团、楼栋为单位的三级服务配套体系，提高服务触达率和时效性。

中铁融合式养老模式最大限度地开发和利用养老资源，可全方位满足长者多元化、多功能、多层次的健康养老养生需求，具有服务覆盖人群广、触达率高、时效性强、可持续性好等特点。

此模式下建设运营的重庆中铁任之健康城项目，既不是养老院、养老机构、普通商品住宅、医院，也不是单一的养老地产，而是以运营管理和养老服务为核心，可为老人提供一站式退休生活解决方案的 AARC 活力退休社区。既能让低龄活力老人入住，又能满足老人高龄失能以后的医养护理需求。下面结合重庆中铁任之健康城项目，具体阐述“中铁融合式养老模式”的特点。

（一）产品融合

在规划设计阶段，“中铁任之健康城”就充分考虑到在家庭养老、机构养老和社区居家养老三种模式基础上的产品融合。项目划分了不同的功能区和生活区，兴建了文体娱乐、健康养生、休闲度假、生态旅游等多功能服务配套设施，以满足不同年龄、不同健康程度的老人的多元化需求。

1. 活力生活区

包括面向各类人群且具有产权的适老化住宅和针对旅居人群短期居住的适老化公寓。以保障活力健康老人居家安全、独立自主生活为主要目标，综合考虑老人的生理特征和心理感受进行适老化设计，保留所有家的元素和烟火气，营造家的温馨感。室内，对地面和墙面进行防眩光处理，铺设防滑地砖、打造无高差地面等，并预留适老化改造接口，未来根据老人身体情况进行选择性改造；室外，充分考虑老人视觉方面的感知度，打造活力景观和导视系统。

2. 协助生活区

由多种类型的颐养公寓组成，主要针对需要生活协助、短期照料的老人以及需要长期照护的失智、失能老人。着重安全监护、健康监测、康复护理、服务响应方面的打造，配备健康数据监测、安全监护、紧急呼救等方面的智能终端设备。

3. 医疗康复区

包括综合医院、综合门诊部、康复中心、医养中心等，开设急诊、多学科门诊、抢救室、手术室，以及根据病情程度和患者需求设计的人性化重症监护病房和住院病房，其主要功能是为社区内外人群提供健康检查、医疗救助、康复理疗、安宁疗护等服务。

4. 服务配套设施

第一类为文体娱乐配套设施，包括老年文娱活动中心、乐享学院、影视厅、健身房、图书馆、阅览室、棋牌室、书画院、多功能活动室、游泳池等；第二类为商业休闲配套设施，包括营养膳食中心、超市、城市生活馆、美容中心、咖啡吧等；第三类为健康养生配套设施，包括健康管理中心、艾灸馆、特色香房、养生茶室、健康小屋、健康评估室等；第四类为旅游度假配套设施，包括湿地公园、四季花海、开心农场、蔬果采摘基地、露营基地、民宿等。

根据长者对各类服务的需求频次和获取服务的便捷性要求，中铁任之健康城将以上服务配套设施全部打散，设置三级服务配套体系，以确保服务品质，提升社区居家养老服务水平和效率。一级服务配套是社区内以医疗、护理、康复等照护为内容的集中养老服务配套设施，比如健康管理中心、湿地公园、生态农业园、商业综合体等；二级服务配套以组团为中心，包括营养膳食中心、图书阅览室、社区商业、健身房等，主体性强，使用频率较高；三级服务配套设置在楼栋一层，包括健康小屋、棋牌室、管家服务站等，老人下楼即可获取相应服务。

（二）空间融合

中铁任之健康城注重空间复合与功能融合，即通过一个空间解决多层次服务需求。比如体验中心，作为一级配套设施，在设计之初便打破服务的固有空间划分，灵活运用空间环境，融入了健康管理、商业休闲、文体活动、餐饮服务、商务办公等功能板块，形成多业态交互。例如在健康管理的特色香房里，老人可以在进行香疗的同时品茗、下棋。多个多功能教室，既可开展老年大学的课程，又能进行手工、烘焙等活动；在中铁任之健康城活力生活区里，高层住宅的架空层不同于传统小区的设计，而是融合了服务、社交、生活与文娱的复合空间，打造有图书阅览角、管家服务站、健康小屋、棋牌室、邻里交流空间等，不仅增添了温馨的氛围，还让同一栋楼的老人有了更多公共空间进行交流和互动，有利于形成友好、和谐的邻里关系。管家服务站的引入，提升了服务的响应速度和老人获取服务的便捷性。

（三）代际融合

近年来，我国家庭抚养比不断上升，人口倒金字塔结构下，家庭养老压力大，代际矛盾日益凸显。中铁任之健康城在整体规划设计时，兼顾全龄段体验，通过营造代际互动场所、空间和组织家庭亲子、老幼互动活动促进代际交流、融合，为社区注入朝气与活力。

在场所营造上，中铁任之健康城构建了适合多代共同居住的住宅体系和居住环境，鼓励多代同堂、亲情陪伴；配置有复合型公共服务设施，如社区运营服务中心、研学基地、乐享学院等，促进养老设施与育幼设施融合；打造了老幼共享的社区公共开放空间，划分出既隔离又相互联系的动静态活动区域，提供运动、休闲、文化、社交场地和设施，如图书馆、休闲娱乐中心、健身房、儿童乐园等，促进代际互动。活动方面，根据老幼兴趣爱好和需求，设计以家庭为单位的互动活动，促进老幼协作、交流，从而建立情感关系连接。

（四）医养康养融合

数据显示，我国人均预期寿命为78岁，健康预期寿命是68.7岁。这意味着我国老年群体带病生存时间长达近十年，疾病是严重影响老人生活质量的重要因素。中铁任之健康城围绕老人养身、养心、养神、保养、疗养、医养等需求，将生活照料、健康管理、医疗服务、精神慰藉等服务融合在一起，打造以“健康管理”为基础，以“医疗”为保障，以智慧健康养老云平台为载体，医养、康养相融合的运营服务体系。

服务上，中铁任之健康城组建了管家服务团队、健康管理服务团队和医疗团队。日常，通过“健康管家”对老人的健康基础数据进行定期检测和上门巡访，形成动态健康档案，为健康干预和医疗急救提供数据支持；“生活管家”和“快乐管家”提供亲情陪伴、精神慰藉、兴趣活动和艺术课程，保持老人精神上的健康与活力；健康管理方面，以中医治未病的思想为指导，融合现代健康概念和新的医学模式，引进国内领先健康风险评估技术和智能中医诊断设备，对老人进行健康风险评估和体质辨析，并运用香、茶、食、艾灸、导引术、生活方式训练等手段，调理老人体质，改善健康状况，培养健康生活习惯，从而降低发病风险，延长健康生命期，提升退休生活品质。过程中，健康管理师持续跟踪、反馈评价，结合长者的健康档案，及时调整干预方案；医疗救治方面，中铁任之健康城融合了能够满足不同老人需求的医疗资源，一是预防保健、门诊服务、健康检查等基础医疗服务，二是紧急医疗处理、健康咨询等干预性医疗服务，三是康复治疗服务，四是医疗护理服务。同时设置有专业的老年病科、急诊科、中医康复科等科室，配备有抢救室及相关急救设备等，并与重庆市内外三级医院展开技术合作，开设专家门诊、远程会诊、就医绿色通道等，形成了一体化的医疗护理体系。

配套上，中铁任之健康城建设了健康小屋、健康管理中心、康复中心、综合门诊部，并规划建设综合医院、医养中心等，配备健康评估室、艾灸馆、康复训练室、特色香养体验房、养生茶室等，可以满足不同健康程度老年人的医疗、健康、养生需求。

这套运营服务体系得到了行业内充分认可，在中国质量认证中心的“美好老龄服务质量评价体系”服务质量认证中获评“臻值·优选”。

（五）智慧科技与运营服务相融合

中铁任之健康城自主研发了稳定且实用的智慧健康养老云平台（见图 1），链接老人、家属与社区管理，将线上运营管理与线下养老运营、医疗救助、健康管理、物业等服务无缝融合，精准对接老人需求，有效延伸康养服务的时间性和空间性，实现独居监护、紧急救助响应、健康管理、室外定位报警、线上服务呼叫等数十种场景和送医送药、助浴助餐、健康管理等上门服务。

2018 年，该平台成功入选工信部、民政部、卫健委三部委《智慧健康养老产品及服务推广目录》，被工信部、民政部、卫健委联合授予全国第一批“国家智慧健康养老应用试点示范企业”称号；2019 年，荣获精瑞科学技术奖“数字社区金奖”。

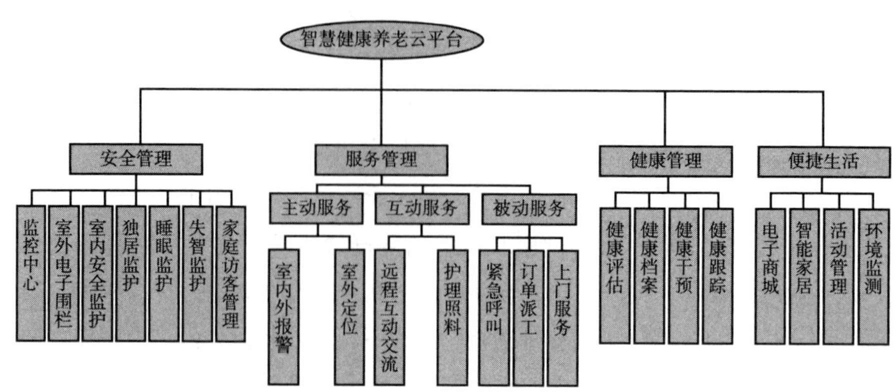

图 1　中铁智慧健康养老云平台架构

1. 智慧健康管理

智慧健康管理系统以健康检测系统和风险评估系统为基础，配合专业健康管理团队和医护团队，可为老人提供综合、连续、协同的健康服务和医疗服务（见图 2）。日间，通过专业的数字医疗健康终端，对老人心率、血压、血氧、心电图、体脂等生理指标进行采集；夜间，通过智能床垫等设备对老人进行夜间睡眠监护。若呼吸或心跳指标出现异常，云平台会自动监控、预警。所有的健康数据上传至云平台，经 AI 智能分析，动态生成个人健康档案和周期性报告。老人及子女可通过手机 App 随时查看；健康管理师也可根据报告为其量身定制健康改进方案，并持续跟踪健康状况；三大管家可以有针对性地提供服务；若老人需要就医，医护人员可通过接入了云平台的医疗系统，第一时间调取老人的健康档案，了解其近况。

2. 智慧安全监护

智慧安全监护由人员定位系统、紧急呼叫系统和室内监护系统组成（见图 3）。社区公共区域，利用无线网络和实时定位技术，云平台可对老人位置进行精准定位、检测和追踪。针对失智老人易走失的特点，设置电子围栏区域，当目标人物离开特定区域范围，云平台将自动报警，并对目标人物精准定位，联动高清摄像头，传回现场画面。室内，依托红外传感和无线传输技术，不仅可对老人的日常活动信息进行全时采集，还能有效应对突发事件。一旦发生意外，智能终端感知设备能够在第一时间主动发送报警信号，通知相关人员，对老人及时施救，降低伤亡风险。此外，中铁任之健康城在室内多个重要位置设有紧急拉绳呼叫装置，让老人能快捷地发出求助信号。

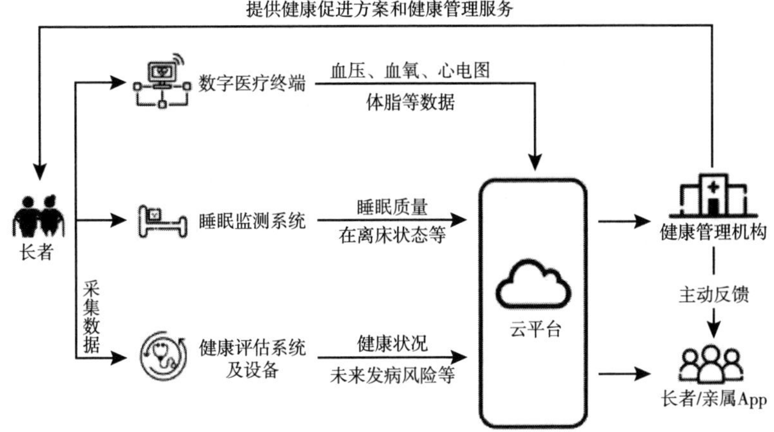

图 2 智慧健康管理系统

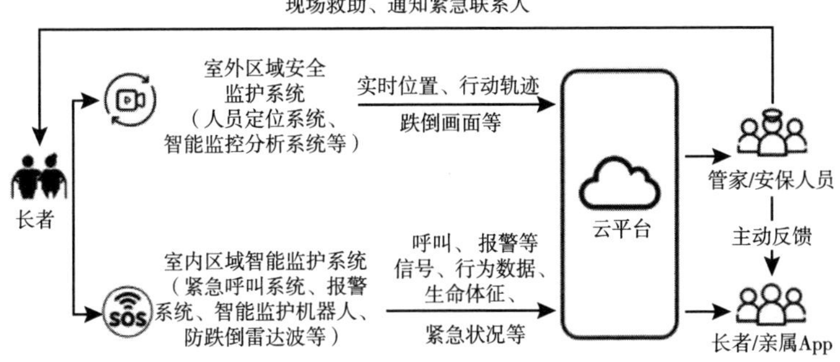

图 3 智慧安全监护系统

3. 智慧居家生活

智慧居家生活系统融合室内环境监测、智能硬件控制、社区电商服务、社区生活服务等功能，联动线下社区服务、商业服务、智能终端（见图 4）。老人通过一个整合楼宇对讲的智能平板设备和手机 App 即可一键操作，实现智能呼梯及控制家里的智能家居、门锁、电器等，下单家政服务、养老服务、健康管理服务、代买代办服务等，一键呼叫服务人员、采购商品等，充分享受科技带来的便捷生活。

4. 智慧运营管理

结合人工智能构建数据模型，云平台对采集到的长者健康、生活、娱乐等数

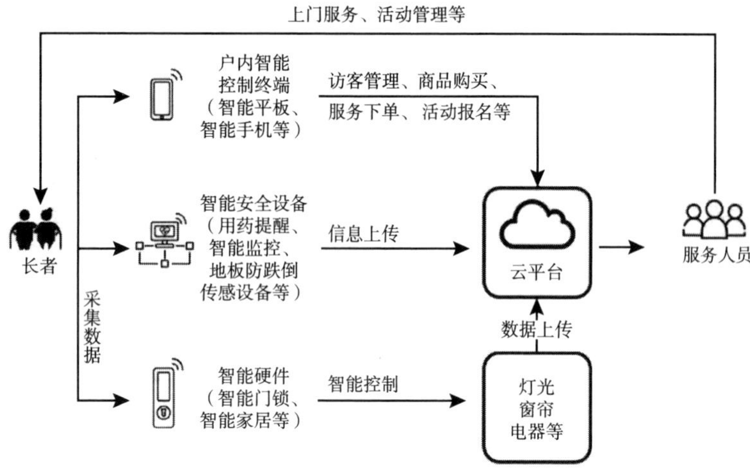

图 4　智慧居家生活系统

据进行深度挖掘，找到数据之间有意义的联系、趋势和模式，可形成全方位的用户画像，从而指导运营管理高效运作、产品创新，从而降低运营成本，提升服务效率和品质，有助于形成标准化、精细化和个性化的服务（见图 5）。老人可以享受到质优价廉的服务，企业也能持续发展。

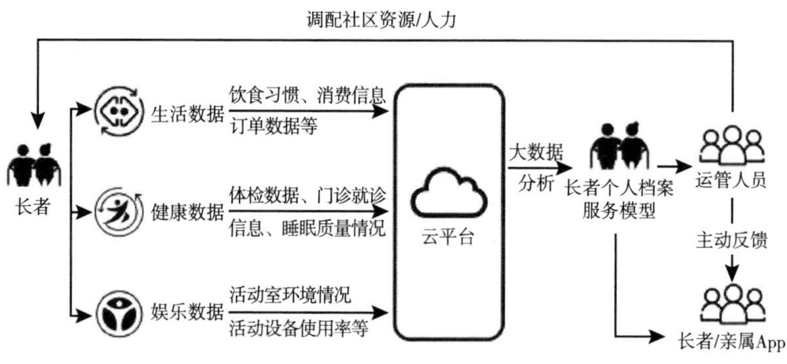

图 5　智慧运营管理系统

此外，中铁任之智慧健康养老云平台可以有效整合社区里的餐饮系统、超市系统、HIS 系统、物业管理系统、财务系统、会员管理系统等多个子系统，实现信息的互联互通、高效协同。

三　中铁融合式养老模式与传统养老模式对比

（一）三大传统模式现状分析

1. 传统居家养老模式

无论是北京的“9064”，还是上海的“9073”、武汉的“9055”，都表明居家养老是最符合我国国情的养老方式，也是中国老人最主流的选择。但该模式当前存在几大问题：一是在“421”家庭结构现象逐渐显现、亲代与子代两地分居化的现实背景下，依靠子女养老的可能性正在不断弱化。二是居住环境大多对老人不友好。2016 年第四次中国城乡老年人生活状况抽样调查显示，近 2/3 的中国老人都居住在老旧小区中，这些小区缺乏配套的适老化设计，比如无障碍设计、防眩光防滑处理等。配套设施设备和活动场所不能满足老人的养老需求。三是急救保障不到位，当前我国各地救护车急救平均反应时间在 10 余分钟。当老人突发急症，如脑出血、心梗或因摔倒造成严重受伤时，如果不能及时发现，或者在救护车到来之前，无人及时采取专业的应急处置措施，老人的生命安全将受到极大的威胁。四是居家上门服务供给不足，无法满足不同年龄层、不同健康状况的老人的健康、养老需求，比如慢病管理。

2. 社区养老模式

社区养老模式是对居家养老模式的补充和拓展，比起居家养老，有专业化优势，比起机构养老，有成本优势和便利性。但发展过程中，社区养老面临了一些困境。一是社区养老服务设施建设不规范；二是社区养老服务供给能力不足，在质和量上都难以满足社区老人养老需求；三是社区养老服务人员缺乏，运营管理人才更是难得；四是老人购买社区养老服务的意识和行为尚未形成，接受程度较高的社区养老服务通常是文娱活动和义诊。

3. 机构养老模式

机构养老的服务主体主要是护理院、养老院、老年公寓、敬老院、福利院等，主要有公办、民办以及民办公助三种类型。在服务的专业性上，机构养老优势突出，尤其是医疗照护方面。但其问题也很突出，一是服务水平、服务人员素质参差不齐，高质量服务供给不足；二是需求旺盛而供给不足，存在公办养老机构床位供不应求，民办及民办非营利性养老机构床位闲置的现象；三是服务无法满足多元化的需求，养老机构只能满足高龄失能或半失能老人医养结合的护理需求，而低龄活力老人的康养需求无法得到满足，比如社交、亲情等；四是运营成本较高，很多民办养老机构收不抵支，生存艰难。

（二）中铁融合式养老模式对比优势

不同于以上养老模式，中铁融合式养老模式针对的客群更年轻、更有活力，服务可满足老人全阶段的养老需求。实现这一点的关键在于，中铁融合式养老模式将传统居家养老、社区养老、机构养老服务融合成为一个服务系统，依托社区三级服务配套体系，不仅可以满足社区内不同年龄阶段、不同健康程度的老人的多元化、多层次的需求，还减少了社区服务机构、医疗机构和养老服务机构在服务范围和质量方面的局限，使养老服务供给模式得以长效运行。

此外，中铁融合式养老模式最大限度地保留了传统居家养老的优势，重视家的氛围建设和友好的邻里关系营造。老人生活在社区，生活在家里，而不是机构、养老院，避免大量活力老人对护理、照料的心理抗拒；其次，有机融合医疗、康复、养老、养生、旅游、文化、健身、科技和农业等多元化业态及资源，为老人提供“医、护、健、食、住、行、游、娱、学”等更多服务内容，让其享受健康、快乐、舒适、自在、有尊严、有品质的美好乐龄生活，变被动“养老”为主动“享老”。当老人需要专业的医疗、照护服务时，也不用脱离原有的住宅区，避免了传统养老机构的隔离化特征。

四　中铁融合式养老模式的实践价值

（一）为我国居家、社区和机构养老融合发展提供实践范例

中铁融合式养老模式的出现弥补了养老市场对低龄活力老人的服务空缺，为我国社区居家养老创新发展提供了方向，也为我国90%的居家老人的养老问题提供了解决方案。

这套模式和服务体系得到了国家相关部门和业内的高度认可。2020年，联合中标工信部2020年产业技术基础公共服务平台的“面向智慧健康养老设备领域标准评定和检测服务平台建设项目”；2021年，获批2021年度国家级服务业标准化试点项目。中国社科院在调研后评价中铁融合式养老模式为我国“推动

居家、社区和机构养老融合发展”提供了实践范例，为实现“老有所养、老有所医、老有所教、老有所学、老有所乐和老有所为”的目标提供了可行方案。

（二）为城市更新和老年友好型社会建设提供解决方案

近年来，城市更新已逐步上升为国家战略，从大规模增量建设转为存量提质改造，其总体目标是建设宜居城市、绿色城市、智慧城市。中国中铁依托融合式养老模式和中铁任之健康城项目的实践经验，结合工程方面的优势，以建新（新建 AARC 社区）、改旧（老旧小区特色改造）为抓手，围绕智慧、健康、适老、绿色等康养元素，通过特色化改造，打造宜居环境，为城市更新、既有设施改造、老旧小区改造赋能，推动建设老年友好型社会。

1. 建新

中国中铁在中铁任之健康城项目创新性地打造了“地产+养老”模式，把重资产和轻资产有益结合，实现了“用运营服务提升固定资产的资产溢价，通过固定资产的溢价销售实现运营服务的价值变现最大化”的产业闭环，同时有效解决了“房住不炒”的问题，让房子回归居住属性。

2021 年，中铁任之健康城项目被国家卫生健康委、全国老龄办评为全国示范性老年友好型社区。

2. 改旧

通过运营实践，中国中铁沉淀了大量老年宜居住区、活力退休社区建设经验，并提炼出了具有“适老化社区”“智慧社区”“健康社区”三元素的老旧小区特色改造方案，改变了传统老旧小区改造中只注重单一板块形象改造、缺乏对促进社区整体服务和改善治理机制的考虑的问题，真正让社区居民成为长期的、最大的受益者。

五　结语

第七次人口普查数据显示，我国是当今世界老年人数最多的国家。2020 年，我国 60 岁及以上人口为 26402 万人，占总人口数的 18. 7%，其中 65 岁及以上人口为 19064 万人，占 13. 5%，预计 2025 年 60 岁及以上老年人口将突破 3 亿人，2033 年将突破 4 亿人。在老龄化程度日益加深的当下，打造中国养老解决方案、妥善保障亿万老人的幸福晚年，成为全社会的焦点。

中国中铁积极落实国家健康中国重大战略部署，履行央企责任担当，创新养老模式，争做养老行业开路先锋，以重庆中铁任之健康城项目为例，开创养老行业以融合发展推动资源有效整合的局面，形成了多功能、多层次的养老产业生态链。同时，通过“建新”“改旧”，将传统主营业务与康养业务协同发展，探索传统工程企业转型改革的新路径。

采用中铁融合式养老模式的项目往往在城区近郊区县，以项目为中心，结合农业、健康、文化、旅游等主题，带动片区康养产业发展；同时，向周边乡镇、农村居民提供了大量就业机会。中铁融合式养老模式，在解决养老问题的同时，一并推动乡村振兴发展，是“养老+乡村振兴”的实践样板，给出了“1+1>2”的新答案。

未来，中国中铁将继续高举“开路先锋”的旗帜，充分发挥全产业链优势，持续深化“融合式养老模式”，为打造中国养老方案贡献中铁力量。

参考文献

中国社会科学院世界社保研究中心课题组：《融合式养老的新探索——重庆中铁任之健康城调研报告》，2020 年 12 月 4 日。

李玲燕：《第四次中国城乡老年人生活状况抽样调查成果发布》，央广网，2016 年 10 月 10 日。

阚纯裕：《2.5 亿老年人的后半生》，央视网，2020 年 7 月 3 日。

公益性养老模式创新报告

焦国翔　曾欢蓉*

摘　要： 针对我国人口老龄化快速发展的严峻形势和“未富先老”基本国情，以及我国养老服务业发展中存在的供需矛盾，中益老龄事业发展中心率先提出公益化养老理念，首创“公益性系统化养老模式”，并以全国老龄办批准实施的“中益老龄关爱工程”为载体在全国示范推广。“公益性系统化养老模式”是以实施积极应对人口老龄化国家战略为指引，以公益性养老平台为桥梁，导入完善的公益化管理体系，调动社会力量积极参与，以技术服务和“产、销、融”一体化商业运营机制为支撑，形成的普惠可及、可持续发展的养老模式。

关键词： 公益化养老　模式创新　老龄关爱工程

一　引言

纵观人类社会发展历程，养老问题历来是重大的社会发展问题。随着我国人口老龄化快速发展，庞大的老年群体的养老问题日益成为影响国家发展的重大问题。党中央、国务院从事关国家发展全局、事关亿万百姓福祉的高度，制定了积极应对人口老龄化国家战略。同时，养老问题又是涉及每个家庭和老人的重大民

* 焦国翔，中益老龄事业发展中心常务副理事长兼主任，中国老龄产业协会副会长，华龄智能养老产业发展中心副理事长。曾欢蓉，中益老龄事业发展中心副理事长。

生问题，也是全社会共同关注的热点、痛点问题，事关社会和谐稳定，解决好这个痛点问题不仅是政府的责任，更是全社会的共同责任。中益老龄事业发展中心（以下简称“中益中心”）作为民政部直管的全国性社会组织，是我国老龄事业研究和发展的全国性专业服务平台。自 2011 年 11 月 16 日成立至今，一直秉承“造福老人、服务民生、奉献社会”宗旨，致力于为老服务和养老模式的探索研究，结合党和国家提出的“党委领导、政府主导、社会参与、全民行动”总体思路，研究探索适合国情的切实可行的社会化养老解决方案，首创了“公益性系统化养老模式”，并以全国老龄办批准实施的“中益老龄关爱工程”为载体在全国示范推广，通过走公益化养老道路，带动企业做好老龄产业规划和运营，为推动我国老龄事业和产业高质量融合发展做出积极探索。

二　中国养老行业发展现状

（一）人口老龄化形势和挑战

我国自 1999 年开始步入世界上规模最大、速度最快的人口老龄化发展历程，人口老龄化形势日益严峻。国家统计局数据显示[①]，截至 2022 年底，我国 60 岁及以上老年人口总量超 2.8 亿人，占全国总人口的 19.8%。据相关预测[②]，“十四五”期间，全国老年人口将突破 3 亿人，将从轻度老龄化迈入中度老龄化，到 2050 年老年人口接近 5 亿人。

我国老年人口基数大、增长快，2022 年后将迎来第二次老年人口增长高峰，年均增长 1100 万人。[③] 改革开放 40 多年，中国经济增长虽创造了世界奇迹，成为全球第二大经济体，但人均 GDP 仍处于较低水平，滞后于老龄化进程，处于“未富先老”的发展阶段。中国特色社会主义进入新时代后，我国积极应对人口老龄化的顶层设计和国家战略虽已完成，但政府、市场、社会多元主体共同应对人口老龄化的协同运行机制尚未形成，养老服务体系建设滞后，表现为养老事业发展不平衡、养老产业发展不充分、养老服务质量不高，特别是在法制保障、物质基础、养老保险、医疗保障、服务能力、发展机制、工作制度等方面还有不少

---

① 数据来源：国家统计局公布的 2022 年国民经济和社会发展统计公报。

② 数据来源：民政部 2020 年第四季度例行新闻发布会上养老服务司副司长李邦华讲话。

③ 朱勇主编《智能养老蓝皮书：中国智能养老产业发展报告（2018）》，社会科学文献出版社，2018。

短板和不足。例如，中国社科院2019年报告指出[①]，在保留现在财政补贴机制情况下，我国养老金累计结余到2027年将到达顶点，到2028年当期收支将出现缺口，随着时间推移，缺口逐渐放大，到2035年累计结余耗尽。近年我国医疗保障体系虽然已在不断完善和发展，但仍未形成“预防、保健、诊断、治疗、康复”完整的保障体系，还处于重治疗轻预防轻康复阶段。

这决定了我们无法照搬西方的养老模式——高福利养老保险制度，必须立足国情，从实际出发创新养老模式，调动社会资源寻求多元化解决方案，使养老体系真正养得起、兜得住，让老人过上有尊严、高品质的晚年生活。

（二）养老行业市场不健全

面对我国庞大的老年群体，如何满足他们多样化的养老需求不仅是各级政府亟待解决的问题，也是社会、企业、老人和子女关注的焦点。

随着国家政策支持力度加大和产业技术发展，在社会和市场需求驱动下，我国养老产业市场规模不断壮大。数据显示[②]，2020年我国养老产业市场规模达7.7万亿元，同比增长28.1%，2024年有望达到11.2万亿元。根据中国社科院2016年发布的《中国养老产业发展白皮书》，预计到2030年中国养老产业市场规模可达13万亿元。

与巨大的养老需求相比，我国的养老服务供给呈现“哑铃型”特征，有效供给不足，即市场提供的高端服务和政府提供的兜底性服务多，而中等收入水平老年人消费得起、质量有保证的普惠性服务远远不足，养老服务供给侧出现结构性失衡。此外，养老行业尚未形成涵盖经济、社会保障、文化服务、医疗保健等各方面完整的产业链，缺乏规范和标准，涉老企业在利益驱动下处于一种无序发展状态，资源分配不均和资源重置并存，体系构建不科学不完备，服务功能单一、质量参差不齐。

（三）积极应对人口老龄化上升为国家战略

近年来，国家为应对老龄化问题发布了一系列重要政策。2019年11月，中共中央、国务院印发《国家积极应对人口老龄化中长期规划》；2020年10月，

---

① 数据来源：中国社科院世界社保研究中心发布的《中国养老金精算报告2019-2050》，2019。

② 数据来源：赛迪智库、中商产业研究院整理。

党的十九届五中全会提出“实施积极应对人口老龄化国家战略”；2022 年 10 月，党的二十大报告强调“实施积极应对人口老龄化国家战略，发展养老事业和养老产业，推动实现全体老年人享有基本养老服务”。有效应对人口老龄化，要坚持党委领导、政府主导、社会参与、全民行动相结合，坚持应对人口老龄化和促进经济社会发展相结合，坚持满足老年人需求和解决人口老龄化问题相结合，适应时代要求创新思路，推动老龄工作向主动应对转变，向统筹协调转变，向加强人们全生命周期养老准备转变，向同时注重老年人物质文化需求、全面提升老年人生活质量转变，着力增强全社会积极应对人口老龄化的思想观念，着力完善老龄政策制度，着力发展养老服务业和老龄产业，着力发挥老年人积极作用，着力健全老龄工作体制机制。

三　当前养老模式存在的问题及成因

（一）存在的问题

目前，我国的涉老企业大部分为中小型企业，资金实力和资源整合能力不强，多是单打独斗，缺乏体系化设计，服务功能单一，服务质量不高。相当一部分企业缺乏战略规划和科学完备的运营管理体系，采用纯产业化和市场化运作模式，更多地强调投资成本、投资回报率和投资回收期等问题，追求的是利益最大化的商业价值。个别企业有时也打出社会效益、公益服务的旗号，但主要还是为了“吸睛”进而实现经济效益最大化，具体表现为重数量，轻质量；重技术、轻需求；重产品、轻服务；重概念、轻场景；重城市，轻农村；重利益，轻责任等，商业利益驱动下涉老企业的产品和服务设计及客群定位更多地瞄准了高收入老年群体，无法满足普惠型养老服务需求，导致养老服务有效供给不足和结构失衡，企业也难以实现可持续发展。

（二）原因分析

从主观上来说，商业化养老模式的运作主体是企业，而企业的本质是逐利的，追求的是利益最大化。

从客观上来说，我国养老行业仍处于发展初期阶段，政府和市场责任边界不够清晰。各种养老理论、养老模式“百家争鸣”，缺少统一的行业规范与标准的约束与度量，也缺乏成熟可借鉴的盈利模式。还有，企业和社会组织参与养老行业发展普遍面临政策落实不到位、融资难、高质量的养老服务专业人才缺乏等困境，加上养老项目建设运营成本比较高，投资回收期长，导致大部分涉老企业都定位于服务高收入的老年群体，趋向通过高利润率的商业化养老模式快速收回投资。

四　对策——公益性养老模式

《中共中央　国务院关于加强新时代老龄工作的意见》提出要构建居家社区机构相协调、医养康养相结合的养老服务体系和健康支撑体系，大力发展普惠型养老服务，促进资源均衡配置。推动老龄事业与产业协调发展，走出一条中国特色积极应对人口老龄化道路。

时代和社会发展呼吁创新养老模式。到 21 世纪中叶中国将进入重度老龄化社会，快速的人口老龄化将导致中国养老服务需求激增。如何尽快找到适合中国国情的养老模式，走出一条有中国特色的应对人口老龄化之路，是当前工作的重中之重。

（一）公益性养老模式的研究过程

为推动我国老龄事业和产业又好又快发展，在国家养老政策指引下，在民政部正确领导下，在专家学者大力支持下，中益中心深入贯彻新理念新思想新战略，坚持面向世界、立足国情，直面养老服务业发展中的问题与矛盾，于 2011 年首次提出了“公益性系统化养老模式”。10 余年来，中益中心对国内外养老行业现状、养老模式、养老痛点难点以及“政府、老人、子女、社会、投资商”的需求进行充分调研，立足国情进行顶层设计和精密测算，对“公益性系统化养老模式”进行了深化完善和研究论证，形成了具有独创价值的理论研究成果。

（二）公益性养老模式的概念及内涵

1. 概念

该模式是以实施积极应对人口老龄化国家战略为指引，以公益性养老平台为桥梁，导入完善的公益化管理体系，调动社会力量积极参与，以技术服务和

“产、销、融”一体化商业运营机制为支撑，形成的普惠可及、可持续发展的养老模式。

2. 内涵

该模式是政府、社会、企业、老人及家庭各尽所能、共建共享共治的养老“共同体”模式，是具有社会责任的养老模式。即政府履行指导监督、政策扶持的职责，公益性的社会组织发挥统筹协调、整合资源的作用，市场主体承担出资建设、提供优质产品服务的职能，老人及家庭积极参与养老服务活动，共享高质量的服务供给。其特点主要体现在两个方面。

（1）在社会组织的推动下，搭建公益性养老平台，为企业、老人提供优质服务。在政府主导下，以党建为引领，整合资源，建立健全利益共享机制，发挥各方的优势和力量，共建为老服务体系，共享产业发展成果。立足点是以老年人需求为中心，不以营利为目的，是关注绝大多数老年人需求的普惠型养老。通过积分制等方式，激发老人参与养老服务的热情，提升养老服务市场规模和活力，实现养老服务各参与方的共赢。

（2）“平台+技术+机制”三位一体的有机结合。通过打造公益性养老平台，调动社会优质资源做好从居家到社区到公寓的养老服务系统化建设；通过整合先进的互联网和人工智能技术、农业种养殖技术、生物科技、农产品溯源技术等进行科技赋能，实现养老服务智慧化；通过引入“产、销、融”一体化的商业运营机制，以“公益经济+商业经济”双轮驱动方式，建成为老服务的保障体系，实现社会效益和经济效益的统一，形成“政府政策可落地、企业参与可盈利、公益性养老模式可持续”的多赢局面。

（三）公益性养老模式的创新点

1. 公益性

中国老龄人口规模大、增速快，“未富先老”的基本国情使政府、社会、家庭、个人面临巨大的供养压力。共同富裕是中国特色社会主义的本质要求，是人民群众的共同期盼。党中央明确了将三次分配作为收入分配制度体系的重要组成部分，释放出国家大力发展公益慈善事业、鼓励高收入人群和企业更多回报社会的信号。公益性养老模式深入贯彻以人民为中心的发展思想，以服务满足广大人民对美好生活的向往为出发点，主动服务三次分配，赋能公益组织发挥桥梁纽带作用，吸引有社会责任目标、道德伦理追求的企业和个人的捐赠和参与，构建全链条公益化养老生态，在引导养老行业向上向善、弘扬社会责任等方面助力共同富裕，与中国社会发展的阶段性战略步调相一致，是具有中国特色的全新探索。

2. 公益与商业的双轮驱动

《中共中央 国务院关于加强新时代老龄工作的意见》明确指出要推动老龄事业与产业、基本公共服务与多样化服务协调发展，公益性养老模式采取的“事业+产业”双轮驱动即“公益经济+商业经济”双轮驱动符合国家政策导向，它以解决中国养老问题为宗旨，既坚守了公益原则，又遵循了商业规律，创新性地将二者有机结合。双轮驱动中的公益轮，代表着社会责任，具有最广泛的公信力，可以发挥其平台作用，对接政府，连通多方资源，制定稳健的合作机制，可以规范为老产品和服务的标准，以确保老年人的需求得到满足，可以通过系统化的管理，监督商业行为，让部分利润回归公益、回归养老；双轮驱动中的商业轮，是公益事业的物质基础，商业的持续盈利才能保证更大范围的、更长久的公益，商业带来养老的资金、产品、服务和市场化的运营规则，可以构建起公益性养老的实体基础，是为老服务和产品的供给者，也是公益标准和规范的执行者，在公益模式的前提下依照市场规律运营，才能保持持续盈利从而维持自身发展。公益和商业在彼此认同的前提下发挥各自作用，共同发力，驱动着公益性养老模式下产业的健康发展。这种创新机制突破了当前养老产业发展的瓶颈，明确了政府、企业、公益平台等各方角色定位，使得政府政策可落地，企业资金压力减轻，养老需求得到细分和对应，最终实现社会效益和经济效益的双赢。

3. 系统化

《中共中央关于制定国民经济和社会发展第十四个五年规划和二〇三五年远景目标的建议》将“坚持系统观念”作为“十四五”时期我国经济社会发展必须遵循的五项原则之一，公益性养老模式正是立足老人社会化养老需求，运用全局思维，完成从居家到社区再到公寓的系统化架构的顶层设计。

我国老龄人口规模大、增速快、发展不平衡、养老需求多样化的复杂现实，决定了养老服务业发展要走规模化、连锁化、专业化、品牌化道路，因为小规模、零散化发展的建设运营成本高，难以获得规模效益，不利于养老服务质量水平的提升和养老企业的可持续发展。系统化的架构有利于形成“共建、共享、共治”的社会化养老服务体系；有利于养老配套设施的集约化利用和养老服务资源的合理分配；有利于利用“互联网+物联网+大数据+N”模式（N即N项先进技术）整合社会资源，提高为老服务的效率、质量和专业化水平，实现养老智慧化；有利于实现从养老基础设施建设到日常运营管理，从产品供给到日常服务的全流程为老服务质量监督等，最终实现社会效益和经济效益的有机统一。

系统化大大提升了公益性养老模式的承载能力。从公益性平台的打造、标准规范的制定和推广实行，到产融结合的思维、科技赋能智慧养老的落地，再到公益与商业的双轮驱动，每个大系统之下都含有多个子系统，内容涵盖了养老相关的方方面面，有利于构建一个全社会养老生态圈。

4. 实践载体

公益性养老模式既有完备的顶层设计，又有实践载体——中益老龄关爱工程（以下简称“关爱工程”）。该工程由中益中心创立并于2012年9月14日报经全国老龄办批准实施，是一项从居家到社区、从社区到公寓，并以云端技术贯穿各个环节的系统化工程。主要内容包括中益云端数据科技服务管理平台、中益社区服务中心、中益新型老龄公寓，基本涵盖了为老服务的各个领域。这三大板块相互联系、不可分割，构成了“关爱工程”的有机统一体。

“关爱工程”采用会员制管理、候鸟式运营的运作模式，为老人提供从生活服务到健康管理，再到丰富老年人精神文化生活的多层面、宽领域的物质精神全方位服务，从产业链角度实现了为老服务的生态闭环。公益性的产品和服务也通过系统化的“关爱工程”完成输出，用以实现造福老人、服务民生、奉献社会的宗旨。

实践是检验真理的唯一标准。“关爱工程”就是公益性养老模式理论的试验田，为公益性养老模式的理论构建和实现路径研究提供了载体，在理论的科学性和可行性验证中发挥了重要作用，也为其进一步创新奠定了坚实基础。

（四）公益性养老模式的实践情况

“关爱工程”作为公益性养老模式的实施载体，已完成体系设计、调研论证、系统建模等工作，即将实现研究成果转化运用。

一是结合国家政策、市场需求和相关国家标准、行业标准、地方标准，拟定了“关爱工程”战略发展规划、运营管理方案、服务标准体系和相关规章制度，确保在推广复制过程中，始终保持标准的统一性、服务的一致性和管理的规范性。

二是与全国400多个市、县、区进行了项目对接和实地考察，与20多个地方政府和国、央企签署了《战略合作协议》，与10多个投资运营商签署了《项目合作意向书》。积极接洽数千家养老企业、机构开展咨询服务，帮助制定科学有效的养老产业发展规划，推动老龄事业和产业高质量融合发展。

三是大力整合社会资源，持续优化产业链结构。通过搭建健康可持续的供应商合作体系，把分散的行业优质资源有机整合起来，不断优化产业链结构，增强适老产品和服务供给能力，提升产品和服务质量，有效满足老年人多层次多样化的养老服务需求。截至目前，已整合了基本生活（蔬菜、水果、粮油、副食、酒水、饮品等）、健康管理（检测设备、理疗设备、膳食同源产品、生物科技、专家团队等）、文体旅活动、家政服务、法律咨询、居家适老化改造等各方面数千种产品及服务。

四是加大项目推进力度，做好咨询服务和监督指导。

（1）搭建完成中益云端数据科技服务管理平台，正在进一步优化升级，为“关爱工程”项目运营提供了强有力的技术支撑。中益老龄关爱工程健康管理基地于2019年12月在海南博鳌揭牌，作为中益云平台的重要部分，基地的成立标志着通过运用再生医学、基因检测、免疫力提升、抗衰老技术等治疗老年性疾病，从而达到让老人健康，提升其生命质量这项事业已启航。

（2）积极推动“社区公益性养老服务模式”创新试点。按照民政部关于推动构建“一刻钟”居家养老服务圈工作安排，中心积极发挥公益平台桥梁纽带作用，以政府为主导，整合优质资源投入社区居家养老服务建设中，根据统筹规划、分步实施、试点先行、动态调整的原则，选择了山东单县、江苏南京作为“社区公益性养老服务模式”创新试点。目前，社区养老服务中心试点工作进展顺利，得到了社区老人和地方政府的高度认可。山东单县华益社区养老服务中心试点2022年5月已投入运营，后续在总结试点经验基础上，面向全国复制推广。

（3）积极推进新型老龄公寓项目建设。在全国范围内布局，“十四五”期间，计划在每个省级单位完成至少一个新型老龄公寓布局点。目前山东、河南、海南、贵州、吉林等签约项目正在有序推进，待竣工验收后即可导入公益性系统化养老模式进行标准化运营。

五　公益性养老模式发展趋势

（一）始终立足国情、紧跟时代发展，以实践为根基不断创新完善

中国特色社会主义已进入新时代，人口老龄化和“未富先老”这一国情与我国实现第二个百年奋斗目标的历史进程紧紧相随，这是公益性养老模式的时代特征。新时代催生了新科技、新生活、新需求，呼唤新思想、新模式，创新是引领发展的第一动力，协调是持续健康发展的内在要求，绿色是永续发展的必要条件，开放是国家繁荣发展的必由之路，共享是中国特色社会主义的本质要求。公益性养老模式将紧跟时代发展，牢固树立和贯彻五大发展理念，在实践中不断守正、创新、完善。

（二）未来该模式发挥引领示范带动作用，有望成为中国社会化养老主流模式

在中国，养老是一个庞大的系统工程，涉及主体多、层次多、链条长，目前中国养老行业内还没有适合国情的、成熟的可持续发展养老模式，很多涉老企业都在艰难前行。公益性养老模式既有理论高度又有实践深度，其推出将是行业的一大突破，有助于引领和推动行业的健康发展。

首先，公益性养老模式是扎根于中国大地的，它立足国情，面向需求，顺应时代发展要求；其次，在对养老问题进行深度研究的基础上，针对社会养老痛点和矛盾提出应对之策，并侧重于机制研究和系统建构的顶层设计；该模式在实践层面上敢为人先，以现实项目为载体，一边纠错一边论证，一边完善一边创新，一边推广一边发展，提升了理论落地的效率，为实现我国应对人口老龄化中长期战略目标做出了积极探索。

因此，可以预测，以中国人口老龄化的特点和国情为现实依据，以中国传统的孝老、敬老文化为历史根基，顺应社会主义“实现共同富裕”这一本质要求的公益性养老模式未来有望成为中国社会化养老主流模式，成为引领新时代老龄事业发展的中国特色养老模式。

参考文献

中共中央、国务院印发的《国家积极应对人口老龄化中长期规划》，2019。

《中华人民共和国国民经济和社会发展第十四个五年规划和2035年远景目标纲要》，2021。

《中共中央　国务院关于加强新时代老龄工作的意见》，2021。

张兵武：《公益之痒——商业社会中如何做公益》，北京大学出版社，2011。

林宝：《积极探索适合中国国情的养老模式》，《金融博览》2020年第6期。

中国产业研究院：《2022-2027年养老服务机构行业市场深度分析及发展规划咨询综合研究报告》，2022年。

积分制共享养老模式创新报告

朱 勇 孔文姗 王 晓*

摘 要： 随着中国老龄化进程加快，智慧健康养老产业发展迅速，大量的新模式、新业态不断出现。2012年，河南省新乡市老龄办启动了“积分制共享养老”模式的新探索，并且取得了成功的经验。该模式以激励老年人参与为导向，以信息化、数字化平台为支撑，以社区居家服务设施为载体，以积分制为杠杆，整合供需各方资源，共建康养服务市场，拉动养老市场消费，共享养老产业发展成果。该模式经过约十年的实践探索，平台功能逐步增强，服务体系不断完善，运行机制日益健全，得到了国家主管部门和地方政府的高度肯定，被国家发改委、民政部、全国老龄办评为全国养老服务改革创新典型案例。

关键词： 积分制 养老服务 共享养老

一 引言

所谓共享，就是共同分享、一起享用的意思，将共享理念推广到社会生活中，意在强调共享物品的使用权。2017年12月，“共享”一词入选“2017年度中国媒体十大流行语”，彰显了共享理念在信息化时代对人们生活的影响。

* 朱勇，全国老龄工作委员会办公室原副主任，华龄智能养老产业发展中心创始人、名誉理事长。孔文姗，中益老龄事业发展中心宣教部副主任。王晓，中益老龄事业发展中心办公室。

共享经济是利用互联网平台，将供给方与供给方、供给方与需求方联结起来，并进行精准匹配，在提高资源使用率的同时获得收入的经济模式。

在传统的经济交易模式下，由于供需双方信息不对称，很容易引起产品供需不平衡，造成市场价格不稳定、大量资源被浪费、商品供给过剩等等。共享经济能够更好地实现供给与需求的平衡，通过高效、精准的信息平台，促进新产业链的形成。

从个体的角度看，消费者也更愿意参与到共享经济中，在共享经济模式下，既可以是共享经济产品和服务的提供者，也可以是共享经济产品的受益者，这就促使共享理念更容易转化落地。随着信息技术的高速发展及广泛应用，参与共享经济的人口规模不断增加，人员结构不断扩大，由企业中的年轻人向社会的中老年人延伸。

共享养老模式是共享经济发展的必然产物，是指借助互联网信息化平台，利用大数据、云计算等现代信息技术，将政府、企业、社会组织、老年人等多元主体相互联结，实现资源共享、优势互补，从而达到“双赢”或“多赢”的一种养老模式。

《“十四五”国家老龄事业发展和养老服务体系规划》提出：坚持政府、社会、家庭、个人共同参与、各尽其责，引导老年人树立主动健康和终身发展的理念，鼓励老年人积极面对老年生活，在经济社会发展中充分发挥作用。

在传统的养老理念中，老年人是被照顾的一方，从物质、医疗、精神各方面，都是绝对的需求方。实际上，随着人民生活水平的不断提高，医疗水平的持续发展，在我国老龄化人口中，有相当大一部分低龄老人（70 岁以下）身体健康、精力充沛、经验阅历丰富，在共享养老模式中，这部分老年人既可以是需求方，也可以是供给方。共享养老模式有利于促使老年人积极参与到经济活动中，在促进养老产业发展的同时，丰富老年人的精神和物质生活。

二 我国共享养老模式的探索及发展

当前，在世界范围推广的共享养老模式为“时间银行”，在我国较具特色的共享养老模式为积分制养老。

（一）时间银行

1. 国外的发展及特点

1980 年，美国学者埃德加·卡恩提出“时间银行”概念，即志愿者付出劳务或知识帮助他人，来换取自己需要的服务，是一种非经济交换方式的交易。维基百科显示，截至 2011 年，世界上已有 30 多个国家和地区建立了时间银行，在美国至少建立了 500 家，英国超过 300 家。

美国的时间银行覆盖面广，参照商业银行的管理，在全国各地设置分行，接受总行的统一管理；时间银行中进行交换的服务类型具有多样性，服务交换网络能满足的需求范围广。澳大利亚的时间银行是由官方牵头发起，政府对时间银行的支持不仅体现在提供财力支持上，还体现在聘请了专门的监督和评估机构，以保证时间银行的科学运行。

西方国家，社区服务的活动较多，时间银行正好是把“时间”和“公益”联系起来，志愿者将参与公益的时间存进时间银行，当自己有需求时可以从时间银行支取等时长的“存储时间”。时间银行的一个重要假设是劳动不分贵贱，劳动的价值以“时间”计量，每个人的单位时间工作价值都是平等的。

2. 我国的探索实践

从 1999 年开始，我国上海、北京、成都、南京、济南等地也先后开展了时间银行互助养老的社区试点。2019 年 3 月，民政部将“时间银行”纳入全国居家社区养老服务改革试点范围，同年 4 月出台的《国务院办公厅关于推进养老服务发展的意见》提出，积极探索“时间银行”等做法。2021 年 11 月通过的《中共中央　国务院关于加强新时代老龄工作的意见》指出，鼓励老年人继续发挥作用，把老有所为同老有所养结合起来，充分发挥低龄老年人作用。

近年来，北京、南京、青岛、成都等地更进一步探索“时间银行”养老服务模式，将储蓄和激励机制引入养老服务中，运用互联网、大数据、区块链等技术，走出了一条低龄老人服务高龄老人的养老之路。据不完全统计，仅 2021 年至少有 31 家时间银行在我国建立，目前大部分时间银行是通过“低龄存时间，高龄取服务”的形式，调动社会全体成员参与到养老服务中，缓解人口快速老龄化带来的人力资源压力。

时间银行作为我国积极应对人口老龄化的举措，需要进一步推广实施，需要全社会建立完善的社会信用体系、志愿回馈机制、通存通兑平台，需要开发多元化应用场景，提高全社会成员提供志愿服务的意识和积极性。

（二）我国共享养老模式的萌芽

20 世纪 80 年代末，基于电话呼叫和互联网网站的养老服务模式开始出现，可称之为“虚拟养老院”。“虚拟养老院”是依托互联网构建养老平台，建立智能化的养老服务系统，实现居家养老。

1. 信息化阶段

“一键通”养老服务模式，是“虚拟养老院”的信息化阶段的产物，即老年人通过接通居家养老服务中心，申请各类养老服务；居家养老服务中心一键派单，加盟的企业服务人员接单后按照老年人要求的时间上门提供服务，相当于把养老床位搬回家里。

“一键通”养老服务模式，是采用信息化技术，依托政府付费搭建的信息化平台，吸引具有良好信誉的企业加盟，通过企业市场化运行，将需求与服务对接，充分体现了居家养老服务“政策惠民、便捷高效、社会力量共同参与”的特点。

2. 智能化阶段

在“一键通”呼叫服务的基础上，借助互联网、物联网、大数据等平台，对“虚拟养老院”进行智能化升级，多方面更精准地关注老年人的日常起居生活。从医疗保健平台，到购买生活用品的家庭服务平台、居家安全的健康监测平台、外出安全的紧急救助平台等，形成一个系统化的信息服务平台“群”。

比如，在紧急救助方面，如老年人出行摔倒需要帮助时，可以使用健康终端手机的一键呼叫功能，通过 GPS 定位，呼叫中心就可以电话通知家人；在居家安全方面，煤气报警器响起，子女会第一时间得知；家庭服务平台实现服务预订、服务受理、服务派单、服务过程跟踪、服务质量回访全程闭环式服务。

智能化阶段的“虚拟养老院”，利用搜索、定位、精准化匹配等技术，扩大了服务半径，惠及更多老年群体，不仅提高养老服务效率，而且极大地提高老年人生活质量。

3. 市场化不足

“虚拟养老院”是以政府兜底性保障为主的居家养老服务模式，服务对象大多为“三无老人”、失能失智老人等群体，这就决定了虚拟养老院的消费结构中政府占比高、自发消费少，缺乏市场化运营机制，不利于虚拟养老院形成良性循环。另外，随着我国经济发展，居民物质生活水平不断提高，老年人的养老需求也在发生变化，老年人开始注重社会参与度，从老有所养到老有所乐转变。因此，需要更适应时代发展的新型养老模式出现。

（三）积分制共享养老的探索

2014 年以来，在全国老龄办指导下，河南省新乡市老龄办开展了“积分制共享养老模式”的创新探索，并且取得了成功的经验，被国家发改委、民政部、全国老龄办选为养老服务业发展典型案例。

新乡市积分制养老是政府主导搭建智慧养老信息系统平台，企业整合养老服务供需各方资源，以积分获取和消费为动力，共建共享养老服务市场的新模式。

新乡市积分制养老模式的主要特点是在党建引领下，积分获取的场景无处不在并且无偿取得，如参加党建活动、文体活动、物业志愿服务、银行存款、话费充值、订报刊等日常活动均有积分累计形成；新乡市的积分养老平台整合了大量的异业联盟参与，如银行、医院、超市、老年大学、联通、移动、理发等等，积分的使用可以体现在生活的方方面面，大大降低了老年人的生活成本，同时提高了老年人的社会参与度。

在新乡市积分制养老模式中，每个人既是积分的创造者，也是积分的使用者。积分制养老模式既提高了整个新乡市的养老服务水平，又提升了老年人的幸福感，同时拉动了新乡市的经济发展，可谓一举多得，值得深入探索推广。

三　新乡积分制共享养老模式的构成

（一）社会背景概述

我国人口老龄化进程快速推进，孕育了庞大的养老服务需求，随着市场需求的释放，社会力量参与老龄产业的热情逐渐高涨，各式各类养老机构逐渐增加。但是，养老机构资金压力大、普遍盈利困难，地方财政能力薄弱、相关补贴有限，都已成为制约养老服务发展的重要因素。尤其是一些非法机构利用老年人寻求养老保障的心理，以提供“养老服务”为名，让养老领域一度成为非法集资的重灾区。在这种市场环境下，各地急需探索出一种既能加强政府主导，又能明确责任定位、加强风险管控的养老服务体系。

2012 年新乡市民政局采取公办民营方式，委托新乡市某公司负责当地社区居家养老服务的设施建设、管理和运营，建立健全各类居家、社区养老服务设施与机构。经过几年积极探索与实践，逐步形成了新型养老模式——“积分制共享养老模式”。该模式满足了当地老年人多样化、个性化、专业化、便利化社区居家养老服务需求，实现了居家养老服务的政府主导、社会参与、老人满意，推进了当地养老服务业持续健康发展。

委托公司首先建立了“12349”居家养老网络服务中心，该中心主要负责老年人电子信息入库管理与建档工作，并24小时为老年人提供服务热线及便民咨询预定。此外还成立了新乡市居家养老服务管理中心并在新乡设立多个网点开展社区为老服务。居家养老服务管理中心从功能上可以分为三类：一是生活照料，为居家老人提供家政服务及社区日间照料服务；二是文体娱乐，主要是满足社区老年人的精神慰藉需求；三是康复护理，侧重为老年人提供康复、保健、护理、健康检查与管理等服务。

2014年5月，在当地老龄办的支持下，依托“12349”居家养老网络服务中心开始实施积分养老模式。新乡积分养老模式的核心思想是将相关行业资源整合起来，和新乡市居家养老管理服务中心这一非营利组织以及政府结成合作同盟，即“异业联盟”，共同推动社区居家养老服务事业的发展。同时希望通过此种方式破解社区居家养老服务运行资金不足和服务供给不足等困境，更好地满足老年人的社区居家养老服务需求。

（二）模式构成

概言之，积分制共享养老模式是以智慧养老信息系统为平台，以积分制为动力，聚集养老服务供需各方资源，共建养老服务市场，拉动养老服务消费，扩大养老服务供给，共享养老服务业发展成果。

新乡市的智慧养老信息管理平台是一个开放的系统，对内汇聚各类养老服务业务信息，对外提供标准统一的接口，可与养老服务供给方无缝衔接，实现信息数据互联共享。平台构成如下。

1. 信息管理平台

主要用于老年人信息管理、积分制管理、养老服务管理、健康服务管理、供应商管理、养老服务征信管理等。

2. 老乐宝——老年人家庭使用平台

搭建在电视机上，老年人使用遥控器操作，可大屏幕显示、移动网络连接，菜单式操作，视频通话交流，适老化程度高，简单方便直观。主要功能：社区服务、家政服务、新闻资讯、交通出行、金融服务、生活购物、旅游出行、医疗健康、积分商城、消费支付、视频通话等。

3. 微信小程序——我的社区我的家园

这是老乐宝功能在手机端的应用。社区商家可以开店，功能：面对面购物，修改价格折扣，积分兑换。

4. 支付通道——银联

这是基于银联的支付通道，通过“支付+科技”的手段赋能平台，为老年用户们带来便捷高效的支付体验，灵活设置缴费订单，实时触达；后台统一对账，账单清晰可见，具有多维度统计、多端同步管理等优点。

5. 积分制

积分制运营机制，概括来讲主要包含获取积分和消费积分两个方面。该机制主要有两个作用，一是让老年人通过参与社会活动免费获取积分，享受相关的积分福利；二是激发老人参与社会活动的热情，调动老年人积极性，以及消费主动性，让老人老有所为、共享发展成果。两个作用都有助于促进平台形成老人共享市场，让老人更好地安享幸福生活。

获取积分：老年人获取积分的途径很多，有共享积分、消费积分、社区服务积分、公益积分、党建积分、文明积分等等。老人参加党建活动获得党建积分，参加社区文化娱乐、体育健身、为老服务等活动获得社区服务积分，参加城市文明建设活动获得文明积分，参加志愿者、捐献物品等活动获得公益积分，通过存款、话费充值、订报刊等参与经济活动获得共享积分。对通过不同方式获赠积分的数量分别有详细规定。

消费积分：老年人获赠的积分可以用来兑换健康服务、养老服务、生活服务、文化教育、旅游度假、金融保险等多项日常所需养老产品和服务。例如，老年人在居家养老管理服务中心理发，一次 5 元钱，可用 3 元现金加两个积分的形式抵扣；在洗衣服务中心洗衣，可按 20%的现金+80%的积分标准付费。老年人还可用积分在当地积分超市兑换 800 余种商品。除了基本生活服务和产品外，与医疗卫生和康复保健相关的积分兑换服务非常受老年人欢迎，在新乡居家养老管理服务中心进行健康检查以及在康复中心享受各类康复理疗服务时可全部用积分支付。新乡第四人民医院是异业联盟成员，老年人在该医养病房入住，出院结账时除去医保报销部分外，个人支付金额部分可按 10%使用积分抵扣，在门诊进行辅助检查、体检等可用积分抵扣 10%费用（药品除外）。此外，老年人还可以在异业联盟单位用积分进行购物、兑换电影、享受短途旅游服务等。

养老积分有三个特点，第一是无偿，老年人只需要免费参与到养老服务活动中，比如去上一节老年大学课程、参加一次社区文化娱乐活动等，便可获得积分，对老人来说不仅不需要付出费用，还可以丰富生活，获得积分没有任何压力。第二是共享，养老积分的使用可以不受时间、渠道限制，可兑换平台上任何产品和服务，让积分形成共享的流通。第三是公益，通过公益积分激励公益行为，例如社区志愿者、助老敬老等，“公益积分”模式不仅是对奉献者的认可和尊重，更是对奉献精神的弘扬和鼓舞，能激励人们更加积极、主动地参与到公益志愿服务中去。

在老人们获取积分和使用积分的过程中，这种共享的养老模式可有效地将社会上各类为老服务业态串联起来，使各种资源要素潜力得到更大限度的发挥，形成共享市场，达到共赢效果。目前，“积分养老”几乎涵盖了新乡老人日常生活的方方面面，为当地老年人生活带来了极大的便利。

6. 异业联盟

新乡市组建了积分制共享养老产业联盟，即“异业联盟”，根据理念认同、遵守章程、自愿加盟、团结合作、互利共赢的原则，发展联盟成员，约束成员间行为。在整合线下商家门店后，平台通过新共享商业模式帮助商家引流，商家让利，通过共享积分的消费模式，让老年人更愿意在平台上进行消费并自发推广。

积分制共享养老模式，让“异业联盟”企业实现经济效益和社会效益的双丰收，推动养老产业升级并进入良性发展轨道。截至目前，“异业联盟”成员单位已扩展至新乡市民政局、新乡市老龄办、新乡市居家养老管理服务中心，并串联了当地金融、保险、通信、家政、医院、媒体、旅游、百货、文娱等百多家政府机关、非营利组织和企事业单位，构建成可持续发展的养老经济循环圈，可以持续为老年人提供优质的服务。

（三）运营机制

积分制共享养老模式的运行机制可以用三句话来概括：积分引导行为，行为创造价值，价值产生积分，积分引导行为……循环往复，共建共治，共享共赢。

1. 积分引导行为

积分的经济价值和社会价值对老年人、市场主体、积分养老平台和政府都有引导行为的作用。老年人：引导其积极参与经济社会活动，促进其精神愉悦、身心健康；引导其扩大养老服务消费，共建共享养老服务市场。供给方：引导其积极参与积分养老体系，开发积分养老产品；引导其扩大养老服务供给，共建共享养老服务市场。积分平台：引导其完善规则制度，提升平台功能；引导其整合供需资源，扩大养老服务市场。政府部门：引导其完善扶持监管政策，加大支持力度，共建共治养老服务市场。

2. 行为创造价值

通过积分获取和消费行为，不断创造经济价值和社会价值，并惠及积分养老市场的各方参与者。老年人获得了优质服务体验，得到了物质和精神价值的双回馈，拉动了养老服务市场消费，同时也激活了市场活力，促使供给方不断加大服务供给，从而增加运营利润，扩大了市场整体规模，提升了市场预期。积分养老平台则扩大了平台流量，提升了平台价值，丰富了产品品类，提高了效益。地方政府实现了改善民生保障、促进地方发展目标。

总的来说，积分制共享养老模式有效促使养老领域信息互通、产业互融，撬动了社会各类服务资源，能够更广泛地整合庞大的供需群体，开放度、参与度和自由度远远高于传统商业模式，让企业在发展过程中找到了利益共同点，具有了自主造血能力，实现了可持续发展。可以说，通过积分共享的模式赋能，更好地激活了平台上的个体，让组织创造出更大的价值。

3. 价值产生积分

积分养老模式以积分共享引导参与者的行为，通过参与者的行为提升消费市场的活跃度并扩大内需消费，形成需求牵引供给、供给创造需求的更高水平的积分经济。即，积分创造市场价值，价值提升积分预期，市场不断丰富积分产品供给，拓展新的积分获取渠道，养老服务市场实现破圈发展，积分制共享养老进入新一轮更高质量的循环阶段。

（四）基本特征

1. 党建引领

党建引领是积分制共享养老模式的主要特征，工作人员通过组织老党员生活会，开展各类党群服务活动，将居家养老管理服务中心建设成党群服务的微阵地。有党建把方向、党支部保落实、党员做示范，更能聚拢人心，激发老人的参与热情。

积分共享制养老模式营造了党建引领的社区文化氛围，以丰富多彩的公益文化活动为载体，以有高度的精神内核、丰富有厚度的老年文化生活，让更多老年人在这种思想浸润中锻炼身体、享受生活、提升精神风貌，也向社会传递一种尊老、爱老、敬老的氛围，形成崇德尚善、邻里和睦的社区新风尚。

2. 政府统筹

积分制共享养老模式是在地方政府统筹下，充分尊重市场资源配置基础性作用，深入研究市场导向及需求，逐步形成的较为完善的养老模式。政府通过政策引导支持，鼓励积分养老平台企业开展创新探索，通过提供免费的场地，支持养老服务企业开展社区养老服务，引导老年人参与积分养老服务体系；同时，通过政府的支持，增强积分养老模式的公信力，引导养老服务市场主体参与积分养老体系，增加养老服务产品供给；还有，政府发挥主管部门监管的职能，规范积分养老服务的开展，确保其沿着正确的轨道健康发展。

3. 人人参与

所谓“人人参与”是指在积分制共享养老服务体系中政府、社会、市场和老年人（消费者）都参与其中，发挥作用，共建共治。对老年人而言，他们既是养老服务的消费者，也是养老服务的提供者和市场发展参与者；对于市场主体（供给方）而言，他们既是养老服务产品的供给主体，也是养老服务市场发展的参与者和受益者；对于政府而言，它既是养老服务体系建设的统筹者和监管者，也是养老服务产品的提供者，等等。也就是说，参与各方各尽所能、人人参与、共建共享，形成养老服务业发展的利益共同体。

4. 积分推动

在积分制共享养老体系中，“积分”扮演了重要角色，发挥了引导、激励、撬动、推动的作用。老年人通过参与经济、社会活动获得积分，在享受服务时积分可抵扣现金，减少了货币支出，很大程度上拉动了养老服务消费；积分引导和激励老年人参与党委政府在基层的工作，推动了当地的社区治理和社会建设；积分激励和撬动了养老服务市场消费，扩大了养老服务产品市场供给，促进了当地的经济发展。

5. 共建共享

所谓“共建共享”是积分制养老模式的核心价值。“共建”和“共享”是相辅相成、互为因果的关系，也就是“共建”是过程，“共享”是目标，没有“共建”的付出也就没有“共享”的结果。在积分的引导、激励和撬动下，政府、社会、企业和老年人共同参与养老服务市场建设，增加服务和产品供给，激发和挖掘老人消费需求，撬动养老服务市场消费，大家共享市场发展成果。积分制共享养老模式通过创新整合了资源，惠及了百姓，促进了养老服务业发展，还提升了社会“敬老文化”氛围，有效减轻了政府在养老、医疗卫生及社会服务提供方面的财政负担。随着平台上用户的快速增长，其需求也带动了相关产业加速发展，形成新经济增长点，进而带动了社会消费和就业，可以说这是人人参与、各尽所能、共建共治、互利共生、共享共赢的养老模式。

积分制共享养老模式把养老服务市场供需各方结成真正的利益共同体，“一切以老年人为中心”的核心价值观贯穿其中，所有服务都围绕老年人刚性需求展开，既体现了养老事业发展的本质属性，也在一定程度上突破了居家社区养老的局限，实现了中国养老服务市场商业模式创新，也为我国其他城市养老服务业发展提供了可行的路径选择。

参考文献

李伟：《积分养老制推进社区居家养老服务研究——以河南新乡积分养老制为例》，《中共福建省委党校学报》2018 年第 6 期。

胡解冰：《以小积分实现质优价廉的多元化为老服务——论新乡市互联网+养老服务建设新探索》，中国老年学和老年医学学会 2018 年学术年会。

海尔智能家居产品及智慧服务创新报告

龚阿玲　杨成华*

摘　要： 中国人口老龄化的快速发展，扩大了老年智能家居市场的巨大需求。海尔集团运用作为“具有基础性的思想和工作方法”的系统观念，从2006年便开始探索智能家居系统及智慧家庭系统的全场景解决方案，目标是让科技满足全体用户（包括老年用户）对美好生活的向往。10多年来，“世界500强”海尔智家，创立了全球首个智慧家庭场景品牌“三翼鸟”，提供从衣、食到住、娱的全场景解决方案；并以适老化领域的持续创新投身智慧养老产业。“三翼鸟”的三大全屋专业系统解决方案、五大智慧空间解决方案、N个场景化智慧体验，几乎可以覆盖老年人的各种生活场景，利用先进科技为居家生活带来便捷与舒适。

关键词： 智能家居　智慧养老　适老化　人—机—物融合

一　引言

一切家居产品的最终目的，是提供更高质量的家庭服务，帮助人类公平、充分、持续地实现对更美好生活的向往。人类社会正在加速进入一个虚拟系统与现

* 龚阿玲，华中科技大学机械工程系学士、美国南加州大学马歇尔商学院工商管理硕士，北京实现者社会系统工程研究院研究员。杨成华，海尔智家中国区媒介总监，曾任职海尔冰箱营销部长、中国区运营总监、华东大区营销总经理。

实系统日益紧密融合、“人—机—物”三元融合的万物智能互联时代，日益先进的信息科技已经沉浸式地加速渗透到人类社会的所有领域，典型的应用场景包括智慧家庭、智慧社区、智慧城市等等。智慧养老以医养结合的生活照料、健康管理、心理慰藉、文化娱乐等为主要内容，运用一系列信息技术等现代科技，针对老年人的主要生理弱点（“听不清、看不明、走不动、想不起”），全方位、全周期地满足其多元化、多层次的人生需求，帮助老年人实现对更美好生活的向往。

智慧养老行业建设是一项跨专业、跨平台、跨主体并日益整合、持续迭代的复杂系统工程。以老年群体直接使用的固定或移动终端（音视频）为中心，整合链接社区管理、医院、家政、公益、安防、紧急救助等各类服务系统及利益相关方，形成了一种开放、动态、持续迭代进化的系统体系和新业态。伴随着老年用户个性化需求的不断增长、科技的不断进步以及市场环境的不断变化，数字化、智能化产品和服务也不断升级，物联网、大数据、人工智能等技术的深度应用和高度融合，将进一步推动养老行业的数字化转型，以及高度精细化、个性化的持续进化。

（一）人口老龄化与智能家居需求

国家卫生健康委员会老龄健康司在2021年10月发布的《2020年度国家老龄事业发展公报》中介绍：“截至2020年11月1日，全国60周岁及以上老年人口占总人口的18.70%；65周岁及以上老年人口占总人口的13.50%。”根据《中国老龄产业发展报告》预计，2030年中国60岁及以上老人将增长到3.7亿人。在老年人口快速增长的同时，以老年用户为主体的“银发经济”正在加速崛起，市场潜力不容小觑。

衰老是生命不可抗拒的规律，随着年龄的增长，老年人在生理功能上会出现许多障碍和病变，比如，肌肉结构松弛引起容易疲劳、感知能力退化引起信息接收障碍、思维能力下降引起操作动作迟缓等，普通家居产品可能不能满足老年人的基本生活需要。近几年，智能家居不断发展，为老年人的生活提供了更多的便利。

“世界500强”海尔智家以住宅为平台，将智能灯光、电动窗帘、智能扫地机、智能门锁、智能摄像头、新风系统、智能马桶、智能晾衣架等产品连成一个智慧家庭服务系统，通过声音控制、远程控制自动化完成任务，通过App可以远程查看智能设备的状态，或自动推送预警提醒。

比如，老年人在家务活动中，低头弯腰会造成腰部、背部疲劳酸痛；老年人的触觉、嗅觉变得不敏感，容易造成厨房安全隐患；老年人的如厕次数增多，对在座便器上频繁起坐感到困难；洗手间活动空间狭小、地面湿滑，容易导致老年人跌倒，等等。智能家居系统利用智能产品感知交互、采集数据，通过物联网和云平台进行分析、决策，及时为老年人提供行为辅助，比如，自动调节高度、亮度、温度，自动控制电视、电灯、煤气开关，语音提醒吃药、运动、睡觉，当家里有紧急情况发生时自动报警等。

在信息时代，数字化、智慧化让人们的工作、生活变得越来越便利、越来越有效率，但无形之中，在老年人面前形成了一道“数字鸿沟”。2020 年 11 月，国务院办公厅印发了《国务院办公厅印发关于切实解决老年人运用智能技术困难的实施方案》（国办发〔2020〕45 号）。据此，工业和信息化部发布了《关于切实解决老年人运用智能技术困难便利老年人使用智能化产品和服务的通知》和《互联网应用适老化及无障碍改造专项行动方案》，要求着力解决老年人在使用互联网等智能技术时遇到的困难。如何搭建一座桥梁，让老年人也能享受智慧科技生活，成为近两年出席全国“两会”的代表们提案的核心之一。

2021 年，海尔集团董事局主席、首席执行官周云杰提出：要以老年群体的安全感、获得感、幸福感为中心开展创新，提升老年人的居家生活品质；基于智慧家庭无处不在的感知能力、主动贴心的服务能力、安全可靠的保障能力，切实关注老年人的每一个生活空间，帮助老年人跨越“数字鸿沟”，拓展居家养老的时间和空间，全面享受智慧科技带来的安全、便捷和快乐。

在智能产品方面，海尔智家从“客户体验”出发，为长者的居家生活提供适老化智能产品。例如，智能洗衣机支持大屏显、大字号、大图片，以及语音控制洗衣、提醒晾晒；智能冰箱能语音提示食材新鲜度，可以一键下单购买原产地溯源食材；智能空调为银发群体定制专属的运行算法，根据长者的身体情况或睡眠状态实现自动升温和制冷的效果；智能电视以老年人的使用习惯为出发点定制，解决老人看电视睡着忘记关机、手抖容易按错键、老花眼看不清字、耳背听不清声音等问题。

在智慧空间方面，海尔智家的场景品牌“三翼鸟”为老年用户提供衣、食、住、娱的智慧全屋场景解决方案，利用先进的计算机技术、网络通信技术、智能云端控制、综合布线技术、医疗电子技术，依照人体工程学原理，融合长者个性需求，将其与家居生活有关的各个子系统，如灯光控制、窗帘控制、煤气阀控制、信息家电、场景联动、地板采暖、健康保健、卫生防疫、安防保安等有机地整合起来，通过“智家大脑”的网络化综合智能控制和管理，实现“以人为中心”的全新居家生活体验，为老年人带来高品质的居家生活。

在生态服务方面，海尔“智家大脑”联结了1000+品类生态服务，打通了手机、电视、智家大脑屏等多个入口，老年用户若有安装、清洁、保养、维护等需求，可以随时呼叫服务。而“海纳云”品牌则以“云”体验和个性化智慧终端，实现集交互、体验、销售、服务于一体的全流程生态平台，运用数字技术为社区赋能，促进构建家庭、社区、社会联动的智慧生活圈，实现个人、家庭、社区、机构与健康养老资源的有效对接和优化配置，推动健康养老服务的数字化、智慧化升级，用科技打造新型健康养老社会生态，不断提升健康养老服务的质量和效率。

这些举措，围绕老龄化的突出问题，为建立“以居家为基础、社区为依托、机构为补充、医养相结合”的、系统的养老服务模式创新，正在贡献日益成熟的“海尔解决方案”。

（二）国标加持，“适老化”家电迎来发展新机遇

2021年6月，《智能家用电器的适老化技术》系列标准发布，其中包含5项团体标准和4项公司技术规范，涉及空调器、电冰箱、洗衣机、电视机、吸油烟机、净水机（饮水机）、马桶盖、热水器8类产品，基本涵盖了老年人在日常生活中使用的所有家电类型。符合该系列标准的家用电器经过中国家电研究院检测认证之后，将获得智能适老家电认证。同年11月，国家市场监督管理总局、国家标准化管理委员会发布了《用于老年人生活辅助的智能家电系统　架构模型》和《适用于老年人的家用电器　通用技术要求》两项适老家电国家标准，对家电产品在适老化方面提出了要求。这意味着，家电的适老化有标可依。

在中国，家庭养老方式历史悠久，是绝大多数老年人的第一选择。因此，居家和社区养老服务设施成为养老服务体系建设的重点。民政部2020年10月举行的第4季度新闻发布会公布的数据显示：“十四五”期间，中国60岁及以上老年人口预计超过3亿人，由此可见，中国老人家庭室内居住环境适老化改造的需求日益突出。

综上所述，随着老龄化进程加速、人口预期寿命延长、家庭功能弱化，以及国家、企业对“养老产业”的重视，在智能科技的助力下，“银发经济”所带来的巨大市场前景正逐渐显现。

(三) 老年智能家居发展现状

艾媒咨询数据显示，全球拥有智能系统的家庭数量持续上升。2018 年全球智能家居包括设备、系统和服务消费在内的支出总额接近 960 亿美元，到 2023 年将增长至 1550 亿美元。基于中国广阔的市场空间，5G、物联网（IoT）、人工智能等技术的快速迭代，加上新基建的政策红利以及新消费形势的需求，智能家居行业迅猛发展。中商产业研究院预测，2022 年中国智能家居市场规模可达 6515.6 亿元，中国将成为全球最大的智能家居市场消费国，占据全球 50%~60% 的智能家居市场消费份额。

目前，中国的全屋智能市场在产品、技术、服务能力上均已呈现快速发展态势。在这一领域，已涌现出了华为、小米、海尔、美的等不同类型的优质企业。IDC 数据显示，估计 2022 年中国全屋智能市场销售额可突破 100 亿元，同比增长 54.9%。

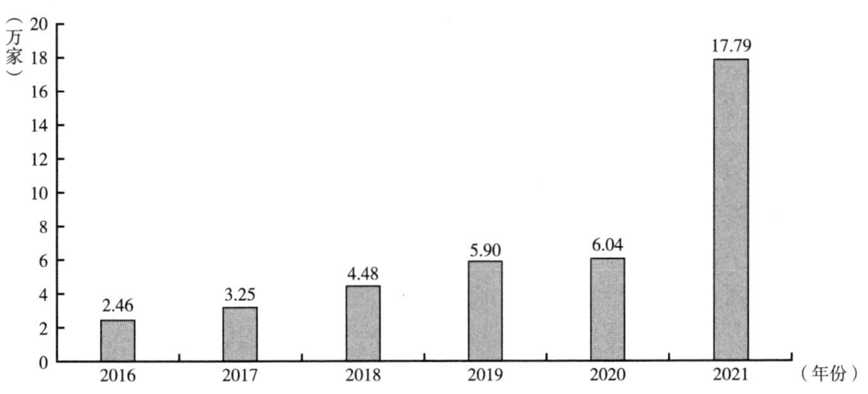

图 1　2016~2021 年中国智能家居相关企业注册量统计

海尔智家相继在上海、北京、青岛等落地系统级的“三翼鸟”品牌体验店，带来“1+3+5+N”的全场景智慧定制服务模式：

“1”个智家大脑；

“3”大全屋专业系统解决方案——全屋智能、全屋用水、全屋空气；

“5”大智慧空间解决方案——智慧阳台、智慧厨房、智慧卫浴、智慧卧室、智慧客厅；

“N”个场景化智慧体验。

随着中国人生活水平的提高，老年人对“家”的功能要求已从满足简单的“养老”居住功能，发展到人性化、个性化的“享老”交互要求。舒适、安全、便捷、在家中能迅速方便地与外界交流等，成为当今老年人居家生活的物质需求和精神需求。然而，除了少数头部家电企业开发了适老化细分品牌外，大部分家电企业只是在研发时考虑老年人的需求，在营销层面主打养老概念。

2021 年，为进一步推动智慧康养产业发展，工业和信息化部、民政部、国家卫生健康委员会共同制定了《智慧健康养老产业发展行动计划（2021－2025年）》，提出增强智能产品适老化设计，支持企业在产品研发过程中充分考虑老年人的使用需求；2022 年 2 月，国务院印发了《“十四五”国家老龄事业发展和养老服务体系规划》，提出促进老年用品科技化、智能化升级，支持智能交互、智能操作等关键技术研发，提升日用辅助用品等适老产品的智能水平、实用性和安全性。

居家养老由生活照料和宜居环境两大要素组成，二者缺一不可。在生理方面，随着年龄增长，老年人通常会出现感官方面的视力、听力障碍，反应能力与准确控制能力也会下降，他们对家庭产品的功能需求主要体现在产品操作的简单性、安全性、提示性、适宜性以及健康方面。在精神方面，老年人因为肌肉疲劳、关节炎、记忆力丧失等而行动不便，这使他们完成日常家庭生活任务的能力下降，容易因此产生害怕、愤怒、沮丧等心理问题。通过家庭环境的适老化系统改造，选择合适的智能家居产品给老年人提供生活功能支持，通过智能报警设备降低居家生活的安全风险，已成为现代老年人乐于接受的解决方案。

中国有超过 1 亿空巢老人，他们需要长期获得生活照料、膳食供应、家政服务、健康护理、精神慰藉、文化娱乐等专业化、精准化、个性化的服务。随着中国家庭日益小型化，社会劳动力成本不断攀升，替代人工服务的智慧养老已成为居家养老的主要模式（见表 1）。

表 1　智慧养老的主要模式

人群	智能娱乐	智能康养	智慧家居	智慧安防	智慧家电	智慧医疗	智能家政
独居老人	高	高	低	低	低	高	高
夫妻空巢老人	中	高	高	高	高	高	中
与子女共同生活老人	低	高	中	中	中	高	低

早在 2006 年，海尔智家就率先开始探索系统级的智慧家庭全场景解决方案，积极以用户体验的便利化为方向，在安全、健康、人性化、个性化等方面进行创新，让科技满足全体用户（包括老年用户）对美好生活的向往。

2019 年 12 月，海尔智家与中益老龄健康产业管理有限公司、上海国和现代服务业股份有限公司签订了战略合作协议，三方在贯彻落实国家养老战略的同时，针对老龄化社会所需的智能化适老化改造和建设开展合作。2021 年 9 月，继“少海汇”推出智慧家居领域首个工业互联网平台之后，“海骊住居”发起了“海骊数智设计平台”，主要承载居家养老场景，融合规划、设计、实施和运营等全流程节点，以标准化数据管理、轻量化业务建模、简易化平台服务为技术支撑，致力于打造国内最大的适老化数智设计平台。10 月，海尔的第一间适老化“长者智家”样板间在青岛 INxpark 硬河家居公园诞生，来自北京、上海的养老产业集团和室内装饰、绿色建筑的行业专家针对中国老年群体的生活习惯和文化传统，提出了包括材质、色彩、照明、音响、空间等方面的 49 条意见，形成了智慧家庭全空间 58 项适老化设计的方案；2022 年，海骊住居正式成立康养服务部，加快了在智能适老化改造产业上布局，聚焦并自主研发适老的智能床、护理床及卧室、卫浴、厨房、客厅各场景应用的辅具，致力于帮助老年人提高居家生活的品质。

二　海尔智能家居产品概述及应用场景

依据人机交互的方式，老年智能家居设备分为智能语音产品、智能视觉产品和智能触控产品三大类。在数字化浪潮下，老年智能家居行业向着智能化、融合化、绿色化方向演进。

（一）海尔智能家居产品概述

在海尔看来，智能家居适老化不应仅仅着眼于智能产品的适老化功能开发，更要体现“以老人为中心”的原则，以大成智慧发展新时代服务理念。

海尔智家通过遍布全球的海尔创新中心，及时了解世界上最先进的康养理论和科技手段，同时，深入社区和家庭，研究不同年龄、不同地域的中国老年用户的能力、习惯和环境，设计出适合中国老年人的智慧养老场景。利用物联网、云服务的手段，以海尔“灯塔工厂”的敏捷、柔性制造及强大的智慧供应链能力为支撑，紧紧围绕满足老年用户的真实需要进行产品设计和产业规划，保障最符合老年人需要的智能家居用户体验。

海尔智家旗下的场景品牌“三翼鸟”立足科技创新，几乎覆盖老年人的各种生活场景，提供了“人—机—物”完美融合的解决方案，让老年人充分享受智慧科技带来的便捷、舒适和快乐，努力提升老年人的安全感、获得感和幸福感。例如，中国疾病监测系统的数据显示：跌倒是中国 65 岁以上老年人因伤致死的首位原因。据测算，中国每年有 4000 多万老年人至少发生一次跌倒，其中大约一半发生在家中。海尔智家的适老化“智慧浴室”场景中，安装了带有语音交互功能的海尔智能热水器，能提前设置洗浴的时间和水温，减少老人在狭小空间的活动时间和操作难度；老年人洗浴结束后，智能浴霸配合切换到除湿模式，减少老年人因湿滑跌倒的机会，同时保证浴室干燥，防止细菌滋生。海尔的全屋智慧产品能主动理解老人的需要，越用越懂用户。例如，智能热水器会记住用户习惯的水温、“卡萨帝”智能空调会自动监测空气动态平衡的温湿度，等等。

在智能家居适老化方面，海尔智家特别强调为老年用户提供一套智慧系统解决方案，一方面，利用“人-机”功能体发现老年用户的能力和特征，并以此为依据创新智能养老设备；将智能产品的复杂功能组合成简单、美观的界面，方便老年人学会操作。另一方面，利用人工智能、大数据等先进技术，为老年人提供“管家级”生活功能协助和贴心照顾，使居家的每一个生活场景都实现智能化、人性化、无感化，给老年用户带来简单、安全、愉悦的用户体验。

（二）海尔智能家居产品的典型应用场景

从衣食到住娱，海尔智家提供的三大全屋专业系统解决方案、五大智慧空间解决方案及 N 个定制化场景体验，具有科技集成、以人为本、绿色环保、优质高效、整合资源的特点。下面以五大智慧空间为例进行说明。

1. 海尔智慧阳台场景

衣物清洁是老年人身体健康的基本保证。海尔洗衣机的双擎热泵和四重净滤系统可高效杀菌除螨，去除异味，让老人穿得健康。

在“三翼鸟”智慧阳台场景中，洗衣机提供的上下双桶设计，可将老人衣物与其他家庭成员衣物分开清洗，满足家庭同住的个人卫生需要；如果有膝盖疼、肌体运动差等问题的老年人，可选用上桶进行轻松洗衣，无须弯腰下蹲。为解决洗衣机的按钮字太小而看不清、菜单太多而操作复杂、不知道加多少洗衣液等常见困扰，海尔提供了图片菜单、大字号操作界面，还可语音控制洗衣，当老年人发出洗衣指令后，洗衣机能够自动识别衣物面料，自动投放洗衣液，并自动匹配相应的洗衣、烘干程序。海尔智慧阳台场景中，在完成洗衣程序后，洗衣机会语音提醒老人晾晒；智能晾衣架可用语音控制，自动下降到设置的高度，即使坐轮椅的老年人也可方便晾晒，满足其生活自理的需要。

2. 海尔智慧厨房场景

营养健康的膳食是老年人最基本的生活需要。海尔的“卡萨帝”智能冰箱应用 MSA 控氧保鲜科技延长食品保鲜期限，让食材在 2 周内保持新鲜如初，留住更多营养，让老年人吃得健康。

海尔智家的智慧厨房围绕存储新鲜、买得放心、吃得健康三方面提供安全、便捷的解决方案（见图 2）。老年人因为节俭，有用冰箱囤积食物的习惯，很可能因为吃过期的食材而影响身体健康。在“三翼鸟”智慧厨房场景中，“卡萨帝”智能冰箱不仅操作简便，还担任了家庭“营养管家”的角色，冰箱内按照不同食物的储藏需要划分区域温度，并实时帮助老年人关注食材的保质期，可语音提醒避免食用过期食材。同时，“卡萨帝”冰箱具备一键下单功能，方便老年人从原产地购买新鲜食材，可溯源的供应链保证了食材的绿色和健康。当老年人进厨房准备做饭时，“卡萨帝”冰箱会根据老人的身体状况数据，自动提供健康

图 2　海尔智慧厨房场景

食谱及烹饪指导，保证老人摄入的营养更均衡；特别令人惊喜的是，“卡萨帝”冰箱还会联动海尔智能烤箱，自动设置所选食材的合理时间和温度，做出北京烤鸭、剁椒鱼头、烤鸡、烤鱼、披萨、梅菜扣肉等上百种大师招牌菜，让老年人充分享受科技带来的健康、便捷和美好。

儿女在外时，最担心家里老年人在厨房烹饪时忘记关火。海尔智能燃气灶特有的防干烧技术，通过 NTC 热源追踪，实现智能熄火关气，可避免干烧导致的火灾安全隐患。海尔智能油烟机配备了烟雾感应系统，当感应到烟雾浓度过大时，会自动报警提醒，为老年人的烹饪安全和身体健康提供保障（见图 3）。

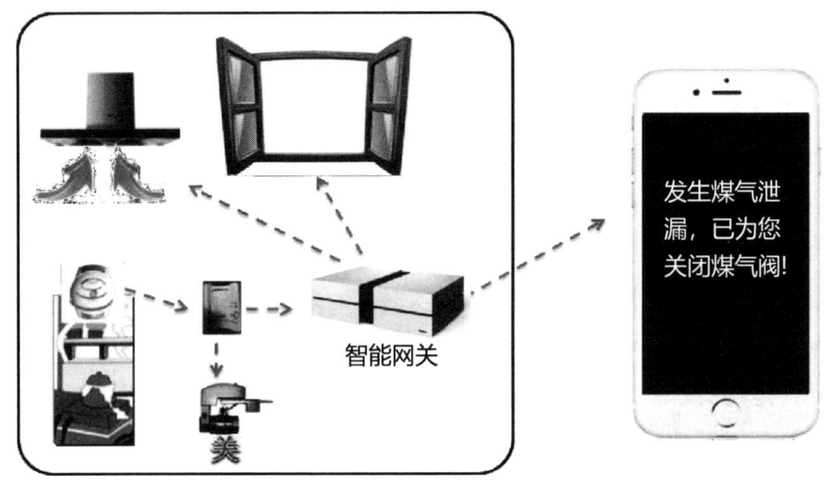

图 3　智能燃气灶与油烟机

3. 海尔智慧卫浴场景

老年人因为生理原因会产生一种“老人味”，需要常洗澡、勤换衣，保持清洁卫生，也避免令身边的人感到不舒服。中国普通家庭洗浴间的面积都不大，老年人经常需要费力打开热水器，等较长时间才出热水，还要反复调节水温，这个过程已经让洗澡成为老年人感到非常麻烦甚至痛苦的事情。

海尔智慧浴室场景中，老年人在洗浴前，可用语音启动海尔智能热水器，热水器具有自学习功能，可根据记忆自动调节到用户常用的水温，提升洗浴的舒适感；而且，海尔智能热水器在开启后，即刻就快速出热水，防止老年人冬天在浴室长时间等待而受凉。

很多老年人家里热水器的镁棒从来没有更换过，长年累月形成的水垢不仅影响洗澡的水质，还会腐蚀加热棒，造成洗澡漏电的危险。“卡萨帝”的最新科技产品——全球首台水晶胆热水器“银河 PRO”，在内胆的选材与工艺上进行了颠覆性创新，打造不需要镁棒保护、不结水垢的热水器内胆，并且动态实现水中锶、锌元素的科学配比，让老年人在家也能享受健康、舒适的洗浴体验。

4. 海尔智慧卧室场景

有些老年人房间里会散发一种令人不适的气味，但是老年人长期居住在房间内，往往对有害细菌滋生的环境并不敏感。海尔智慧空调的第 5 代自清洁科技，蒸发器结霜化霜，剥离冲刷病菌污垢，再加上整机持续 30 分钟 56℃高温，除菌率达到 99%。用户只需要用语音说“优化空气”，“卡萨帝”空调就能自动开启新风、调整温度并进行除湿，将室内空气调到最佳状态，让老年人在家里总能享受干净健康的空气和舒适愉悦的环境。

冠心病、心肌梗死被称为老年人的“健康杀手”，在气温波动较大的季节，老年人面临更多心血管疾病的突发风险。“卡萨帝”空调独创双塔软风射流匀风技术，能根据季节的温度变化提供舒适的供热制冷环境，利用人工智能技术，让出风温度保持人体感受的最佳舒适度，夏天还会自动避免冷风直吹，以免老年人受凉感冒。

在海尔智慧卧室场景中，当老年人准备睡觉时，只需用语音提示，窗帘和灯光会自动关闭，空调自动调节到适宜睡眠的温湿度，帮助老人快速入眠；在睡觉过程中，智能枕会联动空调，根据实时监测的人体睡眠数据调节房间到最舒适的温度、风速和湿度，守护老人整夜安心睡眠。而针对老年人容易失眠的问题，海尔智能床可以提供睡前助眠、睡中呵护、睡后柔性唤醒、生命体征检测等智慧功能服务（见表 2）。

表 2　智慧卧室场景

功能	特点
睡前助眠	用遥控器利用零重力，抬升头部，实现睡前放松，缓解疲劳；抬升脚部，让腿部肌肉放松，加快腿部血液的循环，同时减轻心脏负担，对于老年人的腿部水肿和静脉曲张有明显的缓解效果
睡中呵护	调节到深度睡眠模式，床垫背部会抬高到 15 度左右，可以使睡眠者保持呼吸顺畅，促进深度睡眠；同时背部微抬对打鼾有辅助治疗作用，降低老人出现睡眠呼吸暂停的风险

续表

功能	特点
睡后柔性唤醒	通过小程序设置好起床时间，在清晨，智能床会准时自动抬升床头，帮忙老年人起身下床，减少对老年人腰部的压力
生命体征检测	传感器通过感知微小振动，将振动信息变换成电信号，并传输到控制模块内，通过一系列的分析、处理，判断出老年人身体的信息与数据；通过社区智慧养老管理平台与政府官方的控制中心、医院、护理院对接，将信息传输到中央工作站或云服务器。同时可传输至个人移动终端上，让老年人的亲人或者社区管理人员看到。比如，夜间老年人离床时，中央工作站会主动发出预警，告知照护人加强关注，以防老年人坠床、摔倒或发生意外。长期、稳定、持续的生命体征数据的积累分析，对老年人的健康评估更有价值

5. 海尔智慧客厅场景

“三翼鸟”全屋智能解决方案中，智能门锁通过指纹开门、人脸识别，解决老年人出门忘带钥匙的问题；假如门前有人逗留时间过长还会拍照提醒。独居老人可以根据自己的习惯，提前设置灯光、窗帘、空调等多种设备的联动开启，晚上回家进门后就不用再摸黑找开关，还可营造“欢迎回家”的温馨氛围，瞬间消除老年人的孤独感和抑郁心情。

假如天气条件不适合外出，老年人可以在家利用海尔智能电视选择“逛街”购物、跟各地网友一起学习交流，或者跟着电视里的“专属教练”进行娱乐健身（比如学习跳舞、练八段锦等）。老年人想要与孩子、亲朋好友联系时，可以打开海尔智能电视进行多方视频通话，实现无障碍沟通，保持情感联系。

老年人想看电视时，不必再费力到处找遥控器，只需通过语音发出指令就能打开海尔电视机，可以按自己喜欢的影片名、主演等语音搜索节目，还可以从上次暂停的地方接着看节目。针对老年人普遍视力、听力下降的问题，海尔智能电视专门设计了较强对比度的显示，在客厅适老化场景中的沙发背面安置了蓝牙设备，解决老人看电视时音量开得太大而影响其他家人的问题。

三　智能家居行业存在的主要问题及对策建议

首先，智能家居产品为人类家庭生活提供诸多便利，理论上能够满足老年人对智慧康养产品日益攀升的需求；但事实上，市场上现有的功能繁多的智能产品并未让老年人享受智能化带来的便利，未经专门培训的老年人普遍感到很难使用那些丰富的功能。

目前，市场上的老年智能家居产品可分为两大类：（1）专为老年用户而设计的功能与产品；（2）为大众用户设计但惠及老年用户的功能与产品。从产品的用户实际体验来看，仍然面临着易用性、适用性两大主要问题。

问卷调查显示，有不少老年人因为担心不会操作而不得不放弃了消费的念头。有些老年人一时冲动，购买了高档的智能家电后，反而让产品的智能化弄得晕头转向、身心疲惫，完全体会不到智能家居带来的便利性和愉悦感。

针对上述问题，我们建议老年智能家居产品的设计应集中在以下几方面：

（1）建立老年用户生活痛点采集机制，以及对智能家居产品不当使用的信息反馈机制，加速产品迭代优化。

（2）加强辅助设计，满足老年人日常生活需求。

（3）取消部分情景控制模式，降低使用难度。

（4）增加安全性设计，降低使用风险，并增加老年人使用信心。

总之，老年智能家居产品应以老年群体的特定生活方式为核心进行产品改造和功能优化，切实为老年用户提供智能化优质服务。

其次，中国光纤宽带用户规模持续增加，扩大了家用智能产品的潜在用户规模。在新型无线网络技术方面，5G 和 WiFi6 将形成互补共存的关系，凭借其高速率、低延时的特性进一步赋能智能家居行业。然而，从市场的应用数据来看，智家家居产品目前仍存在产业碎片化、缺乏统一的设计标准和制造体系的问题，从而严重制约了智能家居和智慧康养产业的发展。另外，适合老年人健康出行、满足其文化娱乐需求的智能家居产品仍然十分缺乏。

居家生活是老年人群的核心生活场景，让快速增长的老年群体享受到智慧家庭带来的高品质生活，不仅非常必要，同时还具有重要的社会意义。

在此背景下，海尔集团董事局主席、首席执行官周云杰建议：在国家政策和相关部委支持下，由链主企业牵头，研究编制基于老年群体的智慧家庭产品和服务的标准，并形成相应的标识认证体系，对符合标准的智慧家庭适老产品和服务进行认证，将其加入产品推广目录。同时，支持打造针对老年群体的智慧家庭样板示范，探索智慧居家养老的新模式。

四　智能家居行业的发展方向和趋势

智能家居行业的发展方向和趋势，就是持续满足家庭用户需求的智能家居系统的进化方向和趋势。以信息技术、人工智能为代表的新兴科技正在加速推动人类进入一个“人—机—物”三元融合的万物智能互联时代。这一时代的智能家居系统或家庭系统，表现为以“［（人+机）+物］+［社会环境+自然环境］”为基本结构的、人—机优势互补的、开放的智能互联系统，此处“机”亦是虚拟系统或网络空间的物质载体（见图4）。亦有人从“人类系统—网络系统—物理系统”（Human-Cyber-Physical Systems）的角度来概括“人—机—物”融合结构。无论以何种方式认识“人—机—物”融合结构，机器系统的智能化以及“人—机—物”的高效互联，始终是智能家居行业发展的关键。在虚实融合的“灵境”（或“元宇宙”）时代，“（人+机）+物”之间及其与外部环境之间日益智能化的交互作用，其目的始终是以人为本、满足人们持续提升的需求、帮助每个家庭成员实现更高的生命价值。

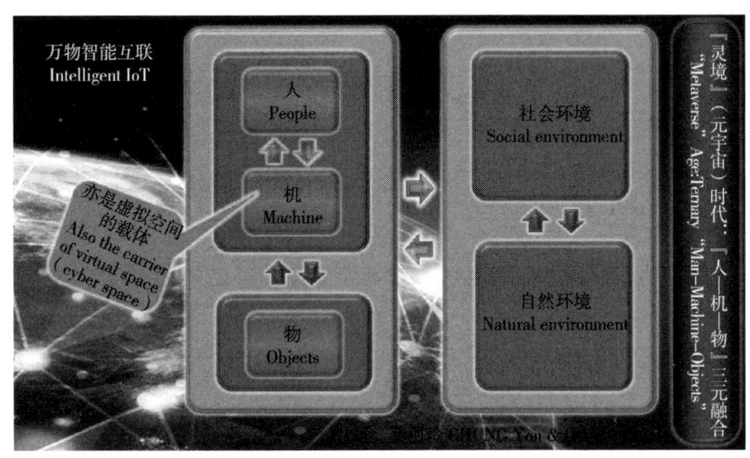

图4　“人—机—物”三元融合

基于系统的层次性，面向用户的智能家居产品系统主要分为3个层级（见图5）：（1）智能家居系统（面向全场景的用户综合需求，包括对外开放互联的智能家居系统）；（2）智能家居场景解决方案（面向单一场景的用户需求、智能互联的单品组合）；（3）智能家居单品。

图 5　智能家居产品系统

家居的智能化、系统化已是不可逆转的大势。世界范围内信息技术创新不断加快，信息领域新产品、新服务、新业态大量涌现，不断激发新的消费需求，并形成日益活跃的消费热点。举世瞩目的中国超大规模消费市场，正处于消费升级和信息化、工业化、城镇化、农业现代化加快融合发展的阶段，信息消费具有良好发展基础和巨大发展潜力。为了推动信息化、智能化发展，中国发布了《国务院关于进一步扩大和升级信息消费持续释放内需潜能的指导意见》，为智能家居的发展提供了强有力的政策支撑。

智能家居行业在技术、市场变化中迎接新的挑战和机遇。一方面，人工智能（AI）、物联网（IoT）和边缘计算完全支持智能家居。另一方面，中国的房地产业正从“增量发展”的上半场转移到“存量管理”政策的下半场。而智能家居系统是硬件系统与软件系统的高度融合。一方面要有足够丰富的硬件系统，让用户所想即所用；另一方面要有足够智能的软件系统，让智能家居更加符合人性。拥有能够场景化、系统化的家电品牌，以及实现大规模订制的“灯塔工厂”，是海尔家居系统的适老化功能持续提升的底气。

在产品层面，发展老年智能家居是站在用户角度进行产品设计的又一大突破，实现了针对老年人的实用性、标准化、易用性、人性化“四大原则”的统一，同时鼓励企业持续迭代优化产品，提升产品体验，培育和壮大老年智能家居产业。例如：产品要具备对老年人方言的语音识别功能；在智能卧室中，帮助老年人在起床前进行血压测量，若血压过高就提醒其服药，停留半小时再起床，以解决很多老年人早上血压严重超标导致起身活动时发生脑出血的问题。

在社会层面，响应党中央“营造老年友好型社会环境”号召，落实“十四五”国家老龄事业发展和养老服务体系规划，加强智能家居适老化可解决人口老龄化带来的老年人与社会隔阂问题，践行积极老龄观，推动智慧助老行动发展，长效解决“数字鸿沟”难题，帮助老年人成为快乐的群体。

未来，“银发经济”的市场规模不容小觑，其中，面向失能老人产品具有更为刚性的市场需求。《中国老龄产业发展报告》预测：到 2050 年，中国将拥有 4.8 亿位老年人，消费潜力将达到 106 万亿元。同时，随着智慧康养的推进和普及，智慧医疗、人工智能医疗等产业迎来了发展高峰期。例如，2022 年 2 月，钱学森学派主导的“人民健康系统工程机器人实验室”在北京市中关村门头沟园落地揭牌。“人民健康系统工程机器人”将包含医疗大数据、人体穴位精准识别、康复理疗等技术，目前推出的首款按摩机器人已在多家理疗机构“上岗”，每台可替代 4~5 名人工理疗师，加上参数设置，让理疗体验更加可控（见图 6）。2023 年，上述首款机器人将走进街道、社区、镇，成为养老驿站、家庭和社区医院的新成员。

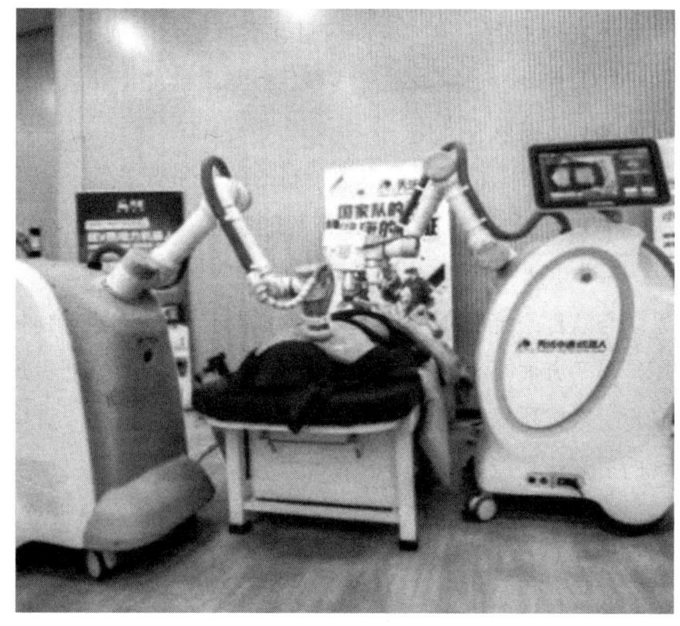

图 6　按摩机器人

海尔智家秉承海尔集团深耕消费家电行业的强大世界化优势，运用作为“具有基础性的思想和工作方法”的系统观念，从设计一个家、建设一个家到服务一个家，为用户提供衣、食、住、娱全场景解决方案；以适老化领域的持续创新，投身智慧养老系统工程，积极拥抱新的、快速增长的超大规模市场机遇，在努力实现自身跨越发展的同时，做推动中国和世界的“银发经济”高质量发展的典范，为解决人类社会的老龄化痛点问题积极贡献力量。

社会主义的目标，是让每一个社会成员都能够公平、充分、高效、持续地实现安全和发展利益。在“人—机—物”三元融合的万物智能互联时代，海尔集团将努力探索“产业+事业”有效融合的创新模式，让更多符合家庭真实需要、聚合先进科技，且全体社会成员可负担并持续升级的智能家居产品和服务走进亿万家庭，实现人类对幸福家庭和美好生活的向往。

专题报告

中国智慧健康养老行动发展报告

吴　昕*

摘　要： 随着我国第一个《智慧健康养老产业发展行动计划》的实施，物联网、云计算、大数据、人工智能等信息技术与健康养老形成了融合发展的态势。政策体系框架基本形成，产业规模持续增长，数字化基础不断夯实，智慧产品不断涌现，服务模式持续创新，试点示范有序推进，产业生态逐步完善。同时，也存在政策协同有待增强、服务内容及服务模式尚需优化、产品服务适老水平亟待提升、产品服务标准缺失、数据价值尚未充分激发、专业人才依然匮乏等不足。在第二个五年行动计划实施期间，智慧康养产业将进一步加强政策引领和协同，探索成熟的商业模式，形成多种可持续造血的机制，加强智能产品适老化设计，建立智慧康养产业标准体系，强化数据支撑赋能，推动智慧康养产业数字化转型，继续加强专业人才队伍建设，推动智慧健康养老产业高质量发展。

关键词： 智能养老　智慧康养　老龄产业计划

一　引言

当前，我国已进入深度老龄化社会，老年人口数量飞速增长，根据国家统计

* 吴昕，中国电子科技集团公司第三研究所产业投资部主任，中国智慧健康养老产业联盟秘书长，长期从事电子信息和智慧健康养老等领域的产业政策研究、产业发展规划制定、试点示范单位评审及产品服务推广目录制定等工作。

局公布的数据，2021 年底，我国 60 岁及以上老年人口数量已超 2.67 亿人，占总人口的 18.9%，其中 65 岁及以上老年人口数量超 2 亿人，占总人口数量的 14.2%，我国已成为世界上老年人口数量最多的国家。根据全国老龄办的预测，“十四五”期间，我国 60 岁及以上老年人口数量将超 3 亿人，我国将正式步入中度老龄化社会；到 2033 年，老年人口数量将突破 4 亿，占总人口的 1/4；到 2050 年前后老年人口将达到 4.87 亿人，约占总人口的 1/3。我国老年人口基数大、老龄化速度快，催生了巨大的养老服务需求。

与此同时，未富先老、未备先老的现实国情造成社会中可利用的养老资源极度短缺。从经济发展水平维度来看，2021 年，我国人均 GDP 为 12100 美元，虽然已超过世界平均水平，但与美国、日本等老龄化水平更高的发达国家相比，仅为其 1/5、1/4，社会中可用于养老保障的资金严重不足。从服务供给维度来看，随着城镇化进程的加快以及家庭结构的变化，老年人空巢独居的现象普遍出现，家庭的养老功能逐渐弱化。而面对庞大的老龄群体，社会养老服务的供给普遍不足，根据《2019 中国养老服务行业报告》提供的数据，目前我国居家养老看护服务和社区日间照料服务的缺口率分别超过 55% 和 70%；另外，根据 2021 年 5 月国家卫生健康委公布的数据，目前，我国对养老护理员的需求多达 600 多万名，而实际仅有 50 多万名相关从业者，远不能满足养老需求。在诸多资源受限的条件下，如何妥善解决好老人的养老问题，不仅关系到老人的福祉，还关系到社会的稳定与经济的发展。

随着科学技术的迅猛发展，以大数据、云计算、物联网、人工智能为代表的新一代信息技术正加速与经济社会各领域渗透融合，推动经济社会全面转型。党的十九大报告指出“创新是引领发展的第一动力，是建设现代化经济体系的战略支撑”。而科技创新作为创新的核心，是经济发展的新引擎、新动力。在人口迅速老龄化的背景下，充分利用科学技术，发挥其在优化资源配置、提升运行效率领域的重要作用，是解决我国养老供需矛盾的必然选择。

2017 年以来，工业和信息化部、民政部、国家卫生健康委（原国家卫生计生委）三部门发布《智慧健康养老产业发展行动计划（2017-2020 年）》（以下简称《行动计划》），着力推动信息技术与健康养老融合发展。本报告聚焦近年来我国智慧健康养老产业发展取得的进展与成果，深入剖析产业发展存在的主要问题，进而提出产业发展的对策及建议。

二　智慧健康养老的发展历程

智慧健康养老产业的发展是一个认识不断深入、理念不断普及、体系不断完善、能力不断升级的动态过程。从整体看，我国智慧健康养老产业先后经历了三个主要的发展阶段。

（一）起步阶段

我国高度重视信息技术与健康养老的融合与应用。早在20世纪80年代末，我国便推出了基于电话呼叫的“一键通”紧急救助服务。老年人只需按一下呼叫器上的按键，就可以接通社区服务中心，得到服务中心的帮助或急救中心的紧急援助。这种运用初级信息技术开展的健康养老服务，深受老年人的欢迎，得到了一定的推广使用。

2000年我国正式进入老龄化社会，养老问题逐步得到了社会的关注。2007年，江苏省苏州市沧浪区率先提出“虚拟养老院”的概念，其创立的“邻里情”虚拟养老院正式投入运营。这种虚拟养老院依托区域养老信息服务平台，整合各类养老服务资源，为老年人提供生活照料、家政服务等生活服务。由于能够提高养老服务效率、延长养老服务半径，同时大大降低政府承担养老责任所要付出的人均养老成本，该养老模式得到了各地政府的青睐。继江苏省苏州市沧浪区之后，甘肃省兰州市、江苏省张家港市等城市也相继开始了“虚拟养老院”的建设与探索。

根据上述实践不难看出，在起步阶段，信息技术的应用相对初级，主要是利用电话网络或互联网，链接并整合养老服务资源，向老年人提供紧急救助、生活照料、家政服务等基础性养老服务，服务内容相对单一。

（二）探索阶段

2008年金融危机过后，IBM公司提出了“智慧地球”（Smart Planet）的概念，认为应该构建一个物联化“Instrumented”、互联化“Interconnected”、智慧化“Intelligent”的世界，即通过全新一代的智能系统和技术的使用，构建能够理解、推理和学习的系统，从而构建更智能的电网、更智能的管网、更智能的交通系统、更智能的医疗卫生系统等，实现人类生活环境整体的智慧化，更好地迎接 21 世纪经济发展。“智慧地球”这一理念的提出，受到了世界各国政府、学界、产业界的广泛关注，并在一段时间内主导了各国的产业政策及社会经济发展。也由此，信息技术开始加速与人类生活的方方面面融合，各类智慧应用如雨后春笋般涌现。

在健康养老领域，2012 年，英国生命信托基金提出了“全智能老年系统”（Intelligent older System）的概念，即借助先进的管理技术、计算机技术以及无线传感网络，将老人、社区、医护人员、医疗机构、政府、服务机构形成一个有机的整体，为老年人提供便捷、高效、物联化、互联化、智能化的养老服务。后来，这一概念在国内被称为“智能养老”。

在国内，2013 年，国家发改委等 14 部门印发《关于印发 10 个物联网发展专项行动计划的通知》（发改高技〔2013〕1718 号），其中明确提出要选择部分养老机构，组织实施国家智能养老物联网应用示范工程。次年，民政部印发《智能养老物联网应用示范工程》（民办函〔2014〕222 号），选取北京市第一社会福利院、北京市大兴区新秋老年公寓、河北省优抚医院、江苏省无锡市失能老人托养中心、河南省社区老年服务中心中州颐养家园、安徽省合肥市庐阳乐年长者之家、四川省资阳市社会福利院等 7 家养老机构开展国家智能养老物联网应用示范工程试点工作，重点建设养老机构智能养老物联网感知体系，提供定位求助、跌倒检测、卧床监测、自助体检、视频联动等服务；探索依托养老机构服务社区老人的新型服务模式；加快建设智能养老物联网技术标准体系。

根据政策内容可以看出，在这一阶段，信息技术应用逐步深入，由过去利用电话网络或互联网进行资源链接整合，逐步向利用物联网进行行为、需求感知方向发展。养老成为信息技术应用的重要场景，成为信息技术产业发展的重要抓手。

（三）发展阶段

随着我国经济逐步进入“新常态”，经济下行压力加大。为了寻找引领经济发展的新动力，2015 年 7 月，国务院印发《关于积极推进“互联网+”行动的指导意见》（国发〔2015〕40 号），明确提出要促进“智慧健康养老”产业发展，支持智能健康产品创新和应用，推广全面量化健康生活新方式；鼓励搭建养老信息服务网络平台，提供护理看护、健康管理、康复照料等养老服务。相较于英国生命信托基金提出的“智能养老”的概念，智慧健康养老纳入了多种类型的健康服务，在内涵方面更加丰富。

2017 年 2 月，在前期大量调研的基础上，工业和信息化部、民政部、国家卫生健康委三部门研究制定了《行动计划》，重点从关键技术产品研发、智慧健康养老服务推广、公共服务平台建设、标准体系建立、网络设施建设和网络安全保障 5 个方面对我国智慧健康养老产业进行了顶层设计，以期通过《行动计划》的实施，构建形成覆盖全生命周期的智慧健康养老产业体系。

具体来说，在关键技术产品研发方面，要发展健康管理类可穿戴设备、便携式健康监测设备、自助式健康检测设备、智能养老监护设备和家庭服务机器人共 5 大类终端产品及健康养老数据管理与服务系统，同时围绕这些产品系统落地应用中存在的问题，重点突破智能传感、高精度定位、健康管理平台集成设计等一系列关键技术。在智慧健康养老服务推广方面，要培育智慧健康养老新业态，推广慢性病管理、居家健康养老、个性化健康管理、生活照护、养老机构信息化等智慧服务，探索形成可持续、可复制的成熟商业模式。在公共服务平台建设方面，针对产业发展中技术研发、数据共享、创新创业等公共服务缺失的问题，要建设技术服务平台、信息共享服务平台及创新孵化平台这三大公共服务平台，向行业提供公共服务。在标准体系建立方面，要制定智慧健康养老设备产品标准，完善智慧健康养老服务流程规范和评价指标体系，制定智慧健康养老相关的信息安全标准及隐私数据管理和使用规范。在网络设施建设和网络安全保障方面，要加强宽带网络基础设施建设，落实智慧健康养老服务平台网络安全防护要求，加强智慧健康养老服务平台的数据管理和安全管控。

在这一阶段，物联网、云计算、大数据、人工智能等信息技术在健康养老领域的渗透应用进一步深化，相关的产品及服务体系逐步完善。信息技术与健康养老整体呈现了融合发展的态势。

三　智慧健康养老产业发展现状

（一）产业规模持续增长

近些年来，随着我国人口老龄化的逐步深化，我国智慧健康养老产业快速发展。特别是自行动计划发布以来，在工信部、民政部、国家卫生健康委三部委的共同推动下，产业发展取得了长足的进步，大型央企国企、银行、保险、地产等多元市场主体陆续布局智慧健康养老产业，推动产业规模持续快速增长。根据智慧健康养老产业联盟测算，2017 年，我国智慧健康养老产业规模约为 2.2 万亿元，到 2020 年，已增长至 4.27 万亿元，年复合增长率超过 18%，展现了迅猛的发展势头（见图 1）。

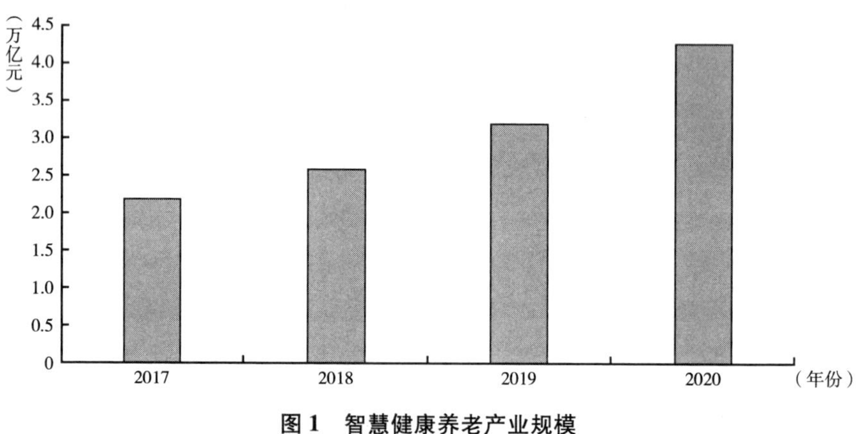

图 1　智慧健康养老产业规模

（二）数字底座不断夯实

智慧健康养老应用发展的关键在于构建完善的信息化基础设施，支撑健康养老数据的采集、传输、治理、分析及应用。近年来，随着各地智慧城市建设的逐步深入以及智慧健康养老应用场景探索，智能传感器、泛在连接网络、信息管理平台、大数据中心等智慧健康养老信息化基础设施加速建设，智慧健康养老数字底座不断夯实。

智慧健康养老云平台可以实现对养老数据的归集、分析与管理，对养老服务资源的统一调配，从而支撑各类养老业务的开展，是智慧健康养老发展的重要基础设施。在国家的鼓励支持下，各地掀起了智慧健康养老云平台的建设热潮，形成了覆盖广泛、层级多样、功能各异的建设格局。根据民政部提供的数据，截至 2019 年，全国建成和正在运行的智慧健康养老云平台已达 840 个，其中，山东、浙江、新疆、四川、山西、内蒙古等地建设平台数量均超 50 个。这些系统平台的普及应用，创新了老龄化社会的管理体制机制，提升了养老服务机构管理经营效率，展现了信息技术支撑养老产业发展的巨大潜力。

以浙江省建设的“浙里养”省级智慧健康养老云平台为例，该平台面向浙江省、市、县、乡镇（街道）、村（社区）各级政府部门及省内养老服务企业、老年人及其家属，实现了“自下而上数据的汇总，自上而下信息的监管”，有效支撑了养老机构备案、养老补贴发放、养老服务质量监管、养老信息统计等养老业务的开展。此外，平台还链接了各地养老服务“96345”等呼叫中心，整合了多种康养资源，可以向浙江省老人提供居家社区养老、机构养老、康养结合、医养结合、人才培养、志愿服务等养老服务。

（三）智慧产品不断涌现

智慧健康养老服务的落地离不开优质产品的支撑。在《行动计划》的指导下，健康管理类可穿戴设备、便携式健康监测设备、自助式健康检测设备、智能养老监护设备和家庭服务机器人等重点产品均取得了一定的突破与发展。

健康管理类可穿戴设备主要包含健康手环、健康腕表、可穿戴监护设备等。在应用初期，健康手环/腕表等可穿戴产品主要用于计步、定位、跌倒报警以及心率监测。然而，由于存在传感器测量精度问题，健康手环/腕表测量的数据普遍不准确，无法用于指导健康管理服务。同时，由于在产品形态上更加微型化，产品续航时间短的问题凸显，进一步制约了这类产品的普及应用。近年来，随着智能传感技术及健康监测算法的不断突破，健康手环/腕表已能够实现对血压、血氧、心率、心电、睡眠等多类人体重要体征数据的实时监测，其中对心率、心电的监测准确率已能够达到医疗级水平，可以更好地支撑用户对自身健康状态进行管理。此外，随着微型化供能技术、低功耗微处理器及轻量化操作系统等技术的发展，健康手环/腕表的续航能力已由过去的几天提升至2周左右的时间，极大地方便了老年用户的使用。

便携式健康监测设备主要包括用于家庭的血压、血糖、血氧、体温、体重、体脂、心电等体征监测设备及用于家庭医生巡访、社区健康管理的集成式、分立式智能健康监测应用工具包。在应用初期，便携式健康监测设备主要用于对人体基础体征数据进行测量。由于不具备数据存储、记录、分析功能，这些设备对用户进行健康管理的赋能支撑作用较弱。近些年，随着云计算、大数据、人工智能等信息技术的成熟，便携式健康监测设备呈现了数字化、网络化、智能化的发展趋势，“硬件+软件+健康内容及服务”的产品形态逐步形成。用户利用便携式健康监测设备完成体征数据测量后，还能够获得由人工智能算法推送的健康风险提示、日常健康指导等健康管理服务。这种由“产品”向“产品+服务”的转变，提升了用户体验，增强了用户黏性，加速了相关产品的渗透。

自助式健康检测设备主要包括用于社区机构、公共场所的自助式智能健康检测设备。这些设备的主要功能是通过健康监测和健康教育，对慢病人群进行筛查，提供就医指导、就医预约等服务。作为基层健康管理的重要工具，自助式健康检测设备的集成度不断提升，功能持续增强，已有产品能够实现对视力、身高、体重、体温、心电图（12 导）、心率、骨密度、血糖、血脂、血氧、尿常规（11 项）等近百项健康指标的测量。同时，结合人工智能技术，可以实现对人体中医九型体质的辨识，对亚健康状态的分析，并有针对性地给出健康管理方案。

智能养老监护设备主要包括面向老年人安全监护需求的智能监测类产品，面向老年人康复训练需求的智能康复设备以及面向老年人养老照护需求的智能养老照护设备。在智能监测类产品方面，一键报警器、急救拉绳等老年人主动操作的紧急呼叫类设备已在各类养老场景中普及应用；基于红外传感器、压力传感器、毫米波雷达及摄像头等多种感知终端的被动监测类设备已逐步成熟，结合行为识别算法，无须老年人操作，便可实现对老年人异常行为的识别与报警，保障老年人生命安全。在智能康复设备方面，传统的助听器、助视器等辅具产品加速与人工智能等信息技术融合发展，功能持续增强，使用体验不断优化；具有肌力评估、运动反馈、自动训练等功能的上下肢康复训练设备、外骨骼机器人等产品已经在专业医疗场景得到规模应用，有效提升了患者的康复效率。在智能养老照护设备方面，智能护理床、智能监测床垫、智能助行器等产品已在养老机构普及应用，提升了养老护理员的监护能力，同时降低了他们的工作强度。

家庭服务机器人主要是指满足个人和家庭家居作业、情感陪护、娱乐休闲、残障辅助、安防监控等需求的智能服务型机器人。作为老年人养老的生活助手，语音交互、智能家控、视频通话、影音娱乐、健康管理等功能已成为家庭服务机器人的标配。除此之外，一些家庭服务机器人甚至能够承担诸如排泄护理、助浴等基础护理工作。尽管家庭服务机器人已具备强大的服务功能，但由于产品价格问题，目前家庭服务机器人主要应用场景依然是社区养老服务中心及 CCRC 等高端养老社区。

（四）服务模式持续创新

在信息系统平台及各类智慧健康养老产品的支撑下，智慧健康养老的服务模式也不断创新，出现了慢性病管理、居家健康养老、个性化健康管理、互联网健康咨询、生活照护及养老机构信息化等智慧健康养老服务，服务供给能力和水平都有了较大的提升。

在健康相关服务方面，互联网、物联网、云计算、人工智能等信息技术应用持续深入，健康数据的采集、存储、分析能力不断提升，健康服务资源链接能力持续增强，进一步丰富了健康咨询、健康追踪、风险提示、健康管理、康复服务等全生命周期健康服务供给。以互联网健康咨询为例，它在医生与老年人间建立了广泛密切的连接，一方面拓展了医生的服务半径，提升了服务效率，缓解了医疗资源不足的问题；另一方面通过实时信息交流，扩充了医生了解老年人健康情况的媒介和提高了与病人交流的频次，帮助其及时根据老年人的实际情况调整疾病治疗方案，从而提升服务质量。

在养老服务方面，物联网技术的普及应用，使老年人的各类养老需求能够被更精准地感知，结合互联网平台整合的各类养老服务资源，可以为老年人提供助餐、助浴、助医、助急、助洁等生活照护服务。以生活照护为例，老年人通过智慧健康养老云平台发布养老服务需求后，平台运营方会根据老年人需求及辖区服务资源进行派单，由接到派单的服务商上门为老年人进行服务，从服务确认、服务追踪、服务评价、质量回访，再到企业派单统计、费用结算，整个工作流程全部由智慧健康养老云平台线上完成，这种新型的养老模式有效地降低了养老成本，提升了老年人养老满意度。

（五）试点示范有序推进

作为一种新兴的养老模式，智慧健康养老的普及应用离不开优质产品、服务的支撑及典型应用示范的建设。2017~2020 年，工信部、民政部、国家卫生健康委三部门着力推动智慧健康养老产品、服务示范应用，先后开展了《智慧健康养老产品及服务推广目录》（以下简称《推广目录》）的编制及更新工作以及 4 批“智慧健康养老应用试点示范”的评选工作，构建了完整的示范应用闭环。

在《推广目录》方面，2018 年，工信部、民政部、国家卫生健康委三部门秉持优中选优、宁缺毋滥的原则，从 1000 余项上报的智慧健康养老产品及服务中，遴选出 56 项产品和 59 项服务入围，为智慧健康养老相关示范应用提供了有力的支撑。为了适应技术进步和产品服务迭代、更好地支撑示范应用，2020 年，三部门对《推广目录》进行了更新。新版的《推广目录》在产品服务数量上进一步增长，分别收录了 118 项智慧健康养老产品和 120 项智慧健康养老服务。

在试点示范方面，通过 4 批智慧健康养老应用试点示范的评审，共评选出

167 家示范企业、297 个示范街道（乡镇）和 69 个示范基地，初步形成了示范带动、典型引领、以点带面、全面开花的良好发展局面。其中，智慧健康养老试点示范企业重点关注具有智慧健康养老产品、服务、系统平台及整体解决方案供给能力和优势的企业。从入围企业的区域分布角度来看，北京、山东、安徽、江苏、浙江、陕西、湖南、广东几个省市入围数量较多，表明这些地区智慧健康养老产品服务的供给能力较强，产业具有一定的集聚优势。

智慧健康养老试点示范街道（乡镇）及基地重点关注具有智慧健康养老产品服务应用优势的街道、乡镇及地级或县级以上行政区。从入围示范单位区域分布角度来看，山东、安徽、浙江、河南、陕西、四川等地入围数量较多，表明这些地区智慧健康养老的应用走在了全国的前列。

（六）产业生态逐步完善

产业生态是由社会经济体构成的、遵循价值规律的、相互依赖的一个业态共生环境。智慧健康养老作为信息技术与健康养老交叉融合的新型产业，其发展需要政策、技术、资金、人才等产业要素的有效整合，以及横跨政、产、学、研、用的产业生态的逐步构建。近些年，随着运用科技创新应对人口老龄化成为社会共识及社会未来发展方向，智慧健康养老的理念也加速普及。各地开始涌现了一批行业协会、产业联盟等社会组织，面向行业提供包括共性技术研发、行业交流协作、产品标准制定、产品检验检测等在内的公共服务，加速资金、技术、人才等产业要素流动，推动政产学研用深度合作，助力优势互补、互利共赢的产业生态形成。如 2019 年 9 月，在工业和信息化部指导下，中国电子科技集团公司第三研究所联合产业内重点企业发起成立了智慧健康养老产业联盟，旨在通过开展信息技术与健康养老融合发展高峰论坛、智慧健康养老企业家沙龙、智慧健康养老创新创业大赛等一系列行业主题活动，强化产业公共服务支撑，促进行业协作交流，激发行业活力，推动行业发展。

四　智慧健康养老发展中存在的问题

（一）政策协同有待增强

目前，我国已基本形成智慧健康养老产业发展的政策体系，来指导科学技术的创新、智慧产品的研发、相关产业生态的构建、养老服务业态的培育等工作。但养老事关老年人的福祉、社会的稳定和经济的发展，牵涉的部门众多，各部门出台的政策往往是从本部门管理的角度出发对智慧健康养老产业发展进行指导，缺乏政策间的协调，难以形成政策合力。

（二）服务内容及服务模式尚需优化

随着健康管理类可穿戴设备、智能养老监护设备等智能产品在健康养老领域的渗透应用，我们已能够轻松实现对老年人生命体征数据以及异常行为数据的记录分析，但基于这些数据的专业、优质配套服务内容仍然缺乏，导致用户体验不佳、用户黏性不足，制约了相关产品的进一步普及。另外，目前，我国养老服务的主要提供者、买单方仍然是政府。多数养老服务企业需要依赖政府的专项补贴维持，缺乏自我造血能力。而智慧健康养老前期投入大、回报慢，会给企业经营造成较大的压力，也增加了服务落地的难度。

（三）产品服务适老水平亟待提升

相较年轻人，老年人在学习能力、认知能力等方面均有一定程度的下降。近年来，随着信息技术的加速渗透，老年人面临“数字鸿沟”问题日益凸显。特别是在新冠疫情中，很多老年人由于不会使用智能手机，以致线下“无车可打”“无码难行”的问题频发。关于智慧健康养老产品及服务，很多产品在设计研发之初，未充分考虑老年人的生理特征和使用习惯，也导致了老年人不会用、不愿用的问题。

（四）产品服务标准缺失

在国家政策的大力推动下，智慧健康养老产业快速发展，产品服务持续迭代创新，但相关产品服务标准的研究制定却相对滞后，无法支撑产业发展。行业中出现了行业标准“少而散”、团体标准“多而乱”等问题，导致企业常常陷入“无标可依”或“无所适从”的尴尬境地，产出的产品及服务在质量方面也是参差不齐。以健康管理类可穿戴设备为例，不同产品在价格、适老性、数据准确性等方面存在巨大的差异，这不利于老年人选购使用，也不利于相关产品的迭代升级。

（五）数据价值尚未充分激发

数据是数字经济时代的关键生产要素，是推动经济高质量发展的重要引擎。健康养老大数据是智慧健康养老产业发展的基础。目前，利用各类智慧健康养老终端产品以及智慧健康养老云平台，我们已能够实现对健康养老数据的有效归集与管理。但由于健康养老数据涉及面广、类型繁杂，数据重复、数据不完整、数据非结构化、数据格式不统一等数据质量问题凸显，影响了相关业务的执行效率和工作质量。同时，受数据孤岛、体制机制等因素制约，基层政府及企业无法使用已积累的健康养老数据来支撑相关业务开展。

（六）专业人才依然匮乏

智慧健康养老作为一个信息技术与健康养老融合而生的新型产业，需要既懂信息技术又懂健康养老的复合型人才。而目前，我国这方面的人才相对短缺。信息技术领域的专业人才，由于不了解健康养老服务业务，在产品设计研发中普遍存在唯技术论的问题。另外，从技术应用角度来看，目前，我国养老行业的从业者大多是20世纪六七十年代出生的人，他们文化水平和数字素养普遍不高，无法将信息技术与日常工作充分结合来助推信息技术在健康养老场景下的渗透应用。

五　智慧健康养老产业发展的对策及建议

为了更好地推动智慧健康养老发展，结合上述问题，我们提出如下发展政策建议。

一是要进一步加强政策引领，在现有养老政策框架下，建立面向智慧健康养老的跨部门、跨区域协调机制，统一各单位对智慧健康养老的认识，推动智慧健康养老相关政策协同，促进人才、资金、财税、金融等配套支撑政策落地，形成政策合力，引领智慧健康养老产业健康快速发展。

二是探索成熟的商业模式，一方面需要进一步强化政府的主导作用，加大对智慧健康养老企业的金融、财税支持，加快养老信息化相关基础设施建设，降低企业的经营成本及风险；另一方面，需要鼓励并引导企业、社会主体，立足自身资源优势，面向老年人健康养老需求，丰富服务内容，探索形成多种可持续造血的商业模式。

三是加强智能产品适老化设计，引导并鼓励企业在产品研发过程中充分考虑老年人的生理特征及使用需求，推出具备大屏幕、大字体、大音量、大电池容量、操作简便等适老特征的智能产品，提升老年人使用体验。同时，遴选优秀的适老化智能产品及服务，编制形成智能产品适老化设计典型案例，推广优秀的设计思路和理念。

四是加快智慧健康养老相关产品及服务标准研制，建立智慧健康养老标准体系，根据企业产品研发及应用实际需要，采取更灵活的标准制定形式，鼓励联盟、协会等社会组织联合产业链上下游企业，开展行业关键技术、重点产品、数据格式、系统接口等标准的研究制定工作，促进产业规范化、标准化发展。

五是要强化数据支撑赋能，持续推动智慧健康养老云平台提质升级，强化平台在物联网设备接入、人工智能分析等方面的基础能力，促进数据创新应用。同时，要创新数据管理体制机制，通过搭建智慧健康养老数据中台等手段，强化数据治理，促进数据融合，提升数据质量，推动数据共享交换与安全开放，支撑健康养老业务开展。

六是加强专业人才队伍建设，加大智慧健康养老人才培养力度，联合科研院所、高校、行业学会协会等单位成立智慧健康养老研究院、设立智慧健康养老学科、开发智慧健康养老培训课程，提升相关从业人员的“智慧素养”。同时通过构建科学合理的上升通道、逐步提高工资福利待遇等多种手段，引进并留住专业人才投身智慧健康养老事业。

参考文献

朱勇主编《中国智能养老产业发展报告（2015）》，社会科学文献出版社，2015。

IBM 商业价值研究院：《智慧地球》，东方出版社，2009。

邢帆：《信息化服务老有所养》，《中国信息化》2017 年第 4 期。

王杰、黄石松：《渐进性落地准则：居家养老智能化思考》，清华养老产业高端论坛，2017。

吴昕：《智慧赋能养老　展望银发新时代》，《社会福利》2021 年第 7 期。

我国老年健康促进行动发展报告

李志宏　李芳云*

摘　要： 在《国务院关于实施健康中国行动的意见》的部署下，老年健康促进行动在全国深入开展，老年人健康素养持续提高，老年健康服务体系不断完善，基层老年健康服务能力不断强化。但也存在老年健康促进多方联动机制尚不完善、健康促进的相关制度有待进一步完善、健康服务体系服务尚不健全、老年人健康素养和生活方式有待进一步改善等问题。基于此，本报告建议，要建立健全协同联动、高效有力的健康促进工作体制；持续强化健康教育和宣传引导，提高老年人的健康素养；进一步健全健康服务体系，推进健康服务资源“重心下移”；持续打造老年友好环境，降低老年人健康风险；推动医疗保障和长期护理保险制度改革完善，对健康服务体系形成有力支撑；促进老年人社会参与，发挥社会参与对健康促进的作用；提升健康促进能力，促进行动的落地生效，推进老年健康产业高质量发展。

关键词： 健康老龄化　健康促进　健康行动

习近平总书记指出：“健康是促进人的全面发展的必然要求，是经济社会发展的基础条件，是民族昌盛和国家富强的重要标志，也是广大人民群众的共同追求”。①

* 李志宏，北京大学社会学博士，中国老龄协会政策研究部原主任，中国老龄协会事业发展部主任；李芳云，中国老龄协会政策研究部三级主任科员。

① 《习近平：把健康“守门人”制度建立起来》，人民网，2018 年 2 月 7 日，http：//cpc. people. com. cn/xuexi/n1/2018/0207/c385476-29809777. html。

我国老年人口数量庞大，且健康状况不容乐观。作为实施健康中国战略和积极应对人口老龄化国家战略的重要举措，我国扎实推进老年健康促进行动，取得了显著成效。然而，与老年人的健康现状和健康需求相比，我国老年健康促进行动还面临一些问题和挑战，仍需在今后的实践中从多维度入手加以解决。

一 健康促进的概念内涵及政策演进

（一）健康促进的概念内涵

健康促进概念在1986年世界卫生组织召开的第一届全球健康促进大会上首次被提出。1986年，《渥太华宪章》提出健康促进的定义为“健康促进是促使人们维护和改善他们自身健康的过程”。2000年，在墨西哥城召开的第五届全球健康促进大会上，世界卫生组织前总干事布伦特兰给出了更为明晰的定义，即“健康促进就是要使人们尽一切可能让他们的精神和身体保持在最优状态，宗旨是使人们知道如何保持健康，在健康的生活方式下生活，并有能力做出健康的选择”。美国健康促进杂志将健康促进定义为“健康促进是帮助人们改变其生活方式以实现最佳健康状况的科学和艺术。最佳健康被界定为身体、情绪、社会适应性、精神和智力健康的水平”①。国内有学者认为“健康促进是指能促使行为与环境改变的政策、法规、组织的结合体，是影响、教育人们健康的一切活动的全部过程”②。由上述定义可以看出，健康促进是一个过程，涉及身体、精神、社会适应性等多个维度的健康内涵。

（二）国际关于健康促进的政策演进

世界卫生组织从20世纪80年代开始倡导健康促进，多次召开全球健康促进大会，并颁布关于健康促进的政策。1986年，第一届全球健康促进大会在加拿大渥太华召开，发布了《渥太华宪章》，提出健康促进涵盖制定健康公共

① 温勇：《健康促进的概念及领域——对〈基本医疗卫生与健康促进法〉“健康促进”部分的解读》，《人口与健康》2020年第8期。

② 林沅锜、许军、薛允莲、夏聪：《我国老年人口健康状况与健康促进的现状及对策研究》，《中国医药导报》2018年第20期。

政策、构建支持性环境、强化社区行动、发展个人技能、调整卫生服务方向等五大行动领域。1988 年，第二届全球健康促进大会发布的《阿德莱德健康公共政策建议》强调了健康公共政策对构建一个有利于人们健康生活的支持性环境的重要意义，并提出农业、工业、贸易、教育等多个部门在制定政策时要将健康作为重要因素进行统筹考虑。1991 年，第三届全球健康促进大会发布《松兹瓦尔宣言》，明确支持性环境包括物质环境和社会环境，尤其强调从社会、经济、政治、妇女作用这四个维度创建支持性环境，并提出了开展社区活动、教育和赋权、加强健康和环境部门的合作、协调部门间的利益冲突等四条构建策略。1997 年，第四届全球健康促进大会通过《雅加达宣言》，强调《渥太华宪章》确定的五大行动是健康促进的关键，采用综合干预策略对健康促进最有效，同时提出城市、社区、学校等地是健康促进策略的最佳实践场所。2000 年，第五届全球健康促进大会发布《健康促进墨西哥部长声明》，再次指出健康促进策略对改善健康状况的作用，同时提出各部门要将健康促进策略作为政策以及项目的优先事项主动参与、因地制宜开展，加强国内和国际的合作，敦促联合国各部门和机构将健康纳入议事日程。2005 年，第六届全球健康促进大会通过的《曼谷宪章》响应了全球化的发展背景，指出国际社会、各国政府、社会团体、私人部门都要为“一切为了健康”的目标实现尽到自身责任，解决从承诺到行动之间的鸿沟问题。2009 年，第七届全球健康促进大会发布《内罗毕呼吁行动》，倡导以能力建设、强化卫生系统、合作伙伴和多部门行动、社区赋权、个人赋权五个方面为切入点，推动健康促进策略的实施。2013 年，第八届全球健康促进大会通过的《赫尔辛基健康融入万策声明》提出了“健康融入万策”的定义，即作为一种跨部门公共政策方法，系统考虑决策对健康的影响，寻求协同效应，避免对健康的不利影响，促进人群健康和健康公平性，并制定了实施框架。2016 年，第九届全球健康促进大会通过的《上海宣言》，强调健康和福祉在促进可持续发展中的核心地位，以及良好的治理、城市和社区、健康素养是健康促进的三大重点①。2021 年，第十届全球健康促进大会发布的《日内瓦福祉宪章》倡导五项关键行动：设计公平的经济，在全球范围内为人类发展服务；为共同利益制定公共政策；实现全民健康覆

① 姜莹莹、毛凡、张伟伟、董建群等：《健康促进政策发展对中国慢性病防控工作启示》，《中国公共卫生》2022 年第 3 期。

盖；应对数字化转型，以消除危害和去权，并加强效益；珍惜和保护地球①。从上述十次全球健康促进大会所发布政策的趋势来看，《渥太华宪章》提出的五大行动领域发挥着重要的奠基作用，随后九个文件的出台是对这五大行动领域认识的逐步深化，包括：健康公共政策对于构建支持性环境的作用，健康应是各项公共政策制定的重要考虑因素，政府多个部门之间以及政府、社会、市场等多主体之间的协同合作关系，健康素养的重要性，健康、福祉和可持续发展的关系等内容。

（三）我国关于老年健康促进的政策规划及理念导向

党的十八大以来，人民健康日渐成为国家优先发展的重要事项，顶层设计不断完善。一是重视程度不断提高。2015 年 10 月，党的十八届五中全会提出了“推进健康中国建设”的任务。2017 年 10 月，党的十九大提出“实施健康中国战略”。二是将健康促进相关内容写入国家重要法律。在《基本医疗卫生与健康促进法》中设立“健康促进”专章，其中的健康教育、健康风险评估、营养、健身、长期护理保险等内容与老年健康促进息息相关。三是出台关于健康促进的行动规划。2016 年 10 月，中共中央、国务院印发《“健康中国 2030”规划纲要》，作为推进健康中国建设的宏伟蓝图和行动纲领，明确提出要“突出解决妇女儿童、老年人、残疾人、低收入者等重点人群的健康问题”。2019 年 6 月，国务院印发《国务院关于实施健康中国行动的意见》（国发〔2019〕13 号），其中对“实施老年健康促进行动”提出了具体要求。2019 年 7 月，健康中国行动推进委员会印发《健康中国行动（2019-2030 年）》，提出开展包括老年健康促进行动等的 15 个专项行动，并制定了具体的行动方案。四是对促进健康老龄化作出专门部署。多部门联合印发《“十三五”健康老龄化规划》《“十四五”健康老龄化规划》，对推进健康老龄化、完善老年健康服务体系进行规划部署。五是出台关于老年健康服务体系的指导性文件。2019 年 10 月，国家卫生健康委、国家发展改革委等 8 部门联合印发《关于建立完善老年健康服务体系的指导意见》（国卫老龄发〔2019〕61 号），提出要构建包括健康教育、预防保健、疾病诊治、康复护理、长期照护、安宁疗护的综合连续、覆盖城乡的老年健康服务体系。

① 《第十届全球健康促进大会为创造“幸福社会”开辟道路》，世界卫生组织网站，2021 年 12 月 15 日，https：//www. who. int/zh/news/item/15-12-2021-10th-global-conference-on-health-promotion-charters-a-path-for-creating-well-being-societies。

2021年12月，国家卫生健康委、全国老龄办、国家中医药局联合下发《关于全面加强老年健康服务工作的通知》（国卫老龄发〔2021〕45号），对进一步做好老年健康服务作出安排。从推进老年健康促进行动的具体举措看，老年健康促进涉及个人和家庭、社会、政府多个参与主体，内容涵盖膳食营养、体育锻炼、定期体检、慢病管理、老年健康服务体系、医养结合政策、长期护理保险制度、老年宜居环境等多方面的内容，体现了“以健康为中心”“多主体协同推进”“人人共建共享”等理念。

二　我国老年人健康促进行动的进展及成效

（一）持续提高老年人健康素养

近年来，我国通过加强老年健康教育以及早期预防干预，不断提升老年人的主动健康能力。一是开展老年健康教育。从2019年以来，国家卫生健康委连续四年围绕“懂健康知识，做健康老人”“提升健康素养，乐享银龄生活”“关注口腔健康，品味老年幸福”“改善老年营养，促进老年健康”等主题组织开展全国老年健康宣传周活动，宣传老年健康科学知识、老年健康相关政策。此外，注重健康教育素材的制作，国家卫生健康委共开发23个系列、101个老年健康教育科普视频。二是注重失能失智的预防。为从源头上预防或延缓老年人失能失智的发生，2021年，国家卫生健康委印发《关于开展老年人失能（失智）预防干预试点工作的通知》，确定在北京等13个省（区、市）组织开展老年人失能（失智）预防干预试点工作。同时，印发《失能预防核心信息》《阿尔茨海默病预防与干预核心信息》，持续开展世界阿尔茨海默病日宣传活动。

（二）不断完善老年健康服务体系

为促进老年人身心健康，建立综合连续的健康服务体系，我国不断补齐康复护理、安宁疗护、心理健康等服务短板。一是增加康复医疗服务供给。2021年6月，国家卫生健康委会同国家发展改革委等8部门印发《关于加快推进康复医疗工作发展的意见》（国卫医发〔2021〕19号），提出“推动医疗资源丰富地区的部分一级、二级医院转型为康复医院。支持和引导社会力量举办规模化、连锁化的康复医疗中心，增加辖区内提供康复医疗服务的医疗机构数量。鼓励有条件的基层医疗机构根据需要设置和增加提供康复医疗服务的床位”。二是推进老年护理服务发展。2019 年 12 月，国家卫生健康委会同国家中医药管理局印发《关于加强老年护理服务工作的通知》（国卫办医发〔2019〕22 号），提出“推动医疗资源丰富地区的部分一级、二级医院转型为护理院、康复医院等。支持和引导社会力量举办规模化、连锁化的护理站、护理中心、康复医疗中心、安宁疗护中心等，增加辖区内提供老年护理服务的医疗机构数量。鼓励有条件的基层医疗卫生机构根据需要设置和增加提供老年护理服务的床位”。三是持续推进安宁疗护试点工作。2019 年 5 月，国家卫生健康委办公厅印发《关于开展第二批安宁疗护试点工作的通知》（国卫办老龄函〔2019〕483 号），在第一批试点的基础上确定上海市为第二批全国安宁疗护试点省（市），北京市西城区等 71 个市（区）为安宁疗护试点市（区）。四是注重老年人的心理健康服务。2019 年 3 月，国家卫生健康委印发《关于实施老年人心理关爱项目的通知》，2019~2020 年在全国共选取 1600 个城市社区、320 个行政村实施老年人心理关爱项目。2022 年 6 月，国家卫生健康委办公厅印发《关于开展老年心理关爱行动的通知》（国卫办老龄函〔2022〕204 号），提出“2022~2025 年在全国广泛开展老年心理关爱行动”。

（三）不断强化基层健康服务能力

鉴于老年人绝大多数选择居家养老，我国大力推进面向老年群体的基本公共卫生项目、家庭医生签约服务、上门医疗服务，不断提高基层医疗卫生机构满足老年人健康服务需求的能力。一是实施基本公共卫生服务项目。国家卫生健康委每年联合财政部、国家中医药局，对包括老年人健康管理服务在内的基本公共卫生服务项目工作进行部署，推动与老年人相关的服务项目规范开展。2021 年，在基层医疗卫生机构接受健康管理的 65 岁及以上老年人数高达 11941.2 万人[①]。二是推动家庭医生签约服务发展。2019 年 4 月，国家卫健委办公厅印发《关于做好 2019 年家庭医生签约服务工作的通知》（国卫办基层函〔2019〕388 号），提出“积极推进上门服务，有条件的地区要完善相关政策，在科学评估、合理分级的前提下，为失能半失能高龄老人、残疾人、终末期患者等确有需求的人群提供上门医疗卫生服务，将签约服务从机构延伸至社区和家庭”。2022 年 3 月，国家卫健委、财政部等六部门联合出台《关于推进家庭医生签约服务高质量发

① 《2021 年我国卫生健康事业发展统计公报》。

展的指导意见》（国卫基层发〔2022〕10号），明确要求将老年人等作为签约服务重点人群，优先签约、优先服务。三是增加居家医疗服务供给。2020年12月，国家卫生健康委办公厅、国家中医药管理局办公室印发《关于加强老年人居家医疗服务工作的通知》（国卫办医发〔2020〕24号），明确提出“鼓励重点对有居家医疗服务需求且行动不便的高龄或失能老年人，慢性病、疾病康复期或终末期、出院后仍需医疗服务的老年患者等提供相关医疗服务”。同时，北京、上海、广东等地先试先行，积极探索制定家庭病床的管理和服务规范。

（四）不断增强老年健康服务的要素支撑能力

老年健康服务的高质量发展离不开医院及学科建设、人才等要素的支撑。一是强化老年医院和老年医学科建设。在推动老年医院建设方面，一些省份已经进行了探索，如江苏、江西、山东等省份均出台了老年医院标准，一些省份以挂牌形式发展老年医院。为推动老年医学科发展，2019年11月，国家卫生健康委印发《老年医学科建设与管理指南》，对老年医学科的收治范围、设置运行、人员配备、科室管理、质量监管等提出了明确要求。截至2021年底，全国设有老年医学科的二级及以上综合性医院4685个，二级及以上公立综合性医院设立老年医学科的比例为53.4%，设有临终关怀（安宁疗护）科的医疗卫生机构1027个①。二是重视老年医学研究。国家卫健委会同相关部门，以北京医院为主体设置了国家老年医学中心，依托复旦大学附属华山医院、中国人民解放军总医院、中南大学湘雅医院、四川大学华西医院、北京医院、首都医科大学宣武医院等建设了6家国家老年疾病临床医学研究中心。国家老年医学中心、国家老年疾病临床医学研究中心对推动老年医学学科建设发挥了积极作用。此外，针对老年身心健康的影响因素、重点疾病发病机制、老年病的药物研发等研究，国家加大了专项部署和财政资金投入力度。三是加强人才培养。2019年9月，教育部、国家发改委等七部门出台《关于教育支持社会服务产业发展　提高紧缺人才培养培训质量的意见》，明确提出要主动适应养老服务体系建设的新要求，强化养老等紧缺领域人才培养。2021年3月，教育部发布《职业教育专业目录（2021年）》，对中职、高职专科、本科层次职业教育的专业进行优化布局，在不同层次的职业教育中设置健康管理、养老服务、康复治疗、护理等与老年健康促进相

①《2021年我国卫生健康事业发展统计公报》。

关的专业。2021 年，国家卫生健康委将老年医学人才培养纳入中央财政转移支付卫生健康紧缺人才培训项目，支持各地培训了 3248 名老年医学科和医养结合机构医护人员。四是强化老年人健康信息调查统计。国家卫生健康委开发全国老龄健康信息管理系统，自 2021 年上线以来，已收录 12.2 亿条老龄健康信息数据，约覆盖 2.6 亿老年人。同时，在全国卫生健康统计调查制度中首次增设老年健康统计调查子制度，初步建立老年健康统计调查制度体系①。

（五）深入推进医养结合

针对老年人群养老服务和医疗服务需求叠加的现状，在多个部委的联合推动下，我国医养结合服务的供给能力不断提高。一是出台医养结合的指导性文件。2019 年 10 月，国家卫生健康委、民政部等 12 个部门联合印发《关于深入推进医养结合发展的若干意见》（国卫老龄发〔2019〕60 号）。2022 年 7 月，国家卫生健康委、国家发展改革委等 11 部门联合出台《关于进一步推进医养结合发展的指导意见》（国卫老龄发〔2022〕25 号）。二是制定相关的标准规范。2019 年 12 月，国家卫生健康委、民政部、国家中医药管理局制定出台了《医养结合机构服务指南（试行）》。2020 年 9 月、12 月，国家卫生健康委办公厅、民政部办公厅、国家中医药管理局办公室先后联合印发《医养结合机构管理指南（试行）》《医疗卫生机构与养老服务机构签约合作服务指南（试行）》。三是提高医养结合服务质量。一方面，开展服务质量提升行动。2020 年 12 月，国家卫生健康委办公厅、国家中医药管理局办公室印发《关于开展医养结合机构服务质量提升行动的通知》（国卫办老龄函〔2020〕974 号）。2022 年 3 月，国家卫生健康委、国家发展改革委等部门印发《关于开展社区医养结合能力提升行动的通知》（国卫老龄函〔2022〕53 号）。另一方面，注重示范引领。2022 年 4 月，为充分发挥示范项目对各地医养结合工作的辐射带动作用，国家卫生健康委印发《医养结合示范项目工作方案》。此外，不断创新服务模式。2020 年，国家卫生健康委办公厅印发了《关于开展老龄健康医养结合远程协同服务试点工作的通知》，确定 174 家医养结合机构作为首批试点机构。2021 年 12 月，新增 346 家医养结合机构作为第二批老龄健康医养结合远程协同服务试点机构。截至 2021 年底，全国

① 国家卫生健康委老龄健康司：《全力推进老年健康促进行动深入开展》，《健康中国观察》2022 年第 7 期。

医疗卫生机构与养老服务机构建立签约合作关系的共有7.87万对，“两证”齐全的医养结合机构6492家，床位数达到175万张①。

（六）稳步推进长期护理保险制度

近年来，我国持续推进长期护理保险制度建设，强化对失能老年群体享受护理服务的制度支撑。2016年6月，人力资源和社会保障部办公厅印发《关于开展长期护理保险制度试点的指导意见》（人社厅发〔2016〕80号），确定了承德等15个试点城市和吉林、山东2个重点联系省份，开启了长期护理保险制度的试点工作。2020年9月，国家医保局、财政部印发《关于扩大长期护理保险制度试点的指导意见》（医保发〔2020〕37号），新增14个试点城市，进一步扩大长期护理保险的试点范围。同时，2021年7月，国家医保局、民政部印发《长期护理失能等级评估标准（试行）》，为稳步推进长期护理保险制度试点工作提供标准规范。2021年，49个试点城市中参加长期护理保险人数共14460.7万人，享受待遇人数108.7万人②。

（七）不断优化老年宜居环境

环境会对健康产生重要影响，因而，我国在社区环境、就医环境、社会氛围等方面加大工作力度，努力为老年人营造良好的物理环境和社会文化环境。一是积极推进居住环境的改善。2020年12月，国家卫生健康委（全国老龄办）印发《关于开展示范性全国老年友好型社区创建工作的通知》（国卫老龄发〔2020〕23号），正式启动全国示范性老年友好型社区创建工作。2021年10月，国家卫生健康委（全国老龄办）印发了《关于命名2021年全国示范性老年友好型社区的通知》（国卫老龄函〔2021〕208号），命名北京市东城区朝阳门街道新鲜社区等992个社区为2021年全国示范性老年友好型社区。目前，我国示范性老年友好型社区建设工作正在稳步推进。此外，我国开展了城镇老旧小区改造工作。2019~2021年，全国开工改造城镇老旧小区11.5万个，惠及居民2000多万户，

① 国家卫生健康委老龄健康司：《全力推进老年健康促进行动深入开展》，《健康中国观察》2022年第7期。

② 《2021年全国医疗保障事业发展统计公报》。

加装电梯5.1万部，增设养老、助餐等各类社区服务设施3万多个①。二是创建良好的就医环境。2020年12月，国家卫生健康委联合国家中医药管理局印发《关于开展建设老年友善医疗机构工作的通知》（国卫老龄函〔2020〕457号），明确了老年友善文化、老年友善服务、老年友善管理、老年友善环境等四项建设内容。2021年6月，国家卫生健康委印发《关于实施进一步便利老年人就医举措的通知》（国卫办医函〔2021〕311号），结合老年人就医反映最突出的问题，研究制定10条便利老年人就医的相关举措，提高老年人的就医获得感。截至2021年底，全国建成老年友善医疗机构的综合性医院5290个、基层医疗卫生机构15431个，设置老年人“绿色通道”的二级及以上综合性医院超9000家②。三是积极解决老年人“数字鸿沟”问题。2020年11月，国务院办公厅印发《关于切实解决老年人运用智能技术困难实施方案的通知》（国办发〔2020〕45号），围绕老年人日常生活出行、就医、消费等场景中遇到的不便，提出20条重点举措。工业和信息化部、民政部等各相关部门均出台文件，推动解决老年人遇到的智能技术困难问题。同时，2020年以来，大力开展“智慧助老”行动，动员社会各界力量积极参与，致力于形成消解老年人“数字鸿沟”的强大合力。四是营造孝亲敬老的社会氛围。通过组织开展全国敬老爱老助老活动评选表彰工作、开展全国“敬老月”活动等方式，弘扬我国孝亲敬老的传统美德，营造良好的社会氛围。

（八）积极推进老年人力资源开发

积极促进“老有所为”，既有利于发挥老年人力资源对经济社会发展的推动作用，也有利于老年人自身的身心健康。近年来，我国不断畅通“老有所为”的渠道，促进老年人发挥余热。2021年7月，国家卫生健康委办公厅、国家中医药管理局办公室印发了《老专家服务基层健康行动方案》，目标是“建立退休医务人员季节性援助基层医疗卫生机构的工作机制”。2021年10月，国家卫生健康委办公厅印发《关于启用银龄医生进基层服务专栏的通知》，主要目标包括“积极推动建立退休医务人员到基层服务的长效机制”“搭建二级及以上医院退休医务人员到乡村基层医疗卫生机构执业的便捷通道”。2022年5月，中共中央办公厅印发了《关于

① 《从加强和推进老龄工作进展情况报告看解决老年人“急难愁盼”》，新华网，2022年8月30日，http://m.news.cn/2022-08/30/c_1128962668.htm。

② 《住房和城乡建设部：2019年至2021年城镇老旧小区改造惠及居民超2000万户》，央广网，2022年2月24日。

加强新时代离退休干部党的建设工作的意见》，明确提出“强化激励关怀，组织引导离退休干部党员为党和国家事业作出新贡献”；为充分发挥离退休干部的优势，提出要“强化激励关怀，加强宣传表彰，做好服务工作”。此外，不少地区积极探索老年人参与志愿服务活动的机制，例如，“时间银行”志愿服务模式在许多地方都进行了试点，日渐成为鼓励低龄、健康老年人社会参与的重要方式。

三　我国老年健康促进行动存在的问题

（一）老年健康促进多方联动机制尚不完善

老年健康促进需要政府、社会组织、企业等多个主体共同推进。但是，我国多元主体共同参与、协同推进的局面尚未形成。一是政府部门之间的协同联动机制尚不完善。在老年健康促进的工作实践中，大部分工作由卫生健康部门负责推动。虽然其他相关责任部门也结合自身职能积极促进老年健康工作，但部门之间关于老年健康促进缺乏常态化的统筹协调机制，导致尚未形成强大的工作合力。二是社会组织和市场主体参与不充分。受到健康服务的支持性政策缺位、行业监管不规范等因素影响，当前我国社会力量在健康服务领域参与较少，且处于无序混乱的状态。

（二）老年人健康素养和生活方式有待进一步提升

当前，全社会尚未形成积极老龄观、健康老龄化的理念。一是老年人健康素养有待提高。与其他年龄段的人口相比，老年人的健康素养较低。例如，老年人对营养膳食、健康锻炼、疾病预防等方面的知识缺乏、重视程度不够。二是对健康的认识存在误区。受到长期以来我国健康服务体系建设偏重医疗服务的影响，全社会对健康的内涵认识不清晰，仍存在“把健康等同于医疗”“把正常衰老等同于疾病”等认识误区。三是仍存在不健康的行为方式。除了理念层面存在一些误区外，老年人还存在抽烟、喝酒、经常吃腌制食品或贮存不当的隔夜饭菜、做菜过量添加食盐、缺乏体育锻炼等不良的生活方式①。

① 《老年人“不良生活方式排行榜”出炉！排第一的竟是它……》，光明网，2020 年 8 月 22 日，https：//m. gmw. cn/baijia/2020-08/22/1301485734. html。

（三）健康服务体系尚不健全

当前，我国健康服务体系既存在供给总量不足的问题，也存在供给结构失衡的问题。一是医养结合服务供给不足。机构医养结合服务的有效供给不足，表现为医疗机构举办的医养结合机构重医疗、养老机构内设医疗机构的专业性不足、“签约”的医养结合机构签约服务流于形式等问题。在居家、社区层面，受到基层社区卫生服务机构的医疗资源短缺、社区的医疗资源和养老服务资源条块分割、整合困难等因素影响，医养结合服务供给总体短缺。二是健康服务体系供给不均衡。由于长期以来，健康服务体系的重心一直在疾病诊疗，健康服务体系呈现“两头小、中间大”的纺锤形结构，前端的健康教育、预防保健，以及后端的康复护理、长期照护、安宁疗护服务数量严重不足，且健康服务体系在城乡、区域之间存在较大差距。三是基层健康服务能力不足。目前，作为老年健康促进重要行动主体的基层社区卫生服务机构，工作重心仍然是医疗，专门负责健康服务的专业人员缺乏，难以为老年群体提供常态化的健康服务。四是体育锻炼与医疗保健融合不够。受缺乏体育锻炼的意识、过于担心风险、健身场地不足、缺乏系统的组织指导等制约，老年群体尚未形成积极参加体育锻炼的健康生活方式，体育锻炼对健康促进的作用发挥不充分。

（四）老年友好型环境建设有待进一步推进

虽然我国近年来持续推进老年宜居环境建设、老年友好型社区建设、弥合“数字鸿沟”等工作，但物理环境和社会环境仍存在对老年人“不友好”的情况。一是硬件设施的适老化改造不足。老年友好型社区仍处于初步创建阶段，老旧小区仍存在电梯安装不足、老年人活动空间缺乏、老年人生活所需的配套设施不足等问题，且农村地区的硬件设施基础更为薄弱，适老化改造难度更大。此外，在出行方面，道路、公共交通工具等仍存在不适老的情况。二是孝亲敬老氛围有待进一步营造。当前，社会上还存在把老年人当作负担或包袱的错误认知，歧视老年人的现象依然存在。三是老年人仍然面临“数字鸿沟”问题，在数字融入方面仍然面临“接入沟”“使用沟”“知识沟”等问题，影响老年人和其他群体一样平等地享受数字红利①。

① 《跨越数字鸿沟：老年群体的数字融入》，光明网，2022 年 4 月 22 日，https：//m. gmw. cn/baijia/2022-04/22/35678592. html。

（五）健康促进的相关制度有待进一步完善

当前，我国关于健康服务的两项关键制度对健康促进的激励作用没有充分发挥。一是医疗保险制度缺乏健康激励的导向。我国的医疗保险制度主要是针对疾病诊疗费用的“事后报销”，尚未建立合理的针对前端健康管理、预防保健等服务的费用分担机制，不利于人们积极主动维持健康状态。二是长期护理保险制度尚未实现城乡全覆盖。随着我国失能老年人群的增大，生活照料、长期护理的服务需求也更加强烈，服务费用的支付机制对于老年人群能否得到高质量的照护服务至关重要。然而，当前的长期护理保险制度仍处于试点阶段，全国统一、覆盖城乡的长期护理保险制度尚未建立。

（六）老年人长寿不健康

2021 年，我国居民人均预期寿命提高到 78.2 岁，进入了长寿时代①。然而，我国老年人的健康状况不容乐观。2018 年，我国人均预期寿命为 77.0 岁，而人均健康预期寿命仅为 68.7 岁，老年人平均有 8 年多的时间带病生存②。随着年龄增长，老年人的认知水平、运动能力、感知能力等身体机能下降，导致老年人的身体、心理等健康问题日益突出。我国 78%以上的老年人至少患有一种以上慢性病，患有慢性病老年人超过 1.9 亿人，失能和部分失能老年人约 4000 万人③。同时，老年人还容易出现焦虑、抑郁、孤独、自卑等心理问题。

四　对策建议

（一）建立健全协同联动、高效有力的健康促进工作体制

正如国际国内近年来倡导的“将健康融入万策”一样，老年健康促进行动的顺利开展离不开多个部门在政策制定时将促进健康作为重要的考量因素。因

① 《2021 年我国卫生健康事业发展统计公报》。

② 参见国家卫健委网站：http：//www.nhc.gov.cn/lljks/s7786/201911/4cbecd7450694416a268a181f9b37e92.shtml。

③ 参见中国人大网：http：//www.npc.gov.cn/npc/c30834/202208/889a7e67a7794176b3a718f972447cac.shtml。

此，要推动多个部门在老年健康促进工作方面形成强大的合力。一是建立常态化的老年健康促进工作联动机制。通过成立老年健康促进专项工作组等方式，加强对相关部门老年健康促进工作的指导、协调，推动老年健康促进相关政策、项目的统筹、衔接。二是加强老年健康促进行动的评估考核。通过建立常态化的信息报送、督导检查、政策评估、绩效考核等工作制度，建立强有力的工作推进机制，推动老年健康促进行动的落实。三是加强对老年人健康状况的监测。通过完善全国老龄健康信息管理系统、开展老年人健康调查等方式，加强对老年人健康信息数据的收集以及对老年人健康状况的评估，为健康服务的开展提供科学依据。

（二）促进全社会的理念转变

针对当前全社会仍重视医疗，对预防、康复、护理等重视不足以及认识存在误区的现状，要持续强化健康教育、加强宣传引导，提高老年人的健康素养，引导全社会树立积极老龄观和健康老龄化理念。一是加强对老年人的健康教育。依托国家开放大学、社区医疗卫生机构等平台，采取传统宣传方式与短视频、公众号推送等新型宣传方式相结合的方式，增加对疾病预防、营养膳食、康复护理等健康信息的科普力度，不断提升老年人的健康素养。二是引导全社会树立积极的预防观、康复观和照护观。通过宣传教育，提高全社会的失能预防知识水平以及失能预防意识；引导全社会充分认识到康复在全生命周期中的重要作用，进而注重老年期的康复训练；引导照护机构和人员正确认识照护对老年人功能发挥的辅助而非替代作用，重视老年人的功能维持。

（三）进一步健全健康服务体系

未来健康服务资源要朝着“重心下移，两端延伸”的方向优化配置。一方面，促进健康服务资源“重心下移”。大多数老年人倾向于在居家社区生活，健康服务资源的布局要向老年人的身边、家边、周边聚集，便于老年人就近就便获得健康服务。另一方面，注重健康服务体系六个环节的资源配置平衡。要改变当前健康服务资源集中投入在疾病诊疗环节的现状，增加对前端的健康教育、预防保健环节，以及后端的康复护理、长期照护、安宁疗护环节的资源投入。

（四）持续打造老年友好环境

鉴于环境对老年人日常生活和身心健康的重要影响，要充分发挥友好型环境建设在降低致伤致残风险、促进老年人功能发挥以及独立自主生活中的积极作用。一是建设有利于老年人身心健康的居住环境和公共活动空间环境。积极推进城市老旧小区改造以及全国示范性老年友好型社区建设，加大对道路、公共交通工具的适老化和无障碍改造力度，盘活、整合各种公共资源，增加方便老年人开展文化、体育锻炼活动的场所。二是解决“数字鸿沟”问题。既要从需求端着手，提升老年人的数字素养，又要从服务供给侧发力，推动涉老服务行业和领域进行适老化改造，坚持传统服务方式和智慧化服务方式并举，共同促进“数字鸿沟”问题的解决。三是打造老年友好的人文关爱环境。持续推进“敬老文明号”“敬老爱老助老模范人物”等活动，加强人口老龄化国情教育，营造孝亲敬老的社会氛围。

（五）推动关键制度的改革完善

随着我国健康服务体系从“以疾病为中心”向“以健康为中心”转变，与之密切相关的医疗保障制度和长期护理保险制度也要进行相应的改革完善。首先，医疗保险制度要向健康保险制度转型。与基金主要用于疾病诊治的费用支出方向不同，健康保险制度基金应更侧重于前端的健康管理、预防保健等费用支出。要探索需求方主动重视健康状态维持的激励机制。其次，加快推进长期护理保险制度。在前两批试点的基础上，要加快推进参保人员资格认定、筹资机制、保障待遇、待遇支付方式等标准及管理机制的探索，形成对长期照护服务体系的制度支撑。

（六）促进老年人社会参与

研究表明，老年人参与社会活动的程度与健康状况呈正相关，参与社会活动能够促进老年人的积极情绪、提高老年人的认知水平、降低老年人的失能水平①。因此，要积极发挥社会参与对健康促进的作用。第七次全国人口普查结果显示，60~69 岁的低龄老年人口约 1.48 亿人，占老年人口的 55.83%。当前，我国低龄老年人力资源有待开发，促进老年人再就业的法规政策尚需完善，支持老年人开展志愿服务的措施需持续健全。政府需要多从促进健康和社会参与的角度

① 李文畅、胡宏伟、李斯斯、夏露：《社会活动与老年健康促进：基于 2005~2014 年追踪数据的考察》，《人口与发展》2018 年第 2 期。

制定完善相关的政策制度，不断完善促进老年人再就业的政策法规、建立健全老年人志愿服务体系，促进老年人实现积极老龄化。社区要积极为老年人搭建社会活动平台，加强对老年人的组织引导，不断丰富活动形式，提高老年人的社会参与水平。家庭成员要积极鼓励、帮助老年人参与社会活动，为老年人参与社会活动提供物质保障或精神支持。老年人自身也要转变传统的思想观念，主动参与力所能及的社会活动。

（七）提升健康促进能力

健康促进行动的落地，需要有高质量的健康服务机构、人才、学科建设等要素作支撑。一是加强健康服务机构建设。除了要持续提升医疗机构诊治老年病的能力外，还要着力补齐我国康复服务、护理服务、安宁疗护服务等领域健康服务机构数量不足、质量不高的短板，满足老年人多元化的健康服务需求。同时，要重点提升农村地区、基层社区健康服务机构的服务能力，促进不同区域、不同层次之间的健康服务机构均衡发展。二是加强健康促进人才建设。要通过在本科或职业院校增设老年健康相关的专业，加强对医养结合、康复护理等人员的培养培训，完善健康促进的人才激励和人才配备机制等方式，提高健康促进人才队伍的专业性和稳定性。三是强化老年健康相关学科的基础研究。依托现有的老年医学中心和老年疾病临床医学研究中心，加大对老年健康相关基础研究的资金投入力度，提高老年健康相关学科的基础研究能力，为老年健康服务开展提供基础支撑。

（八）推进老年健康产业高质量发展

老年健康产业的高质量发展离不开规划引领、政策激励和良好的市场发展环境。一是制定老年健康产业规划。出台老年健康产业专项发展规划，通过打造示范性的老年健康龙头企业等方式，规划发展一批高质量的老年健康产业集群。二是出台激励性政策。综合运用土地、住房、财政、融资等支持政策，引导市场主体积极参与老年健康产业，不断扩大老年健康产品、服务的供给。三是优化老年健康产业发展的营商环境。通过制定老年健康产业的产品、服务标准，加强对老年健康企业的监管、指导等方式，为产业发展营造良好的市场秩序。

我国老年友好型社区建设发展报告

李志宏　李芳云*

摘　要： 2020 年我国开启了老年友好型社区创建工作，2021 年底全国建成 992 个示范性老年友好型社区；2022 年启动第二批示范性老年友好型社区创建工作，要求再创建 1000 个老年友好型社区。当前，老年友好型社区建设工作稳步推进、顺利开展，取得了显著成效，但也存在协调联动工作机制尚未形成、社区住房及楼宇环境适老化程度低、社区设施和服务不完善、城乡和区域之间发展不均衡等问题。下一步要着力构建政府推动、多方参与的工作格局，积极推进住房环境的优化升级，着力提升社区的宜居程度，提高社区健康和养老服务水平，"因地制宜"建设老年友好型社区，早日实现城乡老年友好型社区全覆盖的目标。

关键词： 积极老龄化　老年友好　示范创建

一　我国老年友好型社区建设的缘起、理论基础和内涵

（一）缘起

我国老年友好型社区建设与国内外关于老年友好城市建设、老年宜居环境建设的推进密不可分。2005 年，世界卫生组织首次提出"老年友好城市"概念，

* 李志宏，北京大学社会学博士，中国老龄协会政策研究部原主任，中国老龄协会事业发展部主任；李芳云，中国老龄协会政策研究部三级主任科员。

开始在全球22个国家的33个城市启动老年友好城市项目，并在许多政策文件中使用了老年友好社区这一术语[①]。2007年，世界卫生组织在调查基础上编制了《全球老年友好城市建设指南》，提出老年友好城市建设涵盖户外空间和建筑、交通、住房、社会参与、尊重与社会包容、市民参与和就业、交流和信息、社区支持和卫生保健服务八个领域[②]。通过吸收老年友好城市的理念，世界卫生组织提出老年友好社区的概念，主要涉及社会和公民参与、服务提供、建筑环境等三个领域[③]。在世界卫生组织对老年友好城市和社区建设的大力推动下，国际上很多国家和地区开始了老年友好城市和社区的建设实践，并形成了一些有益的经验。世界卫生组织发起的"全球老年友好城市和社区网络"行动已经扩展到500多个城市，涌现出了英国的"终生社区"、美国的"退休社区"等创新实践[④]。为响应世界卫生组织号召，我国立足国情，积极吸收国际先进理念和经验，推动老年友好城市和社区建设。2009年，全国老龄办启动了"老年宜居社区"和"老年友好型城市"建设试点工作。随后，关于老年宜居环境建设、老年友好型社会等主题的政策制度陆续出台。作为老年宜居环境和老年友好型社会的基础和重要内容，老年友好社区建设实践不断拓展。2020年，在国家卫生健康委（全国老龄办）的大力推动下，我国开始创建示范性老年友好型社区。

（二）理论基础

在推进老年友好型社区建设的实践中，形成了多元化的理论支撑，主要的几个理论如下：一是积极老龄化理论。鉴于建设老年友好型社区的目标是促进积极老龄化，多数学者认为老年友好型社区的理论基础为积极老龄化理论。该理论强调老年人的健康、参与和保障，主张创造维持老年人身体机能和社会功能的环境。二是人与环境匹配理论。该理论认为，个体能力与环境之间相互作用，环境既可能给个体带来消极影响，也可能给个体带来能力补偿的机会，这种补偿机会可以让老年人在自理能力下降的情况下，仍然保持稳定及安全的机能状态。该理

① 李小云：《国外老年友好社区研究进展述评》，《城市发展研究》2019年第7期。

② 田晓航、何磊静：《如何构建老年友好型社区》，2020年12月22日，https：//epaper. gmw. cn/wzb/html/2020-12/22/nw. D110000wzb_ 20201222_ 1-01. htm。

③ 胡苏云：《建设老年友好型社会，"适老"还要"助老"》，2022年8月22日，http：//www. whb. cn/zhuzhan/liping/20220822/482130. html。

④ 于一凡：《本期主题：老年友好社区》，《上海城市规划》2020年第6期。

论强调，当环境对老年人的某种能力产生影响时，要通过改善环境，包括完善基础设施、提供服务等，最大限度满足老年人的需求，增强其独立生活的能力。三是社会连通性理论。该理论认为社区的物质环境、社会环境、政策环境之间相互关联，并影响人的社会连通性，比如住房的类型、居住用地的混合布局等物质环境都有可能影响老年人的社会交往①。四是在地养老理论。该理论主张通过提供满足老年人需求的住房及充足的社会照护设施，帮助老年人维持其独立性，降低其失能程度，从而为老年人在社区内独立生活创造条件②。此外，社会整合、社会网络、代际融合等理论也不同程度地对老年友好型社区建设产生了影响。总而言之，上述理论从不同维度给老年友好型社区建设提供了理论上的指引。

（三）内涵

目前，关于老年友好型社区尚没有完全统一的定义。美国退休者协会将老年友好型社区界定为“包含了可支付得起的适宜住房，完善的社区功能及服务，以及多样化的交通方式选择等内容的社区”。世界卫生组织定义其为“通过提供健康护理、社会参与和安全服务来提高老年人生活质量，并鼓励实现积极老龄化的社区”。③ 我国关于老年友好型社区的概念，主要借鉴了世界卫生组织关于老年友好城市和社区的定义。从《全国示范性城乡老年友好型社区标准（试行）》的内容来看，我国老年友好型社区是指居住环境安全整洁、出行设施完善便捷、社区服务便利可及、社会参与广泛充分、孝亲敬老氛围浓厚、科技助老智慧创新的社区。从广义上看，老年友好型社区既是硬件建设完备的社区，又是软性服务优质的社区。其中，居家环境、出行设施等属于前者，社区服务、社会参与等属于后者。

二　我国推进老年友好型社区建设的政策脉络与实践经验

（一）政策脉络

1. 探索发展期（2009~2011年）

借鉴世界卫生组织关于老年友好城市和社区建设的理念，我国开始了相关的

① 李小云：《国外老年友好社区研究进展述评》，《城市发展研究》2019年第7期。

② 窦晓璐、〔美〕约翰·派努斯、冯长春：《城市与积极老龄化：老年友好城市建设的国际经验》，《国际城市规划》2015年第3期。

③ 李小云：《国外老年友好社区研究进展述评》，《城市发展研究》2019年第7期。

探索实践。2009 年 11 月，全国老龄工作委员会办公室下发《关于开展老年宜居社区和老年友好城市（城区）试点工作的通知》，在全国选取经济条件比较好、老龄工作基础比较扎实的地区进行“老年宜居社区”和“老年友好城市”试点，决定在上海市黄浦区、江苏省南京市玄武区和黑龙江省齐齐哈尔市建华区等城区开展老年宜居社区试点。根据全国老龄办试点工作的总体要求，试点地区结合当地实际，进行了探索实践，积累了老年宜居社区建设的经验，为全国开展老年友好型社区建设奠定了基础。2011 年 9 月，国务院印发《中国老龄事业发展“十二五”规划》（国发〔2011〕28 号），在老年人生活环境部分提出“推动建设老年友好型城市和老年宜居社区。创新老年型社会新思维，树立老年友好环境建设和家庭发展的新理念。研究编制建设老年友好型城市、老年宜居社区指南，发挥典型示范作用”。此阶段，在实践层面，老年友好型社区创建处于试点探索阶段；在政策规划层面，尚未设立专章对老年宜居环境和老年友好型社区建设进行安排部署，建设目标尚不明晰。

2. 快速发展期（2012～2019 年）

这一时期，老年友好型社区建设得到重视，关于老年友好型社区创建的顶层设计不断完善。2012 年，全国人大常委会修订的《老年人权益保障法》增设宜居环境专章，第六十四条明确规定“国家推动老年宜居社区建设，引导、支持老年宜居住宅的开发，推动和扶持老年人家庭无障碍设施的改造，为老年人创造无障碍居住环境”。2016 年 9 月，全国老龄办等 25 部门联合印发了《关于推进老年宜居环境建设的指导意见》（全国老龄办发〔2016〕73 号），这是我国第一个关于老年宜居环境建设的指导性文件，提出“各地普遍开展老年宜居环境建设工作，形成一批各具特色的老年友好城市、老年宜居社区”的发展目标。2017 年 2 月，国务院印发的《“十三五”国家老龄事业发展和养老体系建设规划》（国发〔2017〕13 号）设立推进老年宜居环境建设专章，提出开展老年宜居社区建设示范行动，明确指出“到 2020 年，60%以上城市社区达到老年宜居社区基本条件，40%以上农村具备老年宜居社区基本条件，大部分老年人的基本公共服务需求能够在社区得到满足”。2019 年 11 月，中共中央、国务院印发《国家积极应对人口老龄化中长期规划》（中发〔2019〕25 号），作为到 21 世纪中叶我国积极应对人口老龄化的战略性、综合性、指导性文件，其在打造老年宜居环境建设部分明确提出“到 2022 年，建成一批示范性城乡老年友好型社区；到 2035 年，普遍建立老年友好型社区”作为老年宜居环境建设的重要组成部分，在这一阶段，从最高层级的法律，到老龄事业发展的专项规划，再到多个部门联合出台的指导性文件，都对老年友好型社区建设进行了规定和部署，为老年友好型社区建设提供了法律和政策保障。

3. 示范创建期（2020 年以后）

从 2020 年开始，我国正式开启了老年友好型社区创建工作。2020 年 12 月，国家卫生健康委（全国老龄办）印发了《关于开展示范性全国老年友好型社区创建工作的通知》（国卫老龄发〔2020〕23 号），配套发布了《全国示范性城乡老年友好型社区标准（试行）》，明确提出“提升社区服务能力和水平，更好地满足老年人在居住环境、日常出行、健康服务、养老服务、社会参与、精神文化生活等方面的需要，探索建立老年友好型社区创建工作模式和长效机制，切实增强老年人的获得感、幸福感、安全感。到 2025 年，在全国建成 5000 个示范性城乡老年友好型社区，到 2035 年，全国城乡实现老年友好型社区全覆盖”。2021 年 1 月，国家卫生健康委（全国老龄办）印发了《关于开展 2021 年全国示范性老年友好型社区创建工作的通知》（国卫老龄函〔2021〕25 号），明确工作任务为“按照全国示范性老年友好型社区创建工作要求，围绕改善老年人居住环境、方便老年人日常出行、提升为老年人服务质量、扩大老年人社会参与、丰富老年人精神文化生活、提高为老服务科技化水平以及管理保障等方面内容，积极开展宣传动员和组织培训等活动，扎实推进各项创建工作，按照逐级推荐、优中选优的原则，评选出 1000 个全国示范性老年友好型社区。”2021 年 6 月，国家卫生健康委办公厅印发了由国家卫生健康委（全国老龄办）制定的《全国示范性老年友好型社区评分细则（试行）》，供各地开展创建指导和评估验收使用。2021 年 10 月，国家卫生健康委（全国老龄办）印发了《关于命名 2021 年全国示范性老年友好型社区的通知》（国卫老龄函〔2021〕208 号），决定命名北京市东城区朝阳门街道新鲜社区等 992 个社区为 2021 年全国示范性老年友好型社区。2022 年 2 月，国家卫生健康委（全国老龄办）印发了《关于开展 2022 年全国示范性老年友好型社区创建工作的通知》（国卫老龄函〔2022〕35 号），明确工作任务为“按照全国示范性老年友好型社区创建标准，在 2021 年创建工作的基础上，围绕创建工作目标、任务、流程和要求，继续深入开展宣传动员、统筹协调、培训指导等工作，创建 1000 个全国示范性老年友好型社区。认真总结 2021 年创建工作经验，选树先进典型，广泛宣传推广，为全国老年友好型社区创建发挥典型引路和示范带动作用”。当前，我国正在稳步推进老年友好型社区建设工作，通过示范性老年友好型社区创建，引领和带动全国范围内老年友好型社区建设顺利开展。

（二）实践经验

通过第一批示范性老年友好型社区的创建，各地结合实际探索出各具特色的创建模式，为后续老年友好型社区建设积累了可以借鉴参考的经验。

1. 坚持党建引领

一些社区通过党建引领，强化老年友好型社区建设的组织保障。福州市鼓楼区华大街道公益社区通过实施区域化大党建，吸纳驻区单位组建“党建联盟”；发动辖区党员群众成立“红色讲师团”，开设“红色讲坛”，开放“红色阵地”，激发党员为老年人服务的先锋模范意识；组建敬老“党员帮帮团”志愿服务队等，不断提高为老服务的组织力①。杭州市上城区清波街道柳翠井巷社区积极探索党建引领，坚持“党建+民生”共融，推进老年之家等养老基础设施建设，形成社区居家养老服务的新模式②。上海市宝山区友谊路街道宝林二村社区定期召开“党建 e 沙龙”联席会议，通过区域性、开放性、综合性的党群活动服务，搭建工作联席会、创建研讨会等平台，做到平台共建、资源共享，促进社会资源的优化利用③。

2. 注重整合多方资源

一些社区致力于整合辖区内外多元主体的资源，进而满足老年群体多方面的需求。北京市石景山区八角街道景阳东街第二社区与辖区周边的京源小学、邮政储蓄、卫健委等单位携手共建，发挥共建单位的资源优势，共同开展了丰富多彩的敬老爱老志愿活动和文化活动④。重庆市渝北区仙桃街道睦邻路社区统筹辖区企事业单位、物业公司、志愿者队伍、妇联、工会、共青团、残联等社会各界的力量，从老年人的居住环境、出行交通、健康服务、社会参与、精神文明生活等

---

① 参见福州市人民政府：http：//www. fuzhou. gov. cn/zgfzzt/swjw/fzwj/wjxw/gzdt_ 35275/202109/t20210923_ 4193986. htm。

② 参见杭州市卫健委网站：http：//wsjkw. hangzhou. gov. cn/art/2021/10/28/art_ 1229113673_ 58928253. html。

③ 参见上海市宝山区人民政府网站：https：//www. shbsq. gov. cn/shbs/bsdt/20211027/323537. html。

④《喜报！石景山区八角街道 3 个社区获评全国示范性老年友好型社区》，2021 年 10 月 22 日，https：//www. sohu. com/a/496663137_ 121106842。

不同角度出发，依托各单位不同的服务方向，以社区为中心，创建集群化的服务体系①。

3. 开展居家和社区环境适老化改造

一些社区致力于居家和社区硬件设施的改造，提升老年人居家环境和社区公共空间的适老化程度。天津市河西区大营门街道敬重里社区大力推进对老年人住房的适老化改造，通过安装卫生间洗浴设备、紧急呼叫设备，有效降低了老年人生活风险，同时，对社区的公共设施进行了无障碍改造，对坡道、楼梯、扶手进行了升级②。福建省南平市光泽县杭川镇镇岭社区通过市场化运作、政府资助等方式，对社区老年人家庭的空间布局、地面、扶手、厨房设备、如厕洗浴设备、紧急呼叫设备等进行改造维修，同时，对小区住宅公共部分进行无障碍改造，在主要交通道路人车分流、平整路面、安装座椅、增加照明设施、设置公共厕所③。上海市宝山区张庙街道通河一村积极推进公共设施无障碍改造和居家环境适老化改造，在楼道内新增扶手、爱心歇脚椅、踏步斜坡、加装电梯，对人行道路进行全面改造，同时，设置紧急停车区域，保证救护车辆能随时停靠④。

4. 重视打造智慧型社区

一些社区积极运用科技化、数字化的手段满足老年群体在健康、医疗、安全等方面的服务需求。福建省南平市政和县熊山街道西门社区依托智慧网络平台和相关智能设备，为老年人的居家照护、医疗诊断、健康管理等提供远程服务及辅助技术服务，并加大对老年人智能技术使用的宣教和培训力度，打通了养老服务的“最后一公里”⑤。杭州市临安区天目山镇九里村依托“互联网+”优势，为患慢性病老年人配备血压和血糖可穿戴设备，利用华数电视客户端或智能手机为老年人进行远程视频问诊，提供线上医保结算、云药房配药和医共

---

① 《获评“全国示范性老年友好型社区”，渝北这个社区做了啥》，2021 年 12 月 8 日，https：//www. 12371. gov. cn/Item/592837. aspx。

② 《天津：河西区这两个社区获评 2021 年全国示范性老年友好型社区》，2021 年 11 月 6 日，https：//www. xingfulaonian. com/ylzx/yldt/71378. html。

③ 参见福建省南平市卫生健康委：http：//wjw. np. gov. cn/cms/html/npswshjhsywyh/2021-10-27/479010726. html。

④ 参见上海市宝山区人民政府网站：https：//www. shbsq. gov. cn/shbs/bsdt/20211027/323537. html。

⑤ 参见福建省南平市卫生健康委：http：//wjw. np. gov. cn/cms/html/npswshjhsywyh/2021-10-27/479010726. html。

体优质医疗服务[①]。重庆市渝北区仙桃街道睦邻路社区为老年人家庭免费安装兼具一键求救、火灾警报、异常监控等各种实用功能的智能养老管理系统，实现了对居家养老健康安全事件及时发现、多级预警和实时处理的“智能化”管理，切实解决老年人独居存在的安全问题[②]。

5. 注重服务提供的精准化

一些社区依托人口数据库，准确识别老年群体的需求，进而提供精准化的服务。北京市东城区朝阳门街道新鲜社区设置老龄主任和社会化退休管理专员，专门对接社区老年人，全面掌握社区老年人基础数据和生活需求，对社区的低保、低收入、特困及重度失能老年人等均建立精准助老档案，做到“精准助老、一人不少”[③]。上海市虹口区虹湾社区以实有人口数据库为基础，将居民按服务对象分类，制作不同的身份标签和政策标签，通过大数据智能运算，实现为老服务政策的精准推送，真正做到“政策找人”，大大提高了工作效率和精准度[④]。

6. 充分发挥老年人的积极作用

一些社区积极促进低龄、健康老年人参与社区事务，不断满足老年人的社会参与需求，帮助老年人实现自我价值。杭州市钱塘区下沙街道湾南社区积极倡导老年人参加社区活动、参与社区治理，引导老年居民自治、培养骨干力量，激发老年人互助服务的活力，实现“小老人服务老老人”的良性循环[⑤]。天津市河西区马场街道新闻里社区倾力打造“爱老助老”特色社区，通过“牵手互助”养老模式，创建“5060为老服务帮帮团”，将有奉献精神的低龄老年人组织起来，为社区里行动不便的老年人提供理发、买菜、维修等服务，还定期探访孤寡及贫困老年人，为有需求的老年人提供贴心帮扶[⑥]。上海市虹口区四川北路街道衡水

---

① 参见杭州市卫健委网站：http：//wsjkw. hangzhou. gov. cn/art/2021/10/28/art_ 1229113673_ 58928253. html。

② 《获评“全国示范性老年友好型社区”，渝北这个社区做了啥》，2021 年 12 月 8 日，https：//www. 12371. gov. cn/Item/592837. aspx。

③ 《北京市 29 个社区上榜！老年友好型社区啥样?》，2021 年 12 月 7 日，http：//news. sohu. com/a/506127131_ 121106842。

④ 《虹口区这两个社区入选 2021 年全国示范性老年友好型社区!》，见 https：//new. qq. com/rain/a/20211025a066q700。

⑤ 参见杭州市卫健委网站：http：//wsjkw. hangzhou. gov. cn/art/2021/10/28/art_ 1229113673_ 58928253. html。

⑥ 《天津：河西区这两个社区获评 2021 年全国示范性老年友好型社区》，2021 年 11 月 6 日，https：//www. xingfulaonian. com/ylzx/yldt/71378. html。

社区鼓励老年人参与社区发展，积极推广养老服务“时间银行”“老伙伴计划”等互助项目①。

三　我国老年友好型社区建设存在的问题及其成因

从“十四五”开始，我国人口老龄化程度不断提升，社区作为老年人生活最重要的载体，在环境、设施、服务等方面将面临重大挑战。与老年人的多元化需求相比，当前我国社区建设还存在诸多问题。

（一）老年友好型社区建设协调联动的工作机制尚未形成

目前，我国社区建设主要依靠自上而下的行政力量推动，涉及卫健、住建、民政等多个部门，尚未形成部门联动、协调推进老年友好型社区建设的工作格局。一方面，相关部门多从本部门角度出发开展工作，导致对老年友好型社区建设的理念和认识不统一、政策之间的衔接性不够等问题。此外，各部门用于社区建设的资金、项目呈现“条块分割”的局面，导致在推进社区建设方面难以实现资源共享和集约使用。另一方面，老龄工作委员会办公室作为推动老年友好型社区建设的主要部门，统筹协调涉老部门的作用得不到充分发挥。从现实情况看，各地老龄办在机构改革之后，工作力量普遍弱化，影响了其履行指导、协调、督促检查等职责，很难促进相关部门在推动老年友好型社区建设方面形成合力。

（二）住房及楼宇环境尚存在不适老的问题

目前，我国大部分老年人的住房建成年代较早，受当时的建设理念、建设标准等因素影响，住房环境缺乏适老化设计。第四次中国城乡老年人生活状况调查数据显示，我国城乡老年人现居住房屋在2000年以后建成的比例仅占约1/3。住房老化与人口老龄化问题交织，导致住房环境不适老问题突出。一方面，住房设施不适老。年龄增长带来的身体机能老化，使老年人面临着更多的安全隐患。当前的室内居住环境中，没有呼叫或报警设施、没有扶手、门槛绊脚、地面高低不平、地面滑、厕所或浴室不安全等问题都成了影响老年人生活质量的重要因素。

① 参见上海市虹口区人民政府网站：http：//www.shhk.gov.cn/xwzx/002005/20220804/83205bec-63a6-40f0-85fc-24f325cef408.html。

另一方面，楼宇环境亟待改善。对于居住楼房的高龄、失能老年人而言，能够安全、顺利地下楼成为一大难题。当前老年人居住的大部分楼房建成于 20 世纪 90 年代之前，没有电梯、照明设施较差、楼门口坡道较陡等问题制约了老年人日常出行。

（三）社区硬件设施尚不完备

在住房之外，社区是老年人的重要活动场所。由于设计之初没有考虑到人口年龄结构变动因素，我国对社区公共环境的建设缺乏长远的、全生命周期的规划，这造成现有社区的场地以及服务设施布局，与老年人的实际需求存在差距。一方面是总量不足。老旧小区受限于原有的建筑布局和空间规划，能够用于老年人开展活动的公共空间总量不足。在硬件设施配备上，休息座椅、公共厕所等基础设施配备不足，与老年人的健康、养老服务需求密切相关的服务设施覆盖率相对较低。另一方面适老性不足。现有的社区出行环境和硬件设施适老性较差，比如，社区内部道路的人车混行问题突出；人行横道的坡度、照明、指示标识等方面存在不利于老年人出行的隐患；现有的社区服务设施对老年人而言，便利性和可及性较差，导致使用率较低。

（四）社区服务尚不完善

对于老年人而言，除了硬件设施外，软件服务也很重要。与老年期多元化、多层次的服务需求相比，当前我国社区层面的服务仍停留在满足老年人最基本的生活、医疗需求上，服务总量不足与服务内容结构失衡问题并存。从服务供给数量来看，多年来，我国的公共服务政策关注养老机构、大型医疗机构的多，对居家社区层面的服务关注不够，造成社区服务的供给总量与日益增加的老年服务需求存在差距。比如，社区嵌入式、小微型的养老机构、医养结合机构数量较少，家庭养老床位、家庭病床等建设尚处于试点探索阶段，基层医疗卫生机构面向老年人的服务能力不足，家庭医生签约服务“有名无实”。从服务内容看，当前的社区服务多为生活照料、疾病诊疗等传统服务内容，老年人需要的康复护理、安宁疗护、精神慰藉等服务相对缺位。

（五）城乡、区域之间发展不均衡

我国城乡、区域之间发展水平的差距也给老年友好型社区建设增加了难度。

一方面，城乡之间的建设基础存在较大差距。长期以来，城乡二元经济社会发展的差距也体现在社区建设领域。绝大多数农村地区由于缺乏合理的规划和充足的资金投入，在基础设施建设、基本公共服务提供方面与城市相比存在较大差距，历史欠账较多，这导致农村地区创建老年友好型社区的基础更加薄弱，难度也更大。第四次中国城乡老年人生活状况调查数据显示，农村老年人对住房条件、社区设施的满意度普遍低于城市老年人。另一方面，区域之间社区建设发展不平衡。总体而言，经济发达的大城市、东部发达地区关于社区建设的理念更为先进，对社区建设所需资金、项目等方面的投入也相对更多，与中小城市，特别是中西部地区的中小城市相比，老年友好型社区建设的基础较好。此外，即使是在同一个城市，新城区和老城区、中心城区和郊区、不同类型的社区之间也存在差距。

四　老年友好型社区建设的趋向和对策

建设老年友好型社区是实施积极应对人口老龄化国家战略的重要内容，建设任务十分艰巨。针对当前我国老年友好型社区建设存在的问题，我们需要秉持科学的建设理念，把准建设方向，精准施策推进。

（一）未来老年友好型社区建设的趋向

1. 树立全龄友好的理念

从长远看，老年友好型社区建设不应当局限于老年友好，而应该是不分年龄、人人共享的全龄友好，其规划建设应当能够适应不同生命阶段群体的需求，既满足老年人就地养老的愿望，又能够实现代际和谐的目标。因此，在住房环境和社区环境建设改造的理念上，要从“适老型”向“通用型”“包容型”转变。在硬件设施配备和公共空间使用规划上，要适应全人群在不同生命阶段的身心特点和需求，合理分配公共空间，科学配备养老、托育等服务设施，打造全生命周期、全龄友好型社区，让在社区居住的所有成员都能享受安全、舒适、便利的生活。

2. 坚持系统协同的建设理念

老年友好型社区建设是一个系统的工程，涉及多个主体以及软件、硬件多方面内容，影响范围也涵盖不同年龄阶段的多个群体。因此，在建设过程中需要坚持系统协同的理念，统筹推进。鉴于老年友好型社区的建设不可能仅仅依靠某个部门、某项政策或某个项目完成，在推进过程中，需要加强部门之间的政策协同，促进资源整合。在建设内容方面，要综合推进社区硬件设施与软件服务、物理环境和社会环境、微观—中观—宏观多个维度内容协调发展，避免出现单一、割裂式的建设。从共建共享的角度看，老年友好型社区的建设离不开多元主体共同参与，要引导老年群体和其他年龄群体公平参与建设过程，充分尊重不同年龄群体的意见，在综合考虑不同年龄群体的特点及需求的基础上进行合理规划。

3. 注重健康老龄化的目标导向

2021 年，我国人口平均预期寿命已经达到 78.2 岁①。进入长寿时代后，延长健康预期寿命是积极应对人口老龄化的一项重要任务。参照国际上关于老年友好型社区建设的经验，促进老年人健康是衡量老年友好型社区建设成效的关键指标。根据世界卫生组织关于健康老龄化的定义，老年人的健康并非没有疾病，而是强调维持功能发挥的状态。因此，在老年友好型社区的建设过程中，要特别重视外在环境对老年人功能发挥的支持性作用。通过住房、社区环境的优化，硬件设施的适老化改造，养老服务和健康服务的提供，激发和维持老年人内在能力的发挥，甚至能够对老年人的一些缺失功能进行补偿，推动老年人在社区能够实现健康老龄化。

4. 强化科技赋能

科技是提高老年友好型社区建设质量的重要支撑。通过区块链、物联网等信息技术赋能，既可以优化硬件设施配备，提升居家、社区生活环境的智慧化水平，改善老年人的生活环境；又能够以更少的人力成本提供更为精细化的服务，提高社区服务的质量和效率。因此，在老年友好型社区的建设中，一方面，要重视智慧化养老平台搭建、智慧家居产品安装等硬件设施建设；另一方面，要不断创新技术应用场景，打破服务提供的物理界限，为老年人提供更加方便可及的服务。此外，在科技赋能社区建设的同时，也要通过开展智能产品和智能技术的应用培训、推动智能产品适老化改造等举措，避免老年人可能面临的“数字鸿沟”问题。

---

① 参见中国政府网：http：//www.gov.cn/xinwen/2022-07/12/content_5700670.htm。

（二）对策建议

1. 着力构建政府推动、多方参与的工作格局

老年友好型社区建设既需要政府部门协同推进，也需要市场主体、社会组织等主体共同参与。一是要加强部门间政策的配套衔接。在政策规划出台方面，通过建立健全老年友好型社区建设的统筹协调机制，促使相关部门在出台关于老年友好型社区建设的政策规划时，实现相关硬件设施标准、软件服务标准的衔接统一，形成政策合力。二是需要进一步强化不同工作内容之间的协同推进。要将推进老年友好型社区建设与老旧小区改造、解决老年人“数字鸿沟”问题等工作紧密结合，促使各方资源形成合力，提高资源的使用效率。三是提高多方主体参与的积极性。通过宣传引导、优惠补贴等方式，提高市场主体、社会组织、家庭、老年人等多方主体对老年友好型社区建设重要性和必要性的认识，以及提高其参与老年友好型社区建设的主动性、积极性。

2. 积极推进住房环境的升级改造

由于年龄增长导致身体机能下降，老年人对居住环境有着特殊的要求。住房适老化改造是老年友好型社区的建设重点，直接关系老年人居家养老的生活品质。针对不同的老年人家庭，要分类施策推进家庭适老化改造。政府部门要持续强化对困难老年人家庭的兜底保障能力，加大财政投入力度，对有改造需求的经济困难的老年人家庭进行适老化改造。同时，对于一般老年人，政府部门可采取现金补贴、优惠政策等措施，鼓励引导市场主体、老年人家庭积极参与住房适老化改造。从改造内容来看，应结合老年人的实际需求，以安装紧急救援设施为重点，同时涵盖安装扶手、平整地面、去除门槛、卫生间防滑等方面的内容，为老年人营造一个安全、舒适的住房环境。此外，对于新建住房，要基于“通用型”的理念进行规划设计，使住房能够满足各个年龄段的居住需求。

3. 着力提升社区的宜居水平

社区的空间规划、硬件设施配备与住房改造同等重要，直接关系到老年人的日常出行、社会参与和服务的获取。一是进一步完善老年人的出行环境。针对老年人出行面临的阻碍因素，重点改造内容包括加装电梯、完善照明设施、安装扶手、改造坡道、安装座椅、建设公共卫生间、设置清晰标识等。对于社区道路要进行人车分流设计，确保老年人的出行安全。二是合理规划公共空间的使用。通过新建、改建、扩建、空间置换等方式，增加用于老年人开展活动的公共空间，

增加公共基础设施配备。三是优化社区的生态环境。积极探索将社区闲置的空间或场地改造成小微型的绿地、社区公园，同时注重社区环境的绿化美化工作，为老年人打造舒适的物理空间环境。

4. 提高社区健康和养老服务水平

“十四五”时期，随着20世纪60年代出生的人口进入老年期，我国迎来了新一轮的老年人口增长高峰，健康、养老服务的需求将继续增长，作为健康和养老服务体系中坚力量的居家社区服务体系需要做好充足准备。一是要完善社区层面的健康、养老服务设施配备。未来，政策支持要由重视发展大型养老、医疗机构向重视发展基层养老、医疗机构转变，加大对社区医养康养功能设施的投入力度。二是注重强化社区服务的供给能力。通过加大补贴、税收优惠力度，提供场地支持等措施，引导社会力量参与社区服务，增强社区养老机构、医养结合机构、基层卫生机构的服务能力。三是注重服务内容的整合。在社区服务的内容上，以老年人的需求为中心，提供包含健康教育、预防保健、疾病诊疗、康复护理、长期照护、安宁疗护等的系统连续、整合型的健康服务，以及涵盖生活照料、精神慰藉等内容的养老服务。

5. “因地制宜”建设老年友好型社区

基于城乡之间、区域之间社区建设基础的差异，在推动老年友好型社区建设的过程中，要因地施策，采取差异化的建设策略。对于大城市，应当根据人口老龄化发展的形势，重点解决中心城区和郊区社区之间基础设施、服务水平严重不平衡的问题，充分发挥郊区社区对老年人口的疏解作用。对于中小城市，特别是中西部地区的中小城市，应重点宣传老年友好型社区建设理念，加大对老年友好型社区建设的投入力度，加快硬件设施的配置进度以及提升软件服务的效率和品质。针对广大农村地区，当务之急是加大财政投入，下大力气补齐农村地区基础设施建设和基本公共服务能力的短板，为老年人友好型社区建设夯实基础。在此基础上，结合各地特点，探索符合实际、各具特色的老年友好型社区建设模式。

我国智慧助老行动发展报告

张　森　范竟鹏[*]

摘　要： 随着信息技术和人工智能的发展，老年人使用智能技术困难问题日益凸显。2020年，国务院办公厅印发了《关于切实解决老年人运用智能技术困难的实施方案》，各级政府部门和社会组织相继采取措施，在全国开展智慧助老行动。经过两年多的实施，智慧助老行动取得了阶段性成果，困扰老年人的“数字鸿沟”日渐缩小，但也存在宣传推广力度不够、标准规范缺失、经费保障不足、缺少人文关怀、适老化应用产品偏少、产品和服务价格偏高等问题。本报告建议，政府要精准施策，准确把握老年人的不同需求，采取切合实际的行动措施；企业要提升产品和服务质量，推动智慧养老产业转型升级；社会组织要履行专业职能，发挥桥梁纽带作用；全社会要积极参与，共同推动智慧助老行动高质量开展。

关键词： 智能技术　智慧助老　行动方案

一　概述

智慧助老行动是国务院部署、各级政府部门实施和社会力量参与的帮助老年

---

* 张淼，华龄智能养老产业发展中心副主任。范竟鹏，华龄智能养老产业发展中心综合部副主任。

人使用智能技术的社会行动。这项行动从 2021 年开始实施，但其社会需求和先期的社会实践却由来已久。

（一）行动背景

国家统计局数据显示，截至 2022 年底，我国 60 岁及以上老年人口 28004 万人，占全国人口的 19.8%，其中 65 岁及以上人口 20978 万人，占全国人口的 14.9%。据全国老龄办预测，预计“十四五”期间，我国老年人口将突破 3 亿人，占比将超过 20%，我国进入中度老龄化社会。2035 年，60 岁及以上老年人口将达到 4.2 亿人，占比将超过 30%，我国进入重度老龄化社会。随着智能化在日常生活中的应用越来越广泛，购物、就医、出行等只靠一部手机就可解决，但是对于一部分老年人来说，“信息落差”和“知识分割”让他们无法享受智能化带来的便利。从这个意义上说，数字化时代，不让老年人“被智能化所困”，帮助老年人跨越“数字鸿沟”，让他们更好地适应并融入智慧社会，是满足老年群体需求的要事、大事。

当下及未来的中国，既是智能化的社会，也是老龄化的社会，两者都是不可逆的趋势，不以人的意志为转移。老年人要积极融入智能化社会，智能化社会必须适应老年人的需要。唯其如此，社会才能高质量发展，老年人才能乐享智慧生活！然而，当下老年人和智能化社会之间还存在诸多阻隔，即“数字鸿沟”。为此，国务院及地方各级政府部门纷纷发文，要求各方面共同发力帮助老年人解决困难，填平“数字鸿沟”。

随着人口老龄化程度的加深，助老成为一个严峻的挑战，摆在每个人、每个家庭、整个社会的面前。总有一天我们终将老去，如何让助老问题不再沉重，让每一个人都有尊严地安享晚年？大力推进信息化建设，构建面向居家老人、社区及机构的健康服务网络与大数据平台，可带给老年人实时、快捷、高效、低成本的新型居家助老服务，为助老业插上智慧的翅膀。

第 47 次《中国互联网络发展状况统计报告》显示，截至 2021 年底，我国网民规模达 9.89 亿人。值得注意的是，其中增长的主体由青年群体向老年群体转化的趋势明显。银发族触网比例的提高，表明了我国老年人正在积极拥抱这个智能时代。

（二）目标任务

习近平总书记在中央政治局第三十二次集体学习时强调，满足数量庞大的老年群众多方面需求、妥善解决人口老龄化带来的社会问题，事关国家发展全局，事关百姓福祉，需要我们下大气力来应对。党的十九届五中全会审议通过的《中共中央关于制定国民经济和社会发展第十四个五年规划和二〇三五年远景目标的建议》提出实施积极应对人口老龄化国家战略。为贯彻落实积极应对人口老龄化国家战略，弘扬中华民族孝老爱亲传统美德，营造助老孝老敬老社会氛围，国务院办公厅印发《关于切实解决老年人运用智能技术困难的实施方案》（以下简称《实施方案》），就进一步推动解决老年人在运用智能技术方面遇到的困难，坚持传统服务方式与智能化服务创新并行，为老年人提供更周全、更贴心、更直接的便利化服务作出部署。

《实施方案》列出了多项温暖举措，都是为了不让老年人在智能化面前“腿脚不便”，为了让数据多跑路、让老人不跑腿，关爱老年人应该成为全社会的共同责任。建设智慧社会不能丢下老年人，这是一个需要全国上下联动、统筹推进、分工负责的过程，一方面必须将传统服务方式与智能化服务创新并行，另一方面还要帮助老年人提高运用智能技术的能力和水平。《实施方案》的出台，对于动员政府部门和社会各界开展智慧助老行动起到了重要的推动作用。

全国老龄工作委员会印发的《关于开展 2021 年全国“敬老月”活动的通知》（以下简称《通知》）决定于 10 月 1 日至 31 日在全国广泛开展形式多样、内容丰富的助老孝老敬老活动，并将活动主题确定为“实施积极应对人口老龄化国家战略，乐享智慧老年生活”。《通知》提出，要聚焦老年人实际需求，深入推进“智慧助老”行动，在全国范围内开展老年人运用智能技术宣传推广活动，让更多老年人用得上、愿意用、用得好智能技术，帮助老年人更好地适应信息社会的发展。

2021 年 9 月，国家发展改革委组织征集运用智能技术服务老年人示范案例，共收到全国范围内的 89 个案例，经专家遴选、地方复核确定了第一批 14 个优秀案例。优秀案例强调，将创新供给和提升能力相结合，鼓励开发更多的智能化适老产品和服务，为老年人居家社区助老提供高效解决方案；支持对老年人开展智能技术教育和培训，提高老年人信息素养，切实帮助老年人跨越“数字鸿沟”。

（三）工作部署

工业和信息化部：为老年人提供更优质的电信服务，开展互联网适老化及无障碍改造专项行动，扩大适老化智能终端产品供给，切实保障老年人安全使用智能化产品和服务。

卫健委：建立健全“智慧助老”的常态化工作机制，广泛动员各方力量为老年人提供志愿培训服务，充分发挥老年大学在智能技术培训中的重要作用，引导老年人正确认识网络信息和智能技术，加强智能技术运用和防骗知识的科普宣传，提倡家庭成员帮助老年人运用智能技术，大力开展智能产品社会募捐活动。

文旅部：实施“智慧助老”行动，满足老年群体文化和旅游消费需要。把老年人作为文化和旅游业发展中重要群体与目标顾客，保留传统预约方式，允许他人代为预约，保留免预约名额，保留传统登记方式，提供人工帮扶，做好信息引导，面向老年人组织培训，开发适老智能应用，扩展智能化渠道，加强制度规范。

交通运输部：改进交通运输领域“健康码”查验服务，便利老年人乘坐公共交通，优化老年人打车出行服务，提高客运场站人工服务质量。

民政部：建立保留传统服务途径的长效机制，持续优化民政领域信息技术应用，加强民政服务设施适老化改造，扩大老年人终端智能产品供给。

二　阶段性成果及问题

在国务院的部署推动下，中央和地方政府相关部门结合本部门职责制定政策措施和安排工作，社会力量和涉老组织采取多种形式积极开展智慧助老行动并取得了显著成效。

（一）智慧助老成为全社会的行动

“小孔晚上好！感谢这堂手机实用课。我身边的好多老人过去都经常面对眼花缭乱的手机屏发呆，孩子们教吧他们没有耐心，希望多组织几次这样的课，让我们也跟上网络时代的步伐。谢谢大家啊！”

这是朝阳三源里小区一位王阿姨给中益老龄事业发展中心工作人员发来的信息。王阿姨参加的活动是“智慧助老行动——‘益起来’学用智能手机”。

为帮助老年人解决在应用智能技术方面遇到的实际困难，中益老龄事业发展中心积极响应、率先行动，采用线上线下相结合的方式教老人学用智能手机，提升老年人智能技术水平，弥合信息化带来的“数字鸿沟”。

“我们在教老人的过程中也发现，许多老人在学习智能手机时，会不断自我否认，陷入‘习得性无助’。从与他们的交流中我们可以明显地感到他们非常渴望自己会用，但同时因为对智能手机不熟悉、学过的内容很快就忘记等原因，他们又会给自己心理暗示：我老了，智能手机是年轻人用的。”中益的工作人员说。

在梳理老人不会用、不能用的常见问题后，中益的工作人员针对老年人在使用智能手机中经常遇到的问题和困难，录制了“教老年人‘玩儿转’智能手机”线上课程，课程内容涵盖了手机基本应用、微信常用功能、智慧出行、生活缴费、预约挂号等方面。视频采用讲解演示的教学方式，通俗易懂，非常适合自助学习。打开微信公众号就可以一键收听，方便快捷，忘记也没有关系，可以反复收看。据悉，中益中心还将继续拓展丰富线上教学内容，将助老课程应用到老人生活的方方面面。

（二）问题及成因

智慧助老说到底是要以人文关怀的温度软化、融化科技的“硬度”，以高质量的服务换取老年人的获得感。一方面，要让老年人在办事时，既可以线上办，也可以线下办，还可以线上线下融合办，而且都能办得简单、办得舒心；另一方面，应注重用科技的手段破解科技带来的问题，通过“数字反哺”更好地融入数字化时代。智慧助老行动成绩斐然，但也暴露出一些深层次问题。

1. 标准规范缺失

一是涉老智能产品的技术标准不健全、不统一，导致在产品使用上接口不匹配、信息不互联等。二是涉老智能产品应用、基于智能产品的服务规范等标准化程度低。三是涉老智能产品及服务的监管政策规范缺失，导致老年人使用涉老智能产品及服务的实际效果较差，没有真真正正地得到政策实惠和生活便利。

2. 宣传推广力度不够

老年人并不真正了解智慧助老服务，而在其他没有宣传和推广智慧助老的地区估计了解程度会更低，通过对助老服务中心工作人员和老年人的访谈得知，其原因在于有的老年人对了解智慧助老服务的兴趣不大；有的担心智慧助老服务是推销产品，害怕上当受骗；有的因为文化水平低的原因，搞不懂智慧助老服务是什么；还有的老年人因为行动不便，获取不到相关信息。

3. 适老化应用产品偏少

涉老智能产品的设计没有完全契合老年人的实际需要，大部分产品并没考虑到老年人的使用场景和个人习惯，往往学习起来非常复杂，老年人很难操作，导致老年人最终产生抵触情绪而放弃继续学习使用，造成了资源浪费。

4. 产品和服务价格偏高

智慧助老服务及产品的价格相比传统助老服务和产品要高，会增加老年人的使用成本，一些老年人望而却步。通过对助老服务中心工作人员和老年人的访谈得知，老年人还担心提供助老服务的智能产品存在安全隐患、技术不够成熟等问题。

5. 缺少人文关怀

智慧助老的过程人文关怀也不能缺位。智能科技虽然可以帮助老人解决许多生活上的困难，但是许多产品设计没有充分考虑老人的生活习惯和使用能力，导致老人不会用、不愿用。要解决这一问题，必须从源头上做到以老年人为本、注入人文关怀。智能技术再怎么发展，人才是最终的服务对象。高科技与老年人并不冲突，智能化也不是去老人化。如何换一种方式，帮助老年人在智能时代拥有更多的获得感、幸福感，值得我们认真思考。

6. 经费保障不足

智慧助老行动开展以来，虽然各级政府和相关机构都投入了大量资金，但是政府提供的资金占总支出的比重并不大，应鼓励社会各界加大对智慧助老服务的资金投入，还需要加大对老年人使用智能技术设备的补贴力度和范围，使更多老年人从中受益。

三　几点建议

智慧助老行动是一项惠及亿万老年人的民生工程，需要政府、社会、企业各司其职、发挥作用，更需要老年人及其家庭积极参与，形成强大社会合力，才能真正使智慧助老行动取得成效。

（一）政府要精准施策

社会的进步及人们生活水平的提高，使老年人的需求也随之不断变化，不同年代不同年龄阶段的老年人需求有所差异。相关部门要坚持以人为本的智慧助老服务理念，更加主动关注老年群体的实际需求，深入了解老年人对美好生活的期待，从实际情况出发，提供更丰富的服务内容、更完善的服务体系。另外，相关部门还应该利用智能大数据技术，整合、分析并预测老年群体的需求倾向，从而提供更加精准的智慧助老服务。更重要的是，要注重将科学技术和现有的助老资源整合，解决传统助老模式中效率低、成本高的问题，进而缓解供应和需求不匹配的矛盾。

信息化和大数据是智慧助老的主要优势之一。基于目前的行业发展水平，智慧助老行业重点需要解决的问题是如何对分散且海量的数据进行挖掘和处理，从而精准分析老年人的需求，提供高水平、高质量的助老服务。

综合为老服务中心作为最接近老年群体的一个终端，需要发挥作用。一方面，要完善智慧助老数据库的建设，整合分散、零碎的数据，在数据库中进行统一处理和储存，为大数据分析提供基础；另一方面，要积极打通各部门的联系，实现信息共享，同时对数据信息进行分类，提炼出不同老年人的需求，帮助科技企业设计更多适老化智能设备，不断完善智慧助老模式。

目前，政府提供的智慧助老服务仍局限于生活照料、医疗康复等服务。对于心灵慰藉、智慧社交等能够丰富老年人精神生活的服务却鲜有涉及。当务之急是积极拓展智慧助老服务内容，做到物质服务和精神服务协调供给。另外，由于不同特征的老人需求不一，大数据、互联网等技术又有提供“千人千面”服务的优势，因此为不同老年人提供个性化的服务应当成为未来拓宽智慧助老服务内容的一个目标。对于低龄、身体健康、自理能力良好的老人应更多注重其娱乐和社交方面的需求，开展一系列可以拓宽老年人交际范围的活动，提升心理咨询、精神慰藉等活动的智能化水平。同时与相关企业达成合作，利用科学技术为缺少陪伴的老年人提供关爱服务，让他们感受到更多的温暖。对于身体情况不佳、中高龄的老年人，应该更加注重医疗健康方面的照料和日常生活护理。比如智能清洁、一键呼救、定时身体健康检查与护理等方面的服务。总之，智慧助老服务应该对不同情况不同年龄段的老年人提供更加多层次、个性化的服务。相关部门还应该积极聆听老年人的回应，根据老年群体的反馈查漏补缺，争取提供更高层次、更优质的智慧助老服务。

政府应该拓宽宣传途径，加大宣传力度，通过报纸、宣传栏、电视、电子屏幕等老年人可以接触到的传统途径来宣传智慧助老，使老年人更加了解智慧助老服务的优越性，从而对智慧助老服务产生向往。另外，可以通过新媒体提高老年人对智慧助老服务内容和产品的知晓度。也可以让年轻人在了解智慧助老服务后向父母传达智慧服务的理念，消除老年人对智慧助老服务和新兴智能产品的抵触情绪。

相关政府部门要加大对老年群体的扶持力度。例如，完善老年群体智慧助老服务的补贴制度，针对特殊老人可以适当提供免费的智慧助老服务，根据实际情况加大智能助老产品的优惠力度，从而使更多老年人能够接受智慧助老服务，并从中受益。

（二）企业要提供优质服务

相关企业是智慧助老服务的中坚力量。随着人民生活质量提高，老年人更加重视助老的质量，建立、推广智慧助老服务品牌，有利于老年人选择和识别智慧助老服务及其产品，从而认可智慧助老服务，这对提升我国智慧助老服务及其产品的质量、建立高规格的行业标准大有益处。目前，我国已经形成一批智慧助老服务的品牌，形成了良好的市场氛围和社会影响，也给老年人提供了更多的选择。应当继续重视智慧助老服务品牌的建立与推广，关注品牌效应所带来的社会效益。

老年人智慧助老需求的不断增长，直接驱动了助老服务的发展，带动了助老服务产业的转型升级。智慧助老服务及产品相对于传统助老服务来说，其服务范围更广、服务内容更加丰富。智慧助老服务及产品的提供应当把满足老年人的需求作为立足点。在未来的生活中，老年人的需求会随着科学技术不断进步、社会生活方式不断改变而发生变化，应始终以需求驱动助老服务业的发展，提升助老服务产业的质量和水平。

（三）社会工作者要发挥专业作用

智慧助老本质上是满足老年人需求的一种服务，这与社会工作“以人为本”“助人自助”的理念异曲同工。社会工作者在智慧助老服务过程中能够发挥专业独特优势，帮助解决供需失衡问题。首先，社会工作者在智慧助老服务过程中可以承担“助老顾问”的角色，运用专业服务方法与老年人建立专业关系，从而发挥专业优势来引导老年人主动学习科学技术知识、了解智能设备的应用。其次，社会工作者的加入有助于细分老年人个性化需求。社会工作者的服务一般通过面对面的形式开展，社会工作者可以在其服务过程中挖掘老年人潜在需求，发现智慧助老服务过程中的问题，并将这些结果反馈到服务中心，填补数据方面的空白，从而使老年人的需求可以得到针对性满足。

（四）社会力量要积极参与

随着年龄的增加，大多数老年人学习能力逐渐变差，加上受多年来形成的固有思维模式的限制，许多老年人对于新兴的智能化、数字化的生活模式接纳力较差。街道社区可以定期举办信息技术教育活动，开展更多能和老年人密切接触交流的活动，加强老年人对智慧服务相关内容的认知，使更多老年人了解智慧助老，从根本上消除老年人对智慧助老产品的距离感，从思想层面上接受智慧助老服务。

相关部门还可以与社会组织达成合作，定期开展信息技术讲座，增强老年人对信息技术等新鲜事物的接受能力。公益组织要积极开展公益性智慧助老活动，组织更多有耐心的志愿者深入社区为老年人使用智能产品答疑解惑，进行针对性的指导。

智慧助老行动对专业技术要求较高，应用大数据、云计算等互联网技术离不开专业人才的参与。一方面，政府部门应当鼓励和倡导职业院校和教育机构开设相关专业，在已有的助老服务专业增设智慧助老、计算机科学与技术、大数据等课程。也要注重相关学员实践能力的培养，鼓励他们进入基层参加专业实习。另一方面，对已有的助老服务人员进行职业培训，加强他们对智慧助老相关理念和技术的了解，鼓励他们参与智慧助老服务。

智慧助老服务还需要构建多元化的服务队伍，比如生活照料类服务中需要家政人员、厨师、派送员、食堂服务人员等，医疗护理服务中需要医生、护士、护理员，精神慰藉服务中需要心理咨询师、社会工作者，等等。当前助老服务行业受劳动力结构性短缺影响较大，助老服务相关人员整体少、流失率高。这与该职业社会地位和薪酬水平低、职业认同感不高有关。相关部门应该出台相关政策以提升助老服务人员的薪资待遇、增强他们的职业认同感，从而助推助老服务专业化队伍建设。

四　结语

我国已步入人口老龄化快速发展阶段，老年人对智能技术及应用的需求将更加迫切，智慧助老在未来有更广阔的发展前景和更强的生命力。目前，我国已经形成智慧助老服务体系雏形，在全国的主要城市已形成一定的氛围，地方政府也正在落实国家政策部署，有些试点城市的政府已经出台相关举措，这对未来智慧助老服务的完善将起到极大的推动作用。但智慧助老服务不是单一固定的某种形式，而是多种形式相互结合、互相贯通的生态圈。在这种智慧助老生态圈里，各个相关体都互相智能响应，以实现资源优化配置、实现智慧助老行动高质量发展。

我国老龄产业政策创新的发展方向

李志宏　李芳云*

摘　要： 近年来，我国老龄产业相关的政策陆续出台，对老龄产业发展起到了重要推动作用。然而，与发达国家相比，我国老龄产业政策仍存在顶层设计缺位、政策结构不合理、内容不健全、政策扶持力度偏弱、产业政策特征不充分、政策的融合度不够、政策实施机制有待完善等问题。随着老龄产业的发展，我国要明确新发展阶段老龄产业政策的定位，从老龄产业结构政策、产业组织政策、产业技术政策、产业要素保障政策、产业需求侧政策、产业监管政策等多个方向精准发力，加强产业政策体系的顶层设计和中长期规划，提升老龄产业在国民经济产业结构中的地位，使其成为我国的支柱性、战略性产业。

关键词： 老龄产业　政策演变　政策创新

一　老龄产业政策的内涵、特征和演变

（一）老龄产业政策的内涵和特征

老龄产业政策是指国家权威部门制定并组织实施的旨在鼓励和规范老龄产业

* 李志宏，北京大学社会学博士，中国老龄协会政策研究部原主任，中国老龄协会事业发展部主任；李芳云，中国老龄协会政策研究部三级主任科员。

发展的一系列政策的总和，是国家产业政策的重要组成部分，具有产业政策的共同特征，从属于老龄政策。不同于一般的产业政策，老龄产业政策的特征主要体现在以下几个方面：一是综合性。由于老龄产业涉及发改、财政、税务、民政、卫健、文旅、体育、工信、住建等多个部门的管理职能，老龄产业政策的制定和执行具有综合性的特征。二是复杂性。鉴于老龄产业由多个具体产业组成，是产业的集群，每个产业又可以细分为多个具体行业，而且这些产业和行业之间彼此关联，政策对象的多元化也导致产业政策的复杂性。三是鼓励性。在人口老龄化不断深化的背景下，老龄产业既属于战略性新兴产业，同时也属于“弱质产业”。从“鼓励性”和“限制性”功能取向上看，政府通常把发展老龄产业作为积极应对人口老龄化、调整产业结构的重要举措，对老龄产业持积极态度，出台的政策以扶持或引导为主。

（二）老龄产业政策的相关理论依据

老龄产业政策需要处理好“市场决定作用”和“政府主导作用”之间的关系。政府及其相关部门是产业政策的主要制定者，与政府出台老龄产业政策紧密相关的支持性理论如下：一是“市场失灵”理论。该理论认为市场机制不能解决所有的经济问题，譬如无法解决公共物品的供给、外部性、信息不对称等问题①。当前，我国老龄产业的产出有相当一部分属于准公共产品，加上老龄产业发展初期实现盈利比较困难，“市场失灵”在老龄产业领域的表现也比较明显，需要政府对从事老龄产业的市场主体给予政策扶持。二是“保护幼稚产业”理论。该理论主张对当前还不成熟、经不起外国同类产业竞争、对本国经济发展有重要作用的产业，采取适当的保护性政策进行扶持，进而提高其国际竞争力②。在人口老龄化成为全球性趋势的时代背景下，老龄产业在国家间的竞争必然加剧。我国老龄产业与发达国家相比，起步晚，仍处于成长期，相关企业与国外老龄企业实力悬殊。在这种情况下，需要对老龄产业进行扶持和保护，进而维护这一朝阳产业的安全发展。三是后发优势理论。该理论认为，后发国家可以通过引进发达国家的先进技术、借鉴发达国家的成功经验，以较低的成本和较高的成功

① 李俊生、姚东旻：《财政学需要什么样的理论基础？——兼评市场失灵理论的“失灵”》，《经济研究》2018 年第 9 期。

② 郁郁、刘为：《保护幼稚产业理论与战略性贸易政策理论比较》，《沈阳大学学报》2004 年第 5 期。

率来推动技术变迁和产业结构升级，同时具有劳动力成本较低的优势[1]。在人口老龄化加剧的背景下，我国可以充分借鉴先发老龄化国家的技术、经验、模式，结合我国后发优势制定战略赶超型老龄产业政策，实现弯道超车。四是产业集群理论。该理论认为，产业集群是在某一特定领域（通常以一个主导产业为主）中，大量产业联系密切的企业以及相关支撑机构在空间上集聚，并形成强劲、持续竞争优势的现象，产业集群能够形成细化产业分工、凸显区域产业特色、优化产业结构、减少产业组织内损耗、降低交易成本等竞争优势[2]。与一般产业相比，老龄产业的产业链更长，集群发展的特征更为明显。因此，在制定老龄产业政策时，要注重对产业中各要素的关系进行研判，充分发挥产业集群在促进老龄产业体系高效运行中的作用。

（三）我国老龄产业政策的演变脉络及特征

1. 2000~2012年：老龄产业政策处于萌芽发展阶段

此阶段，完整意义上的老龄产业及老龄产业政策的概念逐步出现在国家关于老龄事业的发展规划中。同时，在具体产业细分领域，以养老服务业为主的产业政策出台最多。国务院印发的《中国老龄事业发展“十五”计划纲要》提出“大力推进老年福利事业社会化、产业化和法制化进程。在坚持政府主导，加大对老年福利事业投入的同时，要充分运用市场机制，动员社会各方面力量广泛参与。计划、财政、工商、税务、物价、国土、建设和民政等部门要制定优惠扶持政策，鼓励社会团体、民办非企业单位、私营企业和国内外人士投资老龄事业，发展老年产业，满足不断增长的老年群体对设施、产品与服务的需求”。该计划纲要中首次出现了“产业化”“老年产业”等表述，也意味着老龄产业政策开始萌芽。全国老龄工作委员会印发的《中国老龄事业发展“十一五”规划》正式提出“老龄产业”的概念，并从政策扶持、养老服务业、老年用品和老年服务产品、老年消费、人才培养等5个方面对我国老龄产业的发展进行部署，标志着我国老龄产业政策在实践层面开始起步。国务院印发的《中国老龄事业发展“十二五”规划》正式提出“老龄产业政策”概念，并在完善老龄产业政策，促

① 陈刚、高扬敏：《后发优势、产业升级和发展中国家的经济增长——论后发优势对经济增长的间接作用》，《经济研究导刊》2009年第5期。

② 刘芬、邓宏兵、李雪平：《增长极理论、产业集群理论与我国区域经济发展》，《华中师范大学学报》（自然科学版）2007年第1期。

进老年用品、用具和服务产品开发，发展老年旅游服务，加强市场监管和行业自律等方面做出明确安排，意味着我国老龄产业政策实践得到进一步拓展。从三个五年计划/规划的政策文本对老龄产业政策的表述来看，从“老年产业”到“老龄产业”再到“老龄产业政策”的变化，意味着我国对老龄产业的重视程度的逐步提高、认识不断深化。同时，这一时期，以养老服务业为主的老龄产业政策陆续出台，比如，2006 年 2 月，国务院办公厅转发全国老龄委办公室、国家发展改革委等部门《关于加快发展养老服务业的意见》，提出“发展养老服务业要按照政策引导、政府扶持、社会兴办、市场推动的原则，逐步建立和完善以居家养老为基础、社区服务为依托、机构养老为补充的服务体系。要建立公开、平等、规范的养老服务业准入制度，积极支持以公建民营、民办公助、政府补贴、购买服务等多种方式兴办养老服务业，鼓励社会资金以独资、合资、合作、联营、参股等方式兴办养老服务业”；2012 年 7 月出台的《民政部关于鼓励和引导民间资本进入养老服务领域的实施意见》（民发〔2012〕129 号），鼓励民间资本参与居家和社区养老服务、举办养老机构或服务设施、参与提供基本养老服务、参与养老产业发展等。

2. 2013 年至今：老龄产业政策密集出台

2013 年是老龄产业的发展元年，从这一年开始，关于老龄产业的政策密集出台。除了《“十三五”国家老龄事业发展和养老体系建设规划》《“十四五”国家老龄事业发展和养老服务体系规划》对老龄产业进行部署之外，各部门和地方政府密集出台相关扶持政策，党的十八大以来各级政府出台的发展老龄产业的相关政策文件超过 300 项①。在这一阶段，老龄产业各子产业的相关政策不断出台，从以养老服务业为主要内容向老龄文化产业、老龄健康产业、老龄金融产业、老龄宜居产业、老龄制造业扩展，改变了过去基本上只有老龄服务业政策、其他子产业政策几乎空白的状态②。例如，在老龄健康产业领域，先后印发《关于促进健康服务业发展的若干意见》（国发〔2013〕40 号）、《“健康中国 2030”规划纲要》、《促进健康产业高质量发展行动纲要（2019—2022 年）》等政策文件；在老龄金融产业领域，出台了《关于金融支持养老服务业加快发展的指导意见》（银发〔2016〕65 号）、《关于加快发展商业养老保险的若干意见》（国办

① 党俊武：《新时代中国老龄产业发展的形势预判与走向前瞻（上）》，《老龄科学研究》2018 年第 11 期。

② 杨晓奇：《我国老龄产业政策的现状、问题及其完善建议》，《老龄科学研究》2022 年第 8 期。

发〔2017〕59 号）等指导性文件。老龄产业政策在这一阶段也呈现了一些新特征，包括更加注重需求导向、健康服务、协同发展、跨界融合、科技支撑、质量效益等①。

二 我国老龄产业及产业政策存在的问题

（一）我国老龄产业高质量发展面临六大难题

1. 顶层设计缺位

对处于成长期的老龄产业而言，完善的政策规划以及标准规范是促进其有序、健康发展的必要条件。当前，我国老龄产业的专项规划、标准规范相对缺位，成为制约老龄产业高质量发展的重要因素。一是缺少老龄产业发展专项规划。从进入老龄化社会以来，我国已经连续制定五个国家层面的老龄事业发展五年规划。然而至今，我国尚未出台老龄产业专项发展规划，老龄产业的相关政策也散见于多个细分领域的政策文件中。因此，解决老龄产业发展缺乏总体性、长远性的政策规划引领问题迫在眉睫。二是老龄产业相关的标准规范不足。老龄产业涉及多个领域、多个行业。从我国现有的老龄产业标准规范来看，无论是国家层面，还是地方层面的探索，多集中在老龄服务行业，老龄用品、老龄金融、老龄宜居产业等领域的标准规范很少，甚至是空白。

2. 潜在需求有待转化为有效需求

有效需求是老龄产业发展的最重要驱动因素。从老年人口数量来看，我国老年人的潜在需求庞大，但受到收入水平较低、消费意愿偏低、保障制度不健全等因素制约，我国老年人的有效需求有待进一步激发。一是养老金水平偏低。当前我国三支柱的养老金制度体系尚不健全，第一支柱的基本养老金仍是老年群体的主要收入来源，但保障水平不高。2021 年，企业退休人员月人均养老金 2900 元，替代率已不足 50%；城乡居民养老保险月人均养老金仅为 179 元②。现有的养老金水平难以支撑老年群体从市场上购买相应的产品和服务。二是消费意愿偏低。当前，我国大多数老年群体出生成长于新中国成立之初以及高积累、低消费的计划经济时

① 吴玉韶：《从老龄政策看产业发展新趋势》，《中国社会工作》2020 年第 2 期。

② 人力资源和社会保障部网站：http：//www. mohrss. gov. cn/SYrlzyhshbzb/dongtaixinwen/buneiyaowen/rsxw/202205/t20220524_ 449733. html。

代，沿袭了勤俭节约的生活习惯。同时，受到我国传统文化的影响，老年群体更倾向于将自己的积蓄用在后代身上，导致老年群体自身对养老服务、老年用品等消费意愿不强。三是相关制度对消费的激发作用较弱。以失能老年群体的长期照护服务需求为例，由于我国长期护理保险制度仍在试点阶段，全国统一的长期照护保险制度尚未建立，以致有需求的老年人因为缺乏制度性的经费支撑，无力负担高昂的照护服务费用，潜在消费需求得不到释放。

3. 供给结构失衡

当前，我国老龄产业发展尚不成熟，老龄产业的供给结构在多个维度都呈现失衡状态。从宏观角度看，与老年群体潜在的庞大消费体量相比，老龄产业在国民经济中的比重、老龄产业产值占 GDP 的比重偏低。从中观角度看，老龄产业内部的子产业之间发展不均衡。按照六大类的划分方法，老龄产业包括老龄服务产业、老龄用品产业、老龄宜居产业、老龄金融产业、老龄文化产业和老龄健康产业等六个子产业。而现实情况是，老龄服务产业“一支独大”，其他五个子产业尚处于初步发展阶段。此外，作为老龄服务产业主要构成部分的养老服务产业供给侧也呈现结构性失衡的局面，例如，机构养老服务的市场化程度较高，居家社区养老服务的市场化程度较低。从区域平衡发展的角度看，我国老龄产业受到区域之间老龄化程度不同、经济发展水平存在差距等因素影响，各地政府对老龄产业的关注度、重视程度、扶持政策不同，导致不同区域的老龄产业发展存在较大的差异性。

4. 市场供给不足

当前，我国老龄产业市场主体整体上呈现“小、散、乱、弱”的特点，老龄产业市场集中度低，缺少可以引领市场的龙头企业。与庞大的市场需求规模相比，市场供给有限，市场还有待进一步激活、培育，主要表现在：国内产品制造企业尚未充分意识到适老化产品的市场价值，生产的老龄用品十分有限；老龄金融产品的种类与发达国家相比，开发不足、与老年期的实际需求结合不充分，存在金融产品普及度低、市场知晓率低、接受度不高等问题；在老龄地产方面，产业生态链尚未形成，存在“重地产，轻服务”等问题，高品质的供给较少等。上述问题的出现，既与老龄产业自身的特点有关，也与政府部门的作用发挥不充分相关联。一方面，受到老年人的支付能力、消费观念等因素影响，老年群体尚未产生规模庞大的有效需求，加上老龄产业投资周期长、盈利点低等特点，导致很多企业处于观望状态。另一方面，我国政策规划的引导、扶持力度不够，尚未充分激发社会资本参与老龄产业的积极性。

5. 自主创新能力弱

在老龄产业几大类别中，老龄用品产业是最需要自主创新的产业。然而，该产业自主创新能力与发达国家相比存在较大差距。一方面，产业科技创新能力相对滞后。当前，我国自主研发生产的老龄用品市场占有率偏低，主要表现在：在关键的零部件、芯片、算法等方面缺乏自主知识产权；助听器、功能性轮椅、假肢、康复机器人等常用老龄用品中，中高端产品的专利大多为国外企业所有，国内老龄用品制造企业仍处于跟随、仿制阶段。上述现象出现的原因，包括我国对知识产权的保护力度不够，没有形成促进企业进行自主创新的良好氛围，政府用于老龄用品研发的资金投入不足，企业难以承担自主研发所需的投入成本等。另一方面，老龄用品的数字化、信息化程度不高。现有市场主体对老龄用品的数字化、信息化研发投入不够，尚不能做到精准匹配不同层次老年人的实际需求。例如，一些产品只具备简单的数据展示、对接功能，无法满足老年人对数据监测的特殊需求。

6. 核心要素保障缺失

老龄产业在发展中面临着缺钱、缺人、缺地的问题。一是面临着资金短缺的问题。目前，我国财政税收政策对老龄产业发展的支持力度总体不够，虽然在税收优惠、建立产业发展资金、发行地方国债、政府和社会资本合作的投融资模式等方面进行了相关的政策探索，但政策集中在面向老龄服务产业领域，老龄用品产业、老龄金融产业、老龄宜居产业等其他产业领域的相关财政税收支持政策比较缺乏①。二是高素质的人才队伍不足。以养老服务业人才供需矛盾为例，受到工资待遇低、社会地位低、职业晋升机制不完善等因素影响，养老服务行业存在专业人才“留不下”“留不住”等问题，养老护理员存在巨大缺口。三是存在拿地难、用地贵等问题。虽然近年来，我国在政策文件中对老龄产业，主要是养老服务业的土地供应方面出台了相关的政策规划，但因为一些政策规定过于原则，以及一些地方政府对老龄产业重要性的认识不足等因素，政策的落地性较差，企业在获得土地方面仍存在困难，土地租金在企业经营成本中的占比依旧很高。

（二）我国老龄产业政策存在的问题

1. 认识存在误区、产业政策的口径和范围亟待厘清

当前，对老龄产业的认识还存在一些误区，这也导致老龄产业政策的范围有

① 杨良初、王敏、孟艳：《促进中国老龄产业发展的财政政策研究》，《财政科学》2016 年第 12 期。

待进一步明晰。一是老龄产业的范围有待进一步界定。老龄产业不是一个独立产业，而是产业集群。老龄产业是与老年人特殊需求对应的产业，并非老年人使用的市场化供给的产品和服务都属于老龄产业，老龄产业不能泛化。因此，老龄产业政策也不同于一般的“产业政策”，而是规范和扶持老龄产业发展的政策集合，大而化之地讲产业扶持政策，对推动老龄产业的发展意义不大，也难以落地。二是对老龄产业性质的认识有待进一步提高。老龄产业属于朝阳产业，但是也属于弱质产业。老龄产业属于弱质产业主要表现在：服务对象人群实际购买力较低，有效需求相对不足；老龄产业资金回收慢、盈利水平偏低；老龄产业的特殊产品和服务市场交易信息不对称，供需双方交易能力不对称，开发与销售的渠道不畅，实现老龄产品和服务专业化经营的困难较多；老龄产业发展对政府的社会福利事业的依附性明显；老龄产业中的老年护理服务业人员素质偏低、从业人员队伍不稳定；老龄产业中的养老院等机构存在类似“医患纠纷”的经营风险等①。三是老龄产业的产出性质有待进一步明确。在目前这个阶段，老龄产业的产出不完全是私人产品，还包括准公共产品。对于产出为私人产品范畴的老龄产业，可以引入市场机制，规范市场，依靠社会资本有序投入和充分竞争实现稳定发展，政府的作用在于提供必要的产业公共服务，进行有效规范的监管，保障消费者的权益；针对老龄产业中的“准公共物品”行业，则需要根据各分类行业特点，出台财政补贴、税收优惠、风险补偿、引导基金等方面的扶持政策，提高社会资本参与的积极性，促进其快速发展②。对上述三个方面的问题，无论是产业主管部门，还是实业界和理论界人士都未达成共识。

2. 老龄产业政策构成存在的问题

总体而言，当前我国的老龄产业政策实践滞后于产业发展的需要，从老龄产业政策的构成来看，我国老龄产业政策存在较为突出的内容不健全问题。除了缺乏全国层面的老龄产业发展政策规划外，各子产业领域的政策数量也不均衡。虽然近年来，我国老龄产业的政策从老龄服务业向其他领域拓展，但从老龄产业政策在各个子产业的分布来看，主要集中在老龄服务产业和老龄健康产业领域，老龄用品产业、老龄宜居产业、老龄金融产业和老龄文化产业的扶持政策较少，也导致这些类别产业相较于老龄服务产业发展相对滞后。此外，产业政策体系自身

① 郭正模、魏宇菲：《老龄产业的弱质特征与政府对老龄产业的扶持政策探讨》，《天府新论》2014 年第 3 期。

② 杨良初、王敏、孟艳：《促进中国老龄产业发展的财政政策研究》，《财政科学》2016 年第 12 期。

内容存在缺项。产业政策体系一般包括产业发展政策、产业结构政策、产业组织政策、产业布局政策。从现有产业政策来看，我国的产业政策体系仍以产业发展政策为主，产业结构政策、产业组织政策、产业布局政策相对缺失。同时，由于研究深度不够和认识的局限性，老龄产业发展政策中的贸易政策、技术政策等内容，尚未受到政府相关部门的重视。

3. 政策扶持力度偏弱

我国针对老龄产业发展整体上还缺乏实质性优惠扶持政策，现有的扶持政策力度偏弱，且一些扶持政策存在缺乏公平性、选择赢家的问题。一是老龄产业政策的效力等级偏低。当前，我国老龄产业政策以“意见”类、“通知”类等规范性文件为主，尚未上升到法律、行政法规、部门规章等高效力的政策层面。老龄产业政策效力不足、缺乏权威性，导致其贯彻落实比较困难。二是对民营企业的扶持力度不够。虽然我国各级政府不同程度地制定了推动老龄产业发展的扶持政策，但面向民营企业的扶持力度偏弱。以养老服务业为例，我国现有的扶持政策倾向于非营利性的养老机构，面向营利性质养老机构的扶持政策十分有限，加剧了养老服务市场的不公平竞争。除了不能享受同等的扶持政策外，既有的扶持政策还存在补贴少、落实不力等问题。三是对我国老龄产业的保护不足。发达国家的老龄产业发展相对成熟，在开放的市场条件下，很容易对我国国内市场产生挤占效应。当前，我国缺乏关于国外企业进军我国老龄产业市场的限制或规范政策，对国内老龄产业的保护力度不够。在国际产业竞争加剧的背景下，我国老龄产业发展安全尚待引起更大重视。

4. 产业政策的特征不充分

当前，我国老龄事业和产业政策的边界模糊，政府和市场之间存在张力，市场友好型的产业政策亟待强化。一方面，对老龄产业政策的性质认识不清晰。从理论上看，老龄产业政策同政府推动老龄事业发展的政策有着本质区别。但现实情况是，我国关于老龄产业和老龄事业政策的边界不清晰，一些老龄产业的政策仍嵌在老龄事业的政策规划中。在具体实践中，一些地方在制定老龄产业政策时，把推动老龄事业发展的政策举措简单机械地套用在老龄产业发展上，缺乏产业的视角和思维，政策举措仍然是传统的财政、税收、土地、人才等政策内容的简单罗列，没有体现老龄产业的属性和要求。此外，还存在中央和地方之间、区域之间因为相互参照借鉴带来的老龄产业政策“上下一般粗，左右皆相似”问题，进而忽视了不同地区之间的差异性、资源禀赋和比较竞争优势。另一方面，老龄产业政策对经济手段的重视不足。当前，我国老龄产业政策仍倾向于使用行政手段，在利益诱导、产业发展环境营造等方面的经济手段相对缺位，“市场友好型”的产业政策亟待出台。

5. 政策的融合度不够

目前，中央和地方、各部门出台的老龄产业政策融合度不够，部分政策之间相互矛盾甚至抵触，尚未实现功能耦合，没有形成促进老龄产业发展的政策合力。一是中央和地方的政策不协调。比如，一些地方允许养老机构用土地使用权、房产办理抵押贷款的实践与上位法关于养老机构的土地使用权、设施不得抵押的规定相冲突。二是不同部门出台的政策之间不协调。比如，多个政策文件提倡个人举办家庭化、小型化的养老机构，但这些小型养老机构往往因为不符合现有的消防安全规定、缺少相关部门的建设规划批文等，难以达到验收条件。同时，现有的补贴、优惠政策多是针对床位数量较多的大型养老机构，面向小型养老机构的扶持政策缺乏。

6. 产业政策实施机制有待完善

从现有产业政策的实施情况来看，部分政策趋于空转，落地性较差。一方面，政策文本本身存在问题。一个好的产业政策应当有具体、明确、操作性强的政策目标。然而，我国一些老龄产业政策文本缺乏清晰的政策目标。此外，一些政策举措多为倡导性、原则性的要求或条款，缺乏专项的配套措施或实施办法，总体上可操作性不强。另一方面，缺乏强有力的实施机制。老龄产业政策涉及多个部门，缺乏明确的牵头单位，部门之间的协调联动机制尚未建立，导致部门之间存在职能交叉、权责不清的问题，政策落实的协调难度较大。同时，老龄产业政策的实践重视前端的政策制定，对后端政策贯彻执行的情况关注不够，缺乏常态化的督促检查和政策评估机制，导致一些政策束之高阁，没有发挥应有的作用。

三　我国老龄产业政策的发展方向

（一）关于我国老龄产业政策的发展方位

总体而言，参照国际上老龄产业的发展经验，我国老龄产业仍处于由成长期向成熟期过渡的阶段。参照发达国家的经验，老龄产业可以根据人均 GDP 水平划分为不同的阶段：在人均GDP低于8000美元时，老龄产业兼顾社会福利与保障属性，处于产业生命周期的“投入期”；人均GDP在8000~13000美元时，老龄产业迈入“成长期”，“骨干领头企业”的出现成为本阶段的最大特征；人均GDP在13000~24000美元时，老龄产业逐渐迈入成熟阶段，大型骨干领头企业逐渐形成自我独立供应体系，产业供给在规模总量上不再增长，而是注重整体质量的提升，业态多元化创新和融合发展成为显著特征；人均GDP高于24000美元时，老龄产业进入稳定期，产业集中度高，开始出现寡头企业的强强联盟，行业竞争趋于稳定，供给结构分化逐渐清晰。从以上划分来看，当前，我国老龄产业发展仍处于“成长期”。在此阶段，产业政策完善和市场需求培育是驱动老龄产业由成长期迈入成熟期的两个基本杠杆。因此，政府部门在制定老龄产业政策时，要注重老龄事业和产业的协同发展，既防止出现过度市场化，也要避免出现“福利陷阱”。在老龄产业市场培育中，也要根据老龄产业的产出属性分类施策。“十四五”时期，对需要优先发展的私人产品类的产业，可以引入市场机制，依靠社会资本有序投入和充分竞争实现产业化、可持续发展；对于准公共产品类产业而言，多属于保本微利产业，需要政府进行多方面的扶持，方能调动社会资本投资的积极性①。

（二）我国老龄产业政策的发展方向

1. 老龄产业结构政策的发展方向

老龄产业结构政策是指政府制定的关于调整优化老龄产业结构的政策安排，其作用既包括使老龄产业在整个国民经济产业结构中的地位、比例合理化，也包括促进老龄产业各子产业、各行业协调均衡发展。未来补齐产业结构不合理的短板，需要从以下几个方面发力：一是加强对老龄产业发展的顶层设计和中长期规划，进一步明晰老龄产业在整个国民经济体系中的作用，提升老龄产业在国民经济产业结构中的地位，使其成为我国的支柱性、战略性产业。二是针对当前我国老龄用品产业滞后于老龄服务产业的现状，通过引导过剩产能流向老龄用品产业等措施，促进老年用品品种更加丰富、质量稳步提升、品牌效应逐步显现，进而实现老年用品产业和服务产业协调发展。三是推动城乡、区域基于各地的资源禀

① 李志宏：《把脉产业发展规律和属性　促进银发经济高质量发展》，《中国社会工作》2022年第14期。

赋和发展优势制定差异化的发展策略，实现老龄产业优势互补、协调联动发展。四是针对作为老龄产业主体的老龄服务产业，要结合老年群体的偏好和实际需求，推动居家社区机构养老服务业态之间协调发展，加快形成以普惠型养老服务为主体的供给结构。

2. 老龄产业组织政策的发展方向

老龄产业组织政策是政府部门为提高老龄产业的关联度而制定实施的促进产业组织结构优化的一系列政策总和，其功能包括提高产业市场集中度，促进扩大规模经济效益，推动中小企业健康发展，形成大企业主导、大中小企业协调发展的老龄产业组织形态。针对当前我国老龄产业市场主体活力不足的短板，应当从以下几个方面入手：一是提高产业集中度。推动老龄产业集聚集群集约发展，通过示范引领、鼓励合并收购等方式，加快培育一批老龄产业综合体以及竞争力强、影响力大的龙头企业。二是积极发展中小企业。引导中小企业充分发挥自身优势，加强与大企业的协作，走出一条专业化、精细化的发展道路。三是营造良好的外部发展环境。通过破除不利于社会资本进入的不合理规定、规范市场秩序等方式，为市场主体参与老龄产业营造更为友好的营商环境。

3. 老龄产业技术政策的基本方向

老龄产业技术政策是政府为推动老龄产业技术进步、加快老龄产业技术创新而制定的一系列政策措施。针对我国老龄产业自主创新能力弱、关键技术储备不足，高端产品被国外企业垄断的问题，我们需要从以下几个方面努力：一是强化老龄产业基础研究。加大对老龄产业研发经费的投入力度，实施一批研发类、制造类和应用类重大科技攻关项目，支持行业龙头企业联合高等院校、科研院所、行业上下游企业共建老龄产业创新中心、产业技术研究院。二是营造鼓励自主创新的社会环境。通过搭建产业技术公共服务平台、强化对知识产权的保护力度、出台企业技术创新的补贴优惠政策等举措，激发企业开展技术研发创新的热情。三是推动老龄产业与信息化技术融合发展。结合新基建，促进互联网、大数据、人工智能等前沿技术与老龄产业深度融合，加快老龄产业的技术升级。

4. 老龄产业要素保障政策的基本方向

老龄产业要素保障政策主要包含老龄产业金融、土地、人才政策，主要作用是为老龄产业的高质量发展提供资金、土地、人才等必不可少的要素保障。针对老龄产业面临的缺钱、缺地、缺人等三个“老大难”问题，相关的要素保障政策要从以下几个方面加以扶持：一是通过设立老龄产业投资引导基金、开发多种贷款抵押担保项目、发行债券等方式，为老龄产业提供多元化的融资渠道，解决融资难、融资贵问题；二是通过公建民营、细化落实配套建设养老服务设施要求、盘活利用存量资源、促进各类面向老年人服务的设施共建共享、在土地供应中增设商业养老用地科目等方式，解决拿地难、用地贵等问题；三是通过建立健全老龄产业经营管理人才、技术人才、技能型服务人才的培养、使用、评价和激励机制，提高社会认同感，促进劳动报酬合理增长等方式，解决“招不来、留不住”的用工难问题。

5. 老龄产业需求侧政策的基本方向

老龄产业需求侧政策是指政策部门为培育、引导和管理老年人的有效需求采取的政策举措。除了健全供给侧的老龄产业政策外，在需求侧破除消费观念以及支付能力的制约，也是完善老龄产业政策的当务之急。一方面，要破除消费观念制约。要合理引导老年群体对政府部门提供的养老保障和服务的预期，避免“吊高胃口”，加快培养老年群体的现代养老消费意识，使老年群体“愿消费”“会消费”。另一方面，要提高老年群体的支付能力。“保险+补贴”制度是培育老龄产业有效需求的基本制度安排。今后，我国要通过加快推进三支柱养老保险制度、建立覆盖城乡的长期护理保险制度、健全购买老龄产品或服务的政府补贴制度等方式，提高老年群体的支付能力，使老年群体“敢消费”，把老年群体的潜在需求转化为有效需求。

6. 老龄产业监管政策的基本方向

老龄产业监管政策对规范老龄产业市场秩序、维护老年群体权益、促进老龄产业高质量发展有着重要的作用。未来，加大对老龄产业的监管力度，要从如下几个方向发力：一是强化协同监管。建立健全部门之间监管老龄产业的协调联动机制，促进部门间信息互通、资源共享，形成协同共治的监管格局。二是丰富监管形式。综合运用标准规范引领、失信惩戒机制、“双随机、一公开”抽查机制等多种方式，提高对老龄产业的综合监管能力。三是包容审慎监管。当前，我国的老龄产业尚处于“成长期”，在监管过程中要注重监管的包容性，根据问题的性质分类处理，建立合理的容错机制，为社会资本参与老龄产业创造包容的发展环境。四是智能监管。充分运用互联网、物联网等技术手段，搭建智慧养老监管平台，加强对服务数据的收集和分析，促进监管手段的智能化，提升监管效率。

老年人家庭智慧照护发展报告

罗青云　鲍先泰*

摘　要： 老年人家庭智慧照护是以家庭床位智能化改造支撑的医养结合照护服务，具有紧急呼救、智能定位、健康管理、居家安全、智能看护等核心功能。近年来，在各级政府部门的推动下，老年人家庭智慧照护服务发展迅速，初步形成了构建标准化服务体系、精准化匹配服务需求、坚持亲情化服务理念、智慧照护与医养融合发展的良好态势。今后一个时期，智慧照护服务要针对家庭和社会认知水平及配合程度低、适老化改造和照护服务不规范等问题，进一步加大社会宣传和政策普及力度，提高老年人家庭的接受程度和全社会的参与热情；进一步加强规范化建设，着重在用语规范、台账规范、操作规范、安全规范、应急规范、售后规范六个规范上下功夫，满足老年人在家或社区享受智慧照护养老服务的愿望，切实增强老年人的获得感和幸福感。

关键词： 家庭照护　适老化改造　解决方案

一　引言

我国绝大多数老年人都向往在安全、便利、舒适的家庭环境里安享晚年。但

* 罗青云，上海嘉年乐电子商务有限公司董事长，华龄智能养老产业发展中心理事。鲍先泰，上海华龄涉老产业发展中心理事长，上海嘉年乐电子商务有限公司总经理。

是，出于历史和现实的各种原因，现阶段老年人家庭环境的适老化程度普遍较低，有相当多的老年人在家里跌倒受伤、残疾失能，甚至死亡。随着我国人口老龄化程度的不断提高，老年人家庭生活环境的适老化和家庭照护床位建设的需求日益突出。基于庞大的市场需求和政府政策的支持，上海嘉年乐电子商务有限公司致力于老年家庭适老化改造和老年用品用具的推广应用，搭建了“养老机构设施设备一站式供应平台”、“居家适老化改造综合服务”、“嘉年乐养老电商平台”、“微信小程序养老用品分销平台”、嘉年乐老年商城（www. jianianle. com）和华龄嘉年乐全球老年生活体验馆，形成养老基础设施设备全产业链的业务模式，全面展示和推广老龄产业的新技术、新产品、新业态和新模式，提升中老年人生活品质。嘉年乐也是中国老龄产业协会标准化与评价委员会发起单位、华龄智能养老产业发展中心理事单位，参与编制了《面向老年人的康复辅助器具租赁服务规范》《居家养老智能化系统技术要求》《居家适老化改造基本要求》《康养基地评价要求》《养老服务机构服务质量评价》团体标准等，为中国老年设施设备、用品用具产业的发展做出了积极的努力。

二　现实需求和政策背景

我国是有着几千年家庭养老传统的国家，绝大多数老年人都愿意选择居家养老。但是，老年人随着年龄的增长，其生理功能逐渐老化，对家庭和社区环境的适应能力迅速减退。因此，通过家庭适老化改造，为有需要的老年人提供家庭养老乃至护理床位，打造一个安全舒适的家庭生活环境，不仅是广大老年人实现居家养老的迫切愿望，也是我国各级政府的重要工作。

（一）老年人面临的困难和需求

人口老龄化和居住环境老旧化叠加，老年人安全问题非常严重，主要集中在：安全隐患多、缺少适老化设计、无预设性意识、无心理建设。大量事实证明，老年人在自己家里生活也并不安全。根据北京市相关部门统计，老年人意外跌倒的原因中居家环境因素占到 85%；老年人跌倒致残、丧失独立生活能力的比例高达 50%；老年人年龄越高，跌倒的风险越大，跌倒导致的死亡率也越高。我们在多个项目实施过程中对老年人及其家庭评估后统计的数据显示，“跌倒”已成为老人伤害致死的“第一杀手”（见表 1）。

表 1　家中潜在风险统计

单位：%

选项	占比
浴室使用障碍(窄、冷、暗、没扶手、进浴缸不便等)	14.4
卫生间使用障碍(冷、暗、没扶手等)	12.8
上下台阶困难	8.6
玄关处有段差,抬腿落腿困难	5.2
走廊、过道或楼梯没有可以抓握的地方	4.9
居室、浴室出入口有段差	4.6
门窗开关困难	4.6
有不方便扫除或扫除不到的地方	4.3
厨房使用障碍(洗手池高度不合适等)	3.1
走廊、过道或楼梯易滑倒	1.5

（二）国家立法和政策推动

从国际上看，早在 2005 年世界卫生组织就提出了老年友好环境的理念，并且在全球开展了老年友好型城市创建活动；2009 年，全国老龄委开始在全国开展“老年友好型城区”“老年宜居社区”“老年温馨家庭”三项创建活动；2011 年，国务院颁布的《中国老龄事业发展“十二五”规划》中首次提出了老年宜居环境建设的任务；2013 年，新修订的《老年人权益保障法》新设“宜居环境”一章，规定国家推进老年宜居住区建设，为老年人打造安全、便利、舒适的生活环境；2016 年，国家发改委、全国老龄办等 25 个部门联合印发《关于加快推进老年宜居环境建设的指导意见》。这一系列法律法规和政策措施的出台，为我国老年人家庭的适老化改造和家庭照护床位建设打下了坚实的基础。

“十三五”期间，民政部把家庭养老床位建设和居家适老化改造列为居家和社区养老服务改革试点重要任务；2020 年民政部等九部门联合印发《关于加快实施老年人居家适老化改造工程的指导意见》，要求采取政府补贴等方式，对特殊困难老年人家庭实施居家适老化改造，同时通过市场驱动和政策保障措施，引导有需求的老年人进行家庭适老化改造。2021 年，民政部、财政部确定在全国 42 个地区实施居家和社区基本养老服务提升行动项目，把家庭养老床位建设和居家适老化改造列为重点项目，给予中央专项彩票公益金支持。

（三）“十四五”规划任务

我国国民经济和社会发展“十四五”规划明确提出：进行“特殊困难家庭适老化改造，支持200万户特殊困难高龄、失能、残疾老年人家庭实施适老化改造，配备辅助器具和防走失装置等设施”。据此，2022年，民政部、财政部等4部门联合印发《关于推进“十四五”特殊困难老年人家庭适老化改造工作的通知》，提出“十四五”时期支持200万户特殊困难老年人家庭实施适老化改造，巩固家庭养老基础地位，进一步提升老年人居家生活的安全性和便利化。根据国家部署，各级地方政府也制定了相应的“特殊困难家庭适老化改造”的目标任务和工作部署。

北京：“十四五”期间，实施综合整治的老旧小区，因地制宜逐个明确小区适老化改造和无障碍环境建设内容。养老家庭照护床位坚持“人床匹配”原则，符合条件的重度残疾老年人家庭，按照《北京市残疾人居家环境无障碍改造服务管理暂行办法》（京残发〔2020〕15号），申请进行养老家庭照护床位适老化改造，享受居家环境无障碍改造补贴。

上海：2022年完成5000户居家环境适老化改造。本市户籍年满60周岁的老年人，且对申请改造的住房拥有产权或长期使用权，改造内容符合要求的，可申请享受补贴，每户家庭最高补贴额度为3500元，其中产品服务包最高补贴3000元。对最低生活保障家庭的老年人、低收入家庭的老年人、年满80周岁且本人月收入低于上年度城镇企业月平均养老金的老年人，分别按照实际改造费用的100%、80%、50%进行补贴；经上海市老年照护统一需求评估具有二级及以上照护等级的老年人，经街镇审核认定的无子女、独居或纯老家庭的老年人，按40%补贴。

安徽：“十四五”期间，继续实施特殊困难老年人家庭适老化改造，创新工作机制，加强产业扶持，激发市场活力，加快培育居家适老化改造市场，有效满足城乡老年人家庭的居家养老需求。统筹施工改造、设施配备、老年用品配置，提出居家适老化改造项目和老年用品配置推荐清单，明确7项基础类项目和23项可选类项目，指导各地针对老年人多层次的改造需求，合理确定本地区改造项目内容，明确相应的补贴方式。

江苏：深入推进家庭适老化改造。逐步将政府购买家庭适老化改造服务范围扩大至计划生育特殊家庭以及已纳入政府购买养老服务居家老年人中的高龄、空巢独居、失能、半失能、重度残疾老年人家庭，到2024年底前，完成政府支持的家庭适老化改造不少于10万户。鼓励引入市场化机制，支持各地积极培育家庭适老化改造企业，为有需求的社会老年人家庭提供高品质、个性化的适老化改造服务。鼓励房地产企业在设计、建设、装修房屋过程中融入适老化元素，为有需求的购房者提供适老化“精装包”。

三　居家适老化改造方案及流程的制定

居家适老化改造聚焦老年人安全、健康等功能性需求，选择适配性产品，组成不同场景居家环境的产品服务包，增强老年人家庭的“如厕洗澡安全，室内行走便利，居家环境改善，智能监测跟进，辅助器具适配”五个方面功能。

（一）精准掌握需求

老年人极易因听力障碍、理解力障碍等，导致沟通困难、产生误解。为了避免误解的发生，我们在老年人家庭适老化改造过程中尤其注重沟通方法和沟通技巧的培训，确保工作人员与老年人进行无障碍的沟通，从而明确老年人的家庭适老化改造需求，为老年人提供更为优质的家庭适老化改造服务。在调查和沟通阶段应做好如下几项工作。

——宣讲政策。阐述家庭适老化改造的好处，要让老人以及家属体会到党和政府领导的关心，为老人办实事、办好事，赢得老年人对适老化项目的支持，得到老年人认可方能进行施工。

——明确老人需求。应耐心听取老年人的家庭适老化改造需求，以确保改造结果更具针对性和实用性，同时还要听取家属的意见，并将沟通结果向社区和街道汇报。

——确定改造方案。应与老年人及其家属确定改造方案。因独居老年人与家属分居，故需通过电话等方式与老年人家属沟通改造方案，对电话录音资料应注重存档和整理；又因存在部分高龄老人住院治疗或外出等特殊情况，要做好所有信息汇总，强调个案对待。

（二）适老化改造的项目

根据老年人家庭自愿选择，及老年人居家养老需求，对老年人住所的地面、卧室、如厕洗浴设备、物理环境等进行适老化改造，配备网络连接、紧急呼叫、活动监测等智能化设备，并针对老年人身体状况配备助行、助餐、助穿、如厕、助浴、感知类老年用品。

——如厕洗澡安全。卫生间、浴室地面防滑处理，配备坐便器、洗澡椅，安装扶手等，降低意外风险。

——室内行走便利。实施出入通道无障碍改造，室内墙体安装扶手（抓杆）、加装夜间照明装置等，便于老年人行走。

——居家环境改善。对锈蚀水管、老化裸露用电线路等进行改造，改善居住环境。

——智能监测跟进。安装物联网门磁监测系统、紧急呼叫系统、燃气监测报警器等，加强老年人安全监护。

——辅具器材适配。适配与无障碍改造有关的辅具器材等，以便利居家生活。

（三）适老化改造流程

1. 改造流程

入户评估：了解居住的老年人的健康情况、自理能力和老年人的日常生活需求，以及居住空间、现场环境情况等。

方案设计：安全性、灵活性、舒适性、适用性、经济实用的原则。

方案实施：通过评估后，设计专属方案，并签订施工协议，控制成本，并保障施工质量及时效性。

提供服务：及时服务，细化责任，定期维护，讲解康复辅具知识，进行实操培训。

2. 产品配置

防跌防撞：防滑 PVC 地板、段差消，墙面改造墙贴、防撞条，安全扶手，辅助步行，轮椅、代步车等助行辅具。

适老家具：适老化桌椅、换鞋凳、玄关柜、衣柜、储物柜、助力沙发、适老床或护理床、空气净化及检测、净水器、智能设备。

舒适卫浴：智能马桶盖、马桶助力扶手、坐便器、坐式沐浴器或坐浴椅、可伸缩龙头、下拉式橱柜、生命体征探测器。

紧急报警：卫生间及室内紧急情况报警呼叫器，燃气及火灾报警器、水侵报警，睡眠监测看护仪，智能定位穿戴设备。

采光照明：入口及卧室智能开关可触摸、可语音控制，自动感应地脚灯、老化电路改造，增加厨房、卫生间照明光源。

四　居家适老化改造项目实施

居家适老化改造是对老年人住所的卧室、卫生间、浴室、厨房、客厅等关键位置进行适老化改造，改善老年人的居住环境，营造无障碍空间，为老年人居家安全和上门服务人员有效开展工作提供物质保障。

（一）无障碍改造

为降低意外风险、改善居住环境，无障碍改造包括但不局限于：实现出入口、通道无障碍改造，消除地面高度差，保障轮椅进出空间；进行地面防滑处理（防滑砖、防滑贴、防滑地胶、防滑垫等）；居室内安装扶手、配备换鞋凳等；对马桶加装起身扶手、花洒旁加装洗浴扶手；浴室加装安全浴凳或助浴椅。

1. 出入口无障碍改造

——出入口处应无台阶、无门槛，如有台阶、有门槛，应铺设可移动坡道或固定坡道以消除通行障碍，如果有庭院，庭院的地面应平整、防滑。

——合理设置门铃及门把手的高度，如果家中有轮椅使用者，应通过实地测量，遵循“一户一设计”的原则，根据老人身高及乘坐轮椅的高度进行合理的设计。

——入户门开启的通行净宽度不宜少于800mm，有条件时，不宜少于900mm。少于800mm的应在评估墙体（材质、是否承重）的基础上整体拓宽，实现出入口、通道无障碍。

2. 通道无障碍改造

（1）坡道无障碍改造：

——坡道是用于连接地面不同高度空间的通行设施，如果门前已设置台阶，需对已经设置的台阶进行无障碍改造，应优先考虑设置坡道；

—坡道的形式：坡道的形式可分为一字形、一字多段形、L形和U形，一般老年人居家入户门前建议使用一字形或一字多段形；

——坡道的坡度不宜大于1∶8，如果条件允许，将坡度做成1∶12或1∶16

更为理想、安全和舒适；

——如空间较小，无法铺设标准坡道，建议使用可拆卸坡道。

（2）过道无障碍改造：

——根据老年人实际情况选择设置单层扶手或双层扶手，单层扶手的高度应为850~900mm，双层扶手的上层扶手高度应为850~900mm，双层扶手的下层扶手高度应为650~700mm，根据老年人身高的不同，可在区间内适当调整；

——扶手起点和终点处应水平延伸不小于300mm的长度；

——扶手末端应向内收角至墙面或向下延伸100mm，防止老年人撞伤；

——墙面扶手固定件一般有I形和L形两种。扶手内侧与墙面的距离不应少于40mm；

——扶手应安装坚固，形状易于抓握。扶手材质宜选用防滑及热惰性指标好的材料。

（3）门框改造：

入户门、房门、厨房门、卫浴间门等门框适老改造规则：

——确保轮椅通行和回旋的空间；

——走道的墙面安装连续扶手，便于老年人通行；

——地面铺设防滑材料；

——合理设置照明，减少户内外亮度差，鞋柜、换鞋凳处设置局部照明；

——安装安全报警设施、闪光提示门铃等。

（二）地面防滑处理措施

1. 地面防滑处理

地面防滑处理考虑以下空间：门厅、过道、楼梯、厨房、卫生间。

地面选用遇水防滑的地面材料：防滑砖、防滑贴、防滑地胶、防滑垫等铺设平整。

施工时间可根据用户需求调整，一般中小面积可以在几个小时内即可完成，经防滑处理后不会影响原来地面的美观及清洁保养工作，地面处理后防滑效果明显，使用期限长，保障通行安全。

2. 地面隔音减震

对楼层地面、室内地面进行隔音防震性能评估。

铺设隔音垫，铺设前地面应平整、清洁，按所需尺寸进行切割。

拼接的地方先用万能胶将接缝密封，再在接缝处粘一层密封胶带覆盖，防止声音通过地面固体传播。

避免施工过程中产品与地面之间产生气泡；最后，铺上水泥和瓷砖。

（三）如厕洗澡安全、室内行走便利

1. 居室安装扶手

室内通道、楼梯设置扶手：

——扶手高度宜设置为 0.8~0.9m，根据老人身高的不同，在区间内适当调整，评估时，请老人现场模拟，一户一案，以确认最适合老人的高度，如身高 1.75m 的老年人扶手高点宜为 0.86m；

——扶手末端应向内收角至墙面或向下延伸 0.10m，预防老人撞伤的风险；

——当扶手安装在墙上时，扶手的内侧与墙体之间宜留 45mm 左右的净空间，便于手和手臂在抓握和支撑扶手时，有适当的空间配合，便于使用；

——扶手应牢固安装，形状易于抓握。扶手截面尺寸应符合规定；

——安装在墙面的扶手托件应为 L 形，扶手和托件的总高度宜为 70~80mm。

2. 如厕区

为满足肢体残疾人在如厕时的舒适体验和品质需求，围绕马桶打造周边适老化场景。

——安装落地扶手、上翻式扶手、上翻带支撑扶手、纸巾盒扶手、马桶扶手架，评估扶手的安装条件，即安装空间是否充足、墙体密度等，坐便器扶手离地高 70cm，间距宽度 70~80cm，台盆扶手离地 85cm，以方便老人抓扶、减少安全隐患；

——评估如厕及坐便器安装情况，配置蹲坑加装坐便椅、木质坐便椅、便携式接尿器，安装智能马桶盖。

3. 沐浴区

为预防和减少沐浴时出现意外伤害和风险，围绕浴缸或花洒打造适老化沐浴场景：边进式浴缸、浴缸扶手、花洒架、L 形扶手、波浪形扶手、一字形扶手、洗澡椅等。检查地漏情况，及时换新，洁具配套采用专用适老化洁具，保障老年人活动安全。

60%以上老年人突发疾病的诱因就是摔倒，60%以上的摔倒是发生在家里。如果从源头上做好家庭养老床位建设，将大大减少老年人摔倒的概率，进而减少医疗费用的支出和医疗资源的消耗，为国家和社会节约更多的财政支出、为老年人减少更多的医疗痛苦、为子女减少更多的护理和误工。

对于大部分老年人来说，随着生理年龄的增加，生理机能开始下降，体力有所减退，洗澡这件事情变得越来越难。在这个问题上，大部分家庭解决的方法是子女或者保姆帮助老人洗澡，这个方法对于已经行动不便的高龄老人来说是必要的，然而对于其他老年人来说，这个解决方法可能使得老年人尴尬，进一步会对他们造成诸如自己很没用或者拖累子女的心理影响。浴室加装安全浴凳或助浴椅，可降低老人洗浴摔倒的风险，为老人营造安全舒适的洗浴环境。

4. 盥洗区

洗漱台盆评估、改造方案：①底部悬空设计，为轮椅老人双腿留出足够空间；②前端内凹设计，老人使用时能更靠近水龙头；③洗手盆边缘留足空间，摆放日常用品，方便取用；④三边立围设计，防止物品掉落和水外流，前端采用弧形设计，方便老人靠近或移动；⑤边缘做圆角处理，手感圆滑，防止老人发生磕碰。

施工细节及材料选用：①亚克力树脂复合材料，用砂纸做轻微抛光，即可修复污渍或划伤；②方便坐轮椅的老年人使用，即使坐在轮椅上也不会碰腿；高度75cm，站立或坐在轮椅上位置合适，不会过高或过低；③配套抽拉水龙头有水柱和花洒两种调节模式，不会溅水出台。

五　家庭养老床位智能化改造

家庭床位智能化改造的重点是医养结合大数据管理平台的开发应用。医养结合大数据管理平台以人口健康、卫生资源、电子病历、健康档案四大数据库为核心，利用最先进的物联网技术，实现老年人、家属、患者与医务人员、医养机构、医疗设备之间的互动，实现结合医院、养老院、养老服务驿站、社保、农合、民政、金融、省、市平台之间的网络互联、数据互通。同时，将融入更多人工智慧、传感技术等高科技，如智能穿戴、红外监测、紧急呼救、卫星定位等，使医养服务走入家庭，实现真正意义的家庭照护智慧化。

家庭智慧照护的核心功能如下。

紧急呼救。针对老人突发性事件和身体不适，通过“SOS”一键呼救装置（手表、手环、固定式一键呼叫按钮），可呼叫各种紧急救援服务。可以选择通知物业保安、老人子女、居委会以及卫生医疗机构等，系统会自动弹出老人档案及在地图上显示其所在的位置，被呼叫人员可以在第一时间根据老人的地理位置和病史记录，与老人紧急联系人、亲属、医生实现多方通话，有效快速联动处理，从而保障老人的生命财产安全。

智能定位。通过老人随身携带的智能终端（如智能腕表、老人手机等），系统可以主动对老人所处的位置进行实时定位追踪，当老人遇到突发情况时，可以立即显示老人所在的位置；针对特殊老人，可以为其指定一个安全区域，当老人离开这个区域时，平台会自动报警，并以短信的方式发送信息到指定手机；另外，可根据需要，设定时间段对老人的活动路线和范围进行回放，可自行设定轨迹保存期限，以备查询。

健康管理。平台对接带有网络功能的健康检测设备，将检测数据远程传到平台上以建立老人健康档案，平台对采集的数据进行绘图分析，当健康参数出现异常时，平台会自动向老人或家人的手机或电话发出报警。系统可为老人提供健康体检、用药提醒等服务。用户有自助管理的后台及 App，可选择家庭医生为其提供健康指导服务，可进行远程视频，医生可给出健康评估报告。

居家安全。智能家居养老服务平台对接各类安防设备，如烟感、红外、摄像头等设备，出现意外时，平台能第一时间得到报警。适用于家中某段时间无人，可能出现煤气泄漏、被盗等情况；或老人健忘，炖煮食物时忘记关炉火而发生煤气泄漏等情况。通过监控设备对家庭中老人的起居进行抓拍监控。

智能看护。通过对接带有数据传输功能的智能终端设备，如电子血压仪、血糖仪、智能床垫等，实时监控管理老人的健康情况，管理者、护理员、家属等可以通过手机 App 或是 PC 端进行查看，当健康情况有异常时，设备会进行预警提示。通过一键呼叫可以在老人需要紧急帮助时进行报警、快速联系到相关人员。

六　家庭智慧照护服务实施方案

（一）构建标准化服务体系

通过引入标准化家庭智慧照护服务体系，提升居家智慧养老服务的整体水平。借鉴国内外成熟的经验和最新的居家养老发展趋势，根据已发布实施的养老服务标准，制定统一的家庭智慧照护服务标准和规范，需要密切结合科技手段应用该标准和规范于养老服务。提升智慧养老系统，以线上监督、线下服务相结合的手段，不断提升服务人员的服务水平和服务质量，提升标准化家庭智慧照护服务水平。

（二）精准化匹配服务需求

首要任务是满足养老援助、养老补助对象的基本居家智慧照护服务需求，着力体现政府兜底保障的基本要求，解决居家老年人生活困难，有效提高服务对象的生命、生活质量，提升老年人获得感与幸福感。

在做好基本服务的基础上，尽力满足对服务专业化和多样化需求。以“日常照料、护理服务、医疗康复服务、健康服务、精神慰藉等”为基本服务内容，根据服务对象身体状况变化和需求调整服务内容，制定开发特色服务套餐，利用专业服务队伍提供菜单式服务清单，从而满足不同类型的养老补助需求。在基本服务内容基础上，根据介助、介护标准，通过标准化评估流程，制定个性化的照护计划，从而满足不同类型养老援助对象的服务需求。

（三）坚持亲情化服务理念

以“温暖家园、乐享生活”为核心服务理念，以“爱心、关心、暖心、细心、耐心五心服务”为服务宗旨，从服务项目、氛围营造、专业护理、社工统筹、志愿活动和老人参与等方面，打造有“温度”的养老服务理念，使我们的主体服务对象有更好的亲情照护的获得感和归属感，更好地体现我们养老服务的“爱在此、乐在此、家在此”的服务理念。

（四）智慧照护与医养融合发展

培养、招募具备医师、护士等从业资质的养老服务人员，同时以方便就近、互惠互利为原则深化医养签约合作服务，建立协作机制，以医养结合信息化为支撑，制定针对医疗护理方面的智慧照护服务方案，满足广大有需求老年人在家或在社区享受智慧照护养老服务的愿望，切实增强老年人的获得感和幸福感。

七　问题及对策

在我国，老年人家庭适老化改造和家庭智慧照护服务起步较晚，尽管各级政府不断加大政策和资金扶持力度，但在实际工作中还存在不少问题。

一是老年人家庭和社会各界对适老化改造及家庭智慧照护认识水平和工作配合程度低。要进一步热情、耐心宣讲民生实事、关怀政策。老年人和家属是适老化改造的受益者，也是服务对象，要让老人及家属了解晚年生活是精彩的，是美好的，只有了解晚年生活的精彩，才能享受晚年生活带来的乐趣。社区工作人员对于老年人家庭情况较为熟悉，应积极协调老人家庭配合这项工作，让老人及家属深入了解适老化改造及家庭智慧照护给老年人带来的帮助和意义。

二是适老化工程和家庭照护服务不够规范。必须加强规范化建设，着重在六个规范上下功夫：①用语规范：实施方需倡导文明服务和微笑服务，制定工作人员用语规范，倡导文明用语。②台账规范：实施方应注重台账管理，用规范化理念做好台账的登记、管理、索引，包括提高台账记录的全面性、提高台账保管的安全性两个方面。③操作规范：设备的安装以使用手册为基础，编制、制定老年人适老化改造的操作规范。④安全规范：工作中遵循“安全为上”的工作理念，严格遵守安全规范。⑤应急规范：针对适老化改造中可能出现的应急事件，应提前做好相关防范工作。⑥售后规范：包括完善的售后服务体系、本地化支持、网络服务支持、快速的售后服务响应四个方面。

老年家庭智慧照护产业链分为智能感知、网络传输、运营平台和应用服务四个主要环节。从全球市场结构来看，2018 年，全球智能家居产业市场排名前五的国家分别是美国、中国、日本、德国和英国。其中，美国智能家居市场规模为 188.7 亿美元，占比为 49.5%；其次是中国，市场规模为 65.32 亿美元，占比为 17.1%；而日本、德国和英国占比不足 10%。另外，其他参与国还有韩国、印度、澳大利亚、巴西和俄罗斯等。

在消费需求浪潮中，老年家庭智慧照护将从“智能通用”向“定制服务”发展。在科技引领消费的变革体制下，互联网化的智能单品将难以满足消费者智能化、精细化与个性化消费需求，消费者更加注重品质感、与使用习惯的匹配度和个性化功能等，能够提供良好使用体验并能为老人生活提供便利的智能产品会获得老人广泛认同，这将是未来老年家庭智慧照护产业的总体发展趋势。

参考文献

《中华人民共和国国民经济和社会发展第十四个五年规划和 2035 年远景目标纲要》，2021 年 3 月。

案例报告

主动健康管理模式创新报告

——利安盛华数字前门战略在健康管理中的应用

冯南海*

摘　要： 北京利安盛华科技有限公司秉持“让中国百姓远离疾病”的愿景，坚守“让所有人过上健康生活”的使命，在中国大健康产业领域深耕十余年。公司采用“多传感器融合分析技术”“数字生物标记识别技术”，研发健康管理智能硬件，开发数字疗法软件，搭建智慧全民健康管理云平台，提供健康检测、疾病筛查、健康干预等服务。面对新冠疫情的冲击，公司坚守健康卫士的社会责任，克服重重困难，推动产品服务迭代升级，制定实施健康管理数字前门战略，探索健康管理数字前门战略在患者慢病管理模式中的有效性和适用性，为老年群体提供专业的主动健康管理、心理健康筛查、慢病监测控症及医疗帮助，一步一个脚印成长为中国主动健康管理领域的创新者和推动者。

关键词： 数字前门　主动健康管理　智能监测　疾病预警

一　引言

十年磨一剑。北京利安盛华科技有限公司转型大健康产业经历了十年的发展

* 冯南海，北京利安盛华科技有限公司董事长、华龄智能养老产业发展中心理事。

历程（以下简称“利安盛华”）。2012 年，利安盛华公司制定了进军智慧健康领域的战略决策；2013~2014 年，健康管理智能硬件研发起步：基于 2G 网络的家庭远程血压计在医疗机构推广应用；第一代多参数检测仪推向市场，可以检测 7 项身体健康指标；全民健康管理云平台 1.0 版上线运行。2015~2017 年，进入智能硬件 CFDA 认证阶段：研发了第二、三代多参数检测仪，健康检测指标达到 18 项；全民健康管理云平台 2.0 版入围智慧城市建设，2017 年 11 月，多参数检测仪历时 5 年研发，首获 CFDA 二类医疗器械注册证、生产许可证。2018~2020 年为健康管理数字前门技术开发阶段：打造“一云三端”健康服务管理模型，全民健康管理云平台 3.0 版上线，研发心脑梗监测仪，心脑梗监测预警云平台上线，探讨语音生物标记识别技术，推出数字化心理健康筛查、减压服务应用平台。2021~2022 年，产品市场快速拓展：启动社区及企事业职工健康管理、养老机构老龄群体健康管理、情绪健康管理普筛、三甲医院问诊挂号住院等医疗帮助、心梗和脑卒中监测预警服务；启动百县千乡万村普惠健康行动。

耗资亿元，经过十年的顽强拼搏和创新发展，利安盛华构建了健康监测智能硬件+健康管理云平台+主动健康服务模式的生态圈，基本实现了打造个性化、便捷、互联的主动健康管理云服务体系的企业目标。

二　创建主动健康管理数字前门

“数字前门”又称数字化前门技术，是当今世界卫生信息技术发展的新兴趋势。数字前门技术，也是患者互动平台，为患者提供一站式服务。“数字前门”技术是向患者和其他使用者敞开的“大门”，包括应用程序、网站、患者门户和终端设备等。它是医护机构和患者连接的通道，医护机构通过“前门”输出产品和服务，患者通过“前门”进入医护机构选择和接受产品服务。

（一）强化数字前门服务功能

利安盛华始终把主动的健康管理服务作为立足的根。根据我国 90%以上的老年人都在社区居家养老的社会现实，利安盛华在健康管理数字前门的开发中，同样把强化其社区居家服务功能摆在第一位，最大限度地丰富健康管理数字前门功能。

统一的全人体验：一个虚拟前门，满足健康监测检测、健康状况管理、心理健康护理、慢病控症等各种需求。

最后一米服务：可穿戴智能多参数检测仪和全民健康云服务，使身体 18 项指标检测、14 项尿液检测、心脑梗预警服务、居家特色中医汤浴慢病调理控症服务能够方便地在家中进行。

个性化管理计划：以健康管理的经典理论作为整体干预逻辑，并将运动、饮食、心理、烟酒、用药等各方面的干预方案进行最优化组合与拆分，轻量化内容，重点突出，图文并茂、简明易懂。

持续的指导和支持：针对长期监测的血压、血糖、体重等健康指标进行综合分析，用数学模型模拟血压、血糖等指标的整体控制情况，以及升降趋势和波动状态，为用户呈现个人指标的动态变化以及与群体水平的关系；再结合用户的个人健康档案信息，依托国家慢病指南为其提供个性化的血压、血糖、体重控制方面的健康指导。同时特色中医 70 多种慢病控症服务的汉丛汤浴人群已不限于老龄群体，对儿童到中青年的城市病也提供了持续的指导和支持。

高质量漫画健康教育：通过设计精美、简明易懂的健康漫画，以文字加图形双重方式传递健康知识，直观探究医学知识，将健康知识更有效率地传达。健康漫画融入经典的人物、离奇的剧情、夸张的设计，百姓可收获贴心实用的健康小常识，将繁复的健康医学知识细节化、文艺化，便于人们接受、理解，寓教于乐。

普惠医疗帮助：提供视频医生问诊服务，协助预约全国 1500+三甲医院的挂号、门诊、住院（优先安排副主任以上专家就诊），让百姓少花钱、少跑路。

（二）强化产品和服务创新

如果把数字健康管理体系比喻成“数字房屋”，则数字房屋的前门功能强大与否完全取决于“数字房屋”储存的产品和服务的质量。经过十余年的开拓创新，利安盛华的产品和服务日益丰富，质量不断提升。

1. AI 多参数检测仪

利安盛华掌握先进的光频、红外温度、生物电传感、人体行为传感等相关技术，通过自有的“多传感器及融合分析算法技术”的综合应用，研发多参数检测仪智能穿戴设备。其中创新性技术算法包括：单手指触摸光电反射式脉搏波血压检测算法、光电反射式脉搏波实时呼吸检测算法、光电反射式脉搏波实时心率检测算法、额温算法补偿检测技术、单手指心率/血氧检测算法技术、单导心电图检测算法技术、人体皮肤水分油脂检测算法技术等。经过 5 年多的研发和 2 家三甲医院的临床测试，具有 18 项身体指标检测功能的智能多参数检测仪成功面世，并获得国家食药监局二类医疗器械认证和生产许可（见图 1）。

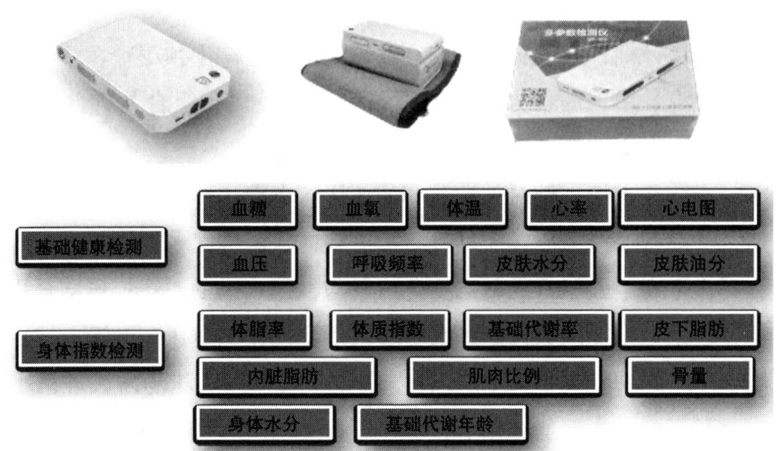

图 1　多参数检测仪检测指标

通过居家检测身体多项指标，百姓能够更好地与医护系统互动，向医生、健康教练提供自己居家的健康状况信息，使家庭签约医生或健康教练远程阅读并通过医患互动模块给予医护指导变为现实。

2. 居家尿液分析试纸

尿液分析试纸条（干化学法）可对尿液进行半定量检测，可对尿液中白细胞、酮体、亚硝酸盐、尿胆原、胆红素、蛋白质、葡萄糖、比重、酸碱度、潜血、抗坏血酸、肌酐、尿钙、微白蛋白共 14 项化学指标进行组合测定。百姓居家通过手机拍照，就可以得到检测结果（见图 2）。

微白蛋白	肌酐
蛋白质	白细胞
酸碱度	比重
尿胆原	胆红素
潜血	亚硝酸盐
酮体	尿钙
抗坏血酸	葡萄糖

图 2　尿检 14 项化学指标

尿液分析可协助诊断泌尿系统疾病和疗效观察，如结核、结石、血管、泌尿系统炎症、淋巴管病变及肾移植等，协助诊断由于代谢障碍引起的疾病如糖尿病、胰腺炎、急性溶血性疾病等；及可进行职业病的辅助诊断如急性汞中毒、四氯化碳中毒，慢性铅、铬、镉中毒等。

3. 心脑梗监测 951 服务

为了实现真正的心脑梗多维体征数据监测，利安盛华研发心脑梗数据采集设备（监测手表），全天在线 600 次高密度无感采集用户模型。通过心脑梗监测预警云平台，多维度体征交叉分析预测容易忽视的先兆体征，通过对血压、血氧、心率等多维数据实时比对计算，对重疾具有清晰的可识别度，结合独有人工智能算法可评估心脑梗风险。

利安盛华特别推出 951 服务体系：提前 9 天 App 提示疾病风险，提前 5 天客服电话通知用户和家属疾病风险，提前 1 天专人跟进免费 120 救护服务，同时与阳光保险合作，推出对未预警者保险公司最高赔偿 20 万元的产品险，让百姓有更多的安全感（见图 3）。

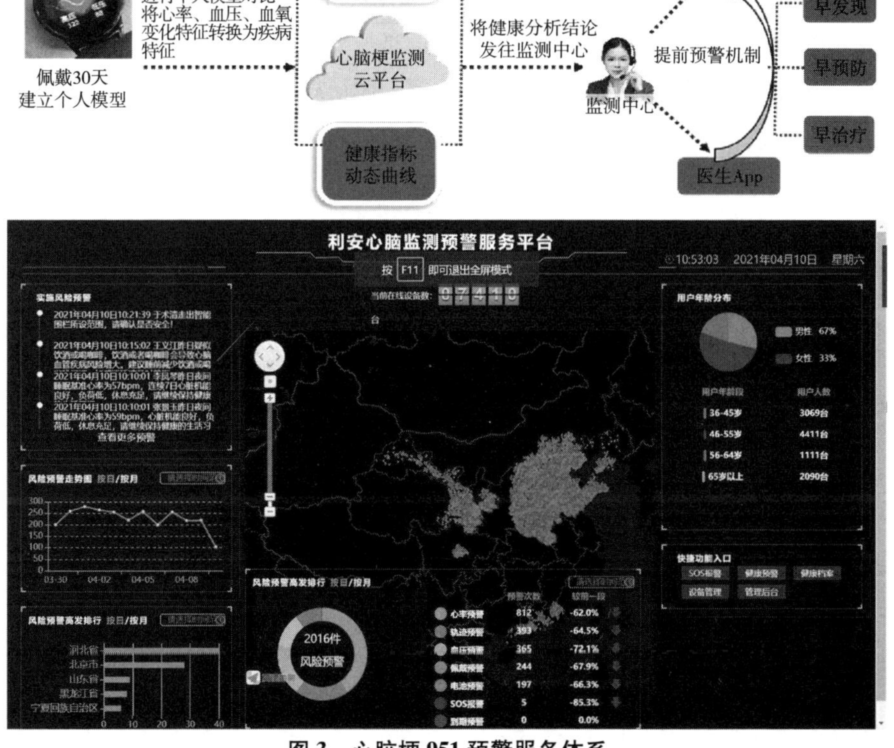

图 3　心脑梗 951 预警服务体系

4. 全民健康管理云平台服务

利安盛华以“家庭主动健康管理”为服务使命，开发“全民健康管理云平台”数字前门，不但推进了智慧医疗从概念走向现实的步伐，也破解了当前医护机构普遍存在居家数据难以被采集的难题。

通过建立“一云三端”的“全民健康管理云平台”，将“早期筛查、早期干预、早期诊断、随访监测”的“主动健康管理理念”灌输于百姓，减少或延缓疾病及其并发症的发生，从而服务社区居民，提高其健康意识与生命质量。

（1）全民健康管理云平台—会员端：感知健康的点点滴滴，管理健康的方方面面。AI 分析评估不间断、量身定制精准专业、个性服务行为轻推、数据报告同步家庭，帮助百姓专业地进行主动健康管理、心理健康筛查、慢病监测，及提供医疗帮助。

（2）全民健康管理云平台医护端：成为数字化医护助手，节约服务时间，提升服务质量。借助人工智能 AI 学习和服务系统，为百姓提供线上与线下的数字健康管理，通过循证医学的验证，让数字疗法的应用为糖尿病、代谢综合征、高血压、心力衰竭、心律不齐等慢病患者的慢病治疗提供帮助。

（3）全民健康管理云平台机构端：精准化统计，多角度分析，全方位管理。智能化服务平台让医护机构管理者对相关信息一目了然。

利安盛华打造基于千人千面的数据模型、体征规律、重病防控、慢病管理体系。从人体数据采集、动态曲线分析到风险预警、个性化科学干预形成闭环（平台构架如图 4 所示，数据中心如图 5 所示）。

手机App		全民健康管理云平台			微信
检测		会员端	医护端	机构端	公众号
血压	血糖	首页	首页	首页	健康档案
血氧	心电	会员信息	签约管理	数据分析	日常监测
心率	呼吸率	电子档案	会员管理	业务统计	健康服务
体脂率	BMI	日常检测	公卫随访	医护绩效	检测通知
皮下脂肪	内脏脂肪	日常随访	通知公告	数据展现	周报月报
身体年龄	身体水分	签约管理	在线咨询	机构管理	健康方案
骨量	肌肉比例	服务管理	异常预警	人员管理	完美报告
基础代谢	体温	通知公告	工作提醒	设备管理	亲情关爱
皮肤水分	皮肤油分	个人设置	账号设置	内容管理	账号管理

图 4　全民健康管理云平台的构架

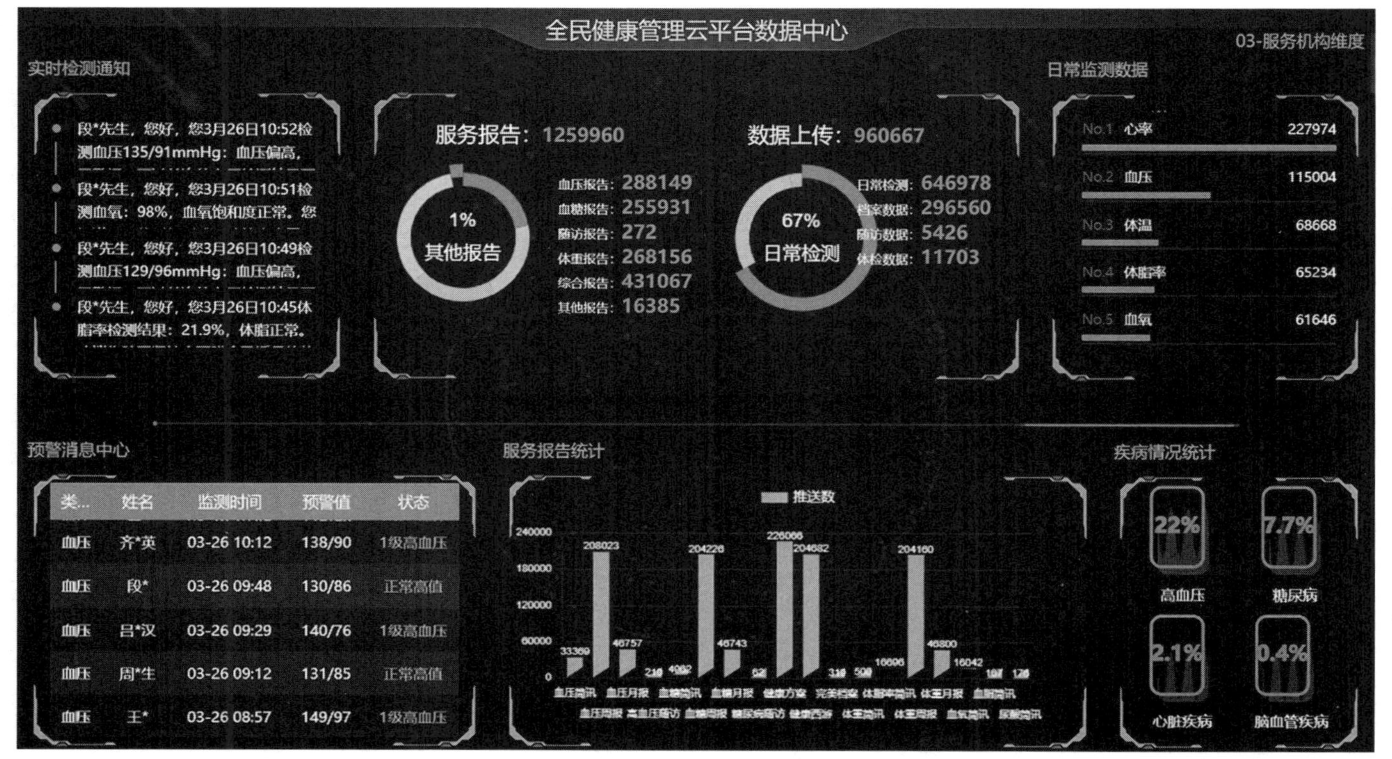

图 5　全民健康管理云平台数据中心

微信公众号“全民健康云”轻推服务是数字前门技术服务的另一重要功能。由于对自己的健康状态，缺乏实时、有效的监控方法与管理服务，大多数百姓的健康意识还停留在有病治病、没病不防的状态。“全民健康云”微信公众号，可让百姓随时随地关注自身健康状况，是主动了解并管理自身健康问题的有效手段。把数据科学和行为科学贯穿整个健康管理过程，创造用户个性化体验，推动相关性、信任和持续参与。让百姓在正确的时间得到正确的干预，无论是数字内容、远程监控、中医慢病控症调养还是就医问诊，都减少了就医成本、提升了会员的健康获得感。

我们看到，通过监测疾病来管理慢病，结果是药越吃越多，人越来越不好管！通过监测健康行为来管理慢病，鼓励良好健康行为，药越吃越少，人越来越自觉。监测技术手段和智能化辅助工具，适合普及推广应用，可实现主动健康自我管理。大众市场化、规模可复制化、持续拓展化才是数字前门技术应用的典范（见图6）。

5. 数字化情绪健康管理

精神障碍是全球十大疾病负担之一。2019年由北京大学第六医院、中国疾病预防中心等多家机构发布的中国精神障碍流行病学调研显示，目前，我国精神障碍的终身患病率为16.6%，这意味着人一生中有超过1/6的概率会患精神障碍，精神障碍防治工作面临严峻挑战（见图7）。

新冠疫情暴发期，中国居民心理健康状况网络调查组对我国14592名普通民众的心理健康状况调查结果显示①，约1/3被调查者遭受较大心理冲击（见图8），该研究涵盖了不同性别、年龄、职业、地区和收入水平的居民。近半数居民存在不同程度的心理健康问题，其中以焦虑、抑郁和失眠最为常见。不同人群的心理健康状况存在差异，女性、年轻人、低收入者和居家隔离者受到的影响更为严重。北京大学第六医院黄悦勤教授团队主持的中国精神卫生调查显示，目前国内抑郁障碍患者就诊率仅9.5%，大部分患者未及时就诊，大大增加了抑郁障碍的管理难度。

① 刘丹、任艳萍、李玉青等：《新型冠状病毒肺炎暴发期中国居民心理健康状况网络现况调查》，《中华精神科杂志》2020年第3期。

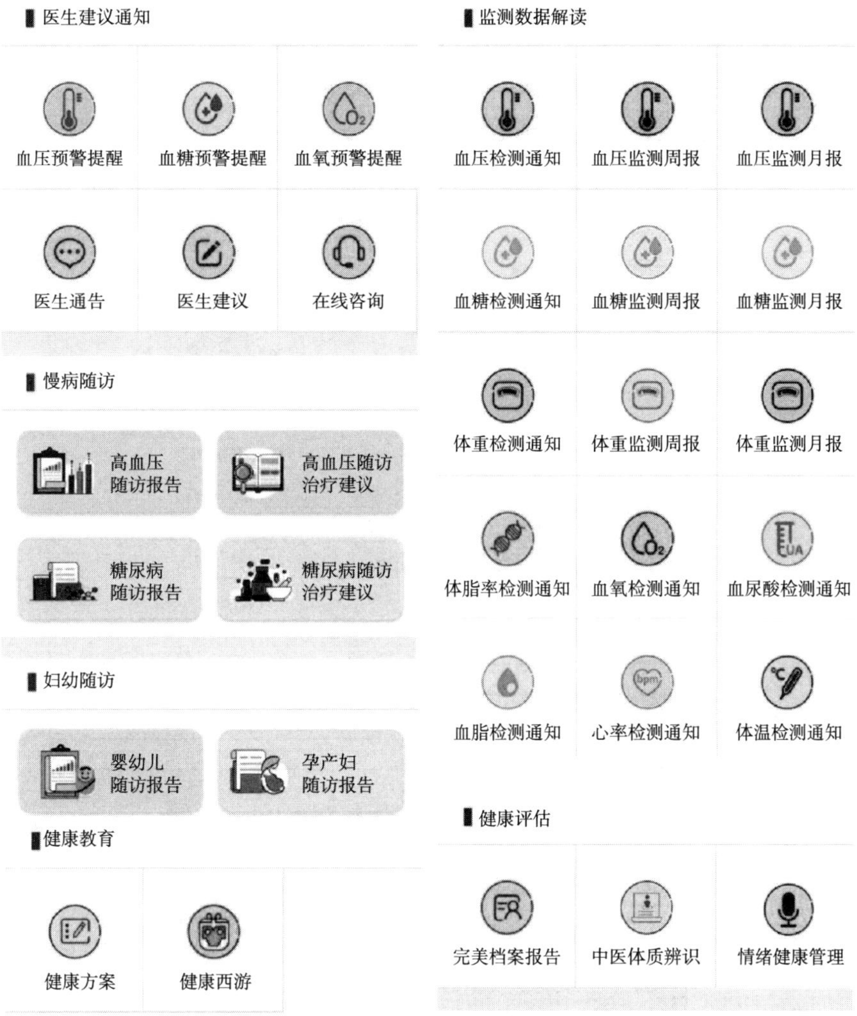

医生建议通知
血压预警提醒
血糖预警提醒
血氧预警提醒
医生通告
医生建议
在线咨询
慢病随访
高血压
随访报告
高血压随访
治疗建议
糖尿病
随访报告
糖尿病随访
治疗建议
妇幼随访
婴幼儿
随访报告
孕产妇
随访报告
健康教育
健康方案
健康西游
监测数据解读
血压检测通知
血压监测周报
血压监测月报
血糖检测通知
血糖监测周报
血糖监测月报
体重检测通知
体重监测周报
体重监测月报
体脂率检测通知
血氧检测通知
血尿酸检测通知
血脂检测通知
心率检测通知
体温检测通知
健康评估
完美档案报告
中医体质辨识
情绪健康管理

图 6　微信“全民健康云”服务内容

(%)
8
7
6
5
4
3
2
1
0
7.6
6.8
5.6
4.7
0.7
0.6
焦虑障碍
抑郁障碍
痴呆
物质依赖
精神分裂症
双相情感障碍

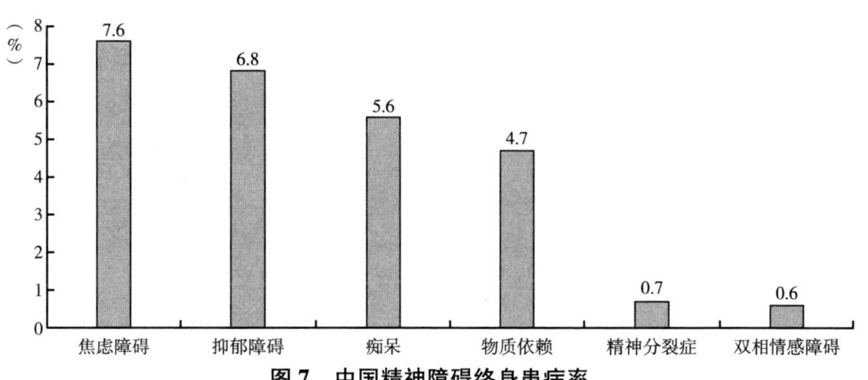

图 7　中国精神障碍终身患病率

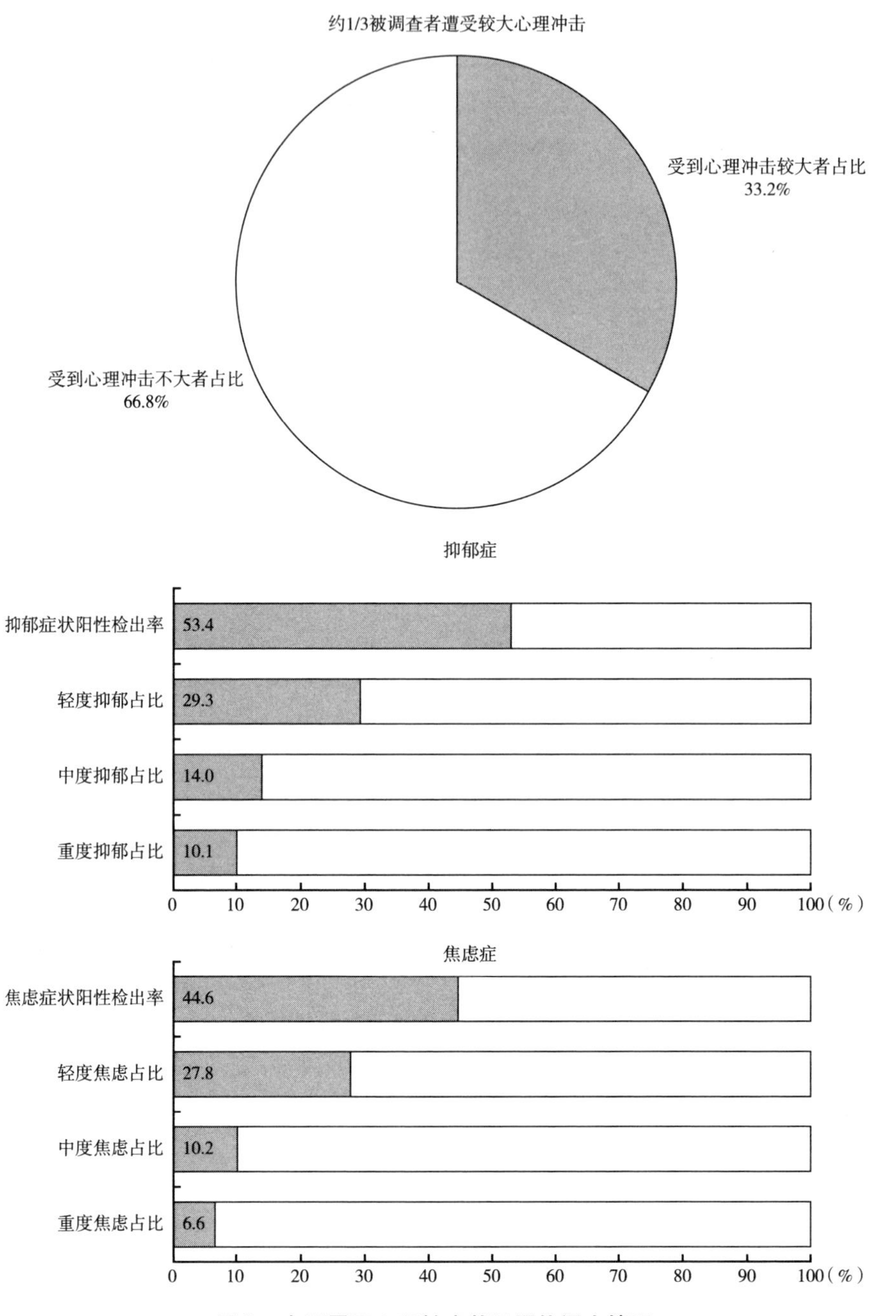

图 8　中国居民心理健康状况网络调查情况

基于语音生物标记识别技术的AI心理健康筛查是世界先进的数字疗法技术。韵律特征是声音的基频和能量参数，表现为音高、音量、语速。抑郁症患者与正常人相比，讲话强度减弱、音高范围减小、语速变慢、语调降低，并且在情绪上缺乏讲话的欲望，仅依靠识别基频曲线模式就能使判断抑郁症的准确率达到80%。

利安盛华基于AI的语音情感识别与心理测评技术，研发出国内先进的“智能心理健康宝”（数字心理健康管理服务系统），采用唤醒度—愉悦度—控制度三维情绪模型可以准确客观地定位和描述情绪。AI心理健康筛查测试需要在心理健康宝手机程序中，回答情绪状态评估语音题、填写广泛性焦虑量表GAD-7和抑郁症自评量表PHQ-9共计17道题，需要5~10分钟，心理健康码+建议结果即时展现（见图9）。

智能心理健康宝可识别200多种心理健康状态，并给出情绪免疫力提升方案，包括：

音乐减压：是用声音的能量安抚焦虑，音乐是一种物理能量，治愈音乐可以提高大脑兴奋性，改善不良情绪状态，引起组织细胞和谐共振，从而影响人的脑电波、心率和呼吸节奏，放松全身肌肉。

迷你冥想：深度放松，拥有好状态。引导式冥想可有效调节交叉神经系统，通过改善自主神经功能来减轻压力。

呼吸减压：呼吸是人类调节身体状态最直接也是生效最快的方法之一，增加体内氧气含量，减少胸闷气短，快速调节情绪。

利安盛华数字情绪健康管理服务特点包括：

高效率筛查：全球领先的语音情感计算，不需要特定场景，随时随地即可进行语音情绪识别和心理健康风险识别。

个性化服务：精准把握用户当下的情绪问题，基于情绪需求，匹配最有效的情绪调节方案，快速恢复好状态。

流程简单：智能情绪扫描定制减压方案，定时提醒进行心理健康检测和趋势分析，焦虑风险尽在掌握。

私密安全：不需要第三人/平台，减少将压力状况暴露在公共场所的焦虑与羞耻感，更有安全感。

数字情绪健康管理服务，是指通过数字平台获得的预防或治疗精神心理障碍的服务，缓解了我国精神心理领域医疗资源严重不足的难题。与躯体疾病不同，

图 9 心理健康码+建议结果

精神类疾病大多不依赖于仪器设备的检查和生化指标的检验，而是通过医生和患者的交流，医生观察患者的行为和表述，依托医生强大的理论知识和实践经验进行判断。数字疗法在精神心理领域具有独特优势，可以大大降低患者经济负担，相比传统治疗模式，数字疗法可以更加高效地跟踪回访、评估疗效，并为患者提供进一步的改善建议，以预防复发，让人们获得高质量的健康生活。

三　数字前门战略及其应用

数字前门是一种战略方法，它可以让医护人员与健康消费者进行数字联结，同时利用用户友好和直观的数字技术，只需通过一个入口点即可在不同的阶段得到多个医疗保健系统的产品和服务，为使用者创造无缝连接的良好体验。

数字前门带来的医疗健康服务创新体现在：传统的医疗保健方法受到“一刀切”方法的阻碍，这种方法的生态系统支离破碎，缺乏可见性和互操作性；通过数字前门战略实现医疗模式现代化，将在医疗保健的各个方面产生连锁反应，改善患者体验，克服当前医疗保健服务精准度不足的问题。这一数字化医疗的新业态将通过一个高度透明的互操作基础设施，跨渠道为个人提供量身定制的服务和解决方案。

（一）利安盛华数字前门战略

我们正处于医疗保健新时代的边缘——数字健康管理和可穿戴设备等数字创新，以及健康应用程序和门户，正在帮助医疗保健行业通过为消费者提供增强的数字体验来赋能和提供价值。利安盛华推出的“全民健康云”数字前门战略，使患者能够通过方便、及时、美观、全渠道、个性化并基于其偏好的界面，在旅程的主要接触点获得护理服务（见图 10）。

（二）数字前门战略在健康管理中的应用

主动健康管理数字前门，把实时数据转化为知识、方案和管理，打造家庭健康信息化系统。全民健康管理云平台数字前门整合了个人疾病和健康数据，旨在把循证和真实世界数据转化为数字健康解决方案和辅助常规治疗，开发个性化数字疗法、特色中医慢病控症服务，用高效方式调整慢病管理方案，同时管理患者的个性化慢病需求和生活质量。

数字前门——阶梯式护理模型。从虚拟医疗、精神卫生保健和长期护理三个

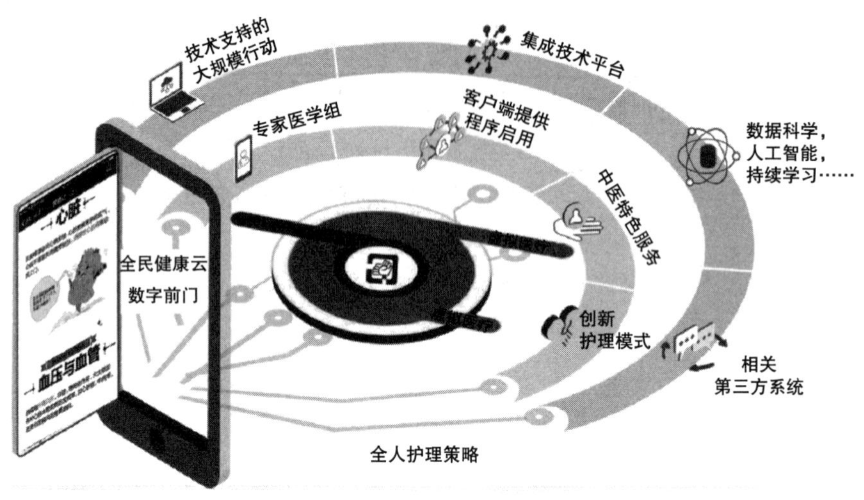

图 10　数字前门全人护理策略

刚需点切入，把数据科学和行为科学贯穿整个流程，创造个性化体验，推动相关性、信任和持续参与，让百姓在正确的时间进行正确的干预，无论是数字内容、远程监控、中医慢病控症调养还是就医问诊，都减少了就医成本、提升了健康获得感（见图 11）。

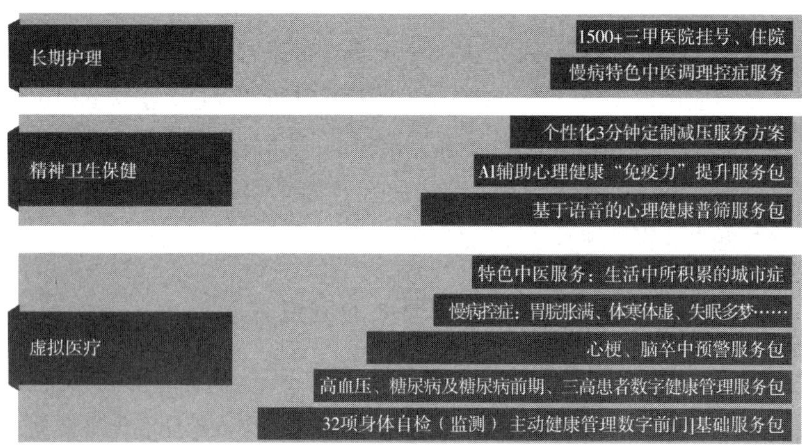

图 11　阶梯式护理模型

应用案例如下。

1. 全国职工健康促进工程

全国职工健康促进工程是面向全国 4 亿职工的疾病预防和健康促进的一项社会系统工程，是实施健康中国行动的重要组成部分。该工程于 2019 年 11 月正式启动，在全国总工会、国家卫生健康委、文化和旅游部、国家体育总局的共同指导下，由全国总工会直属单位中职旅负责全面实施推进。利安盛华作为全国职工健康促进工程的产品、设备及服务提供方之一，利用自身优势为用户提供优质的产品、设备及相关服务，在心理健康促进行动、心脑血管疾病防治行动、老年健康促进行动、糖尿病防治行动等领域提供服务（见图 12）。

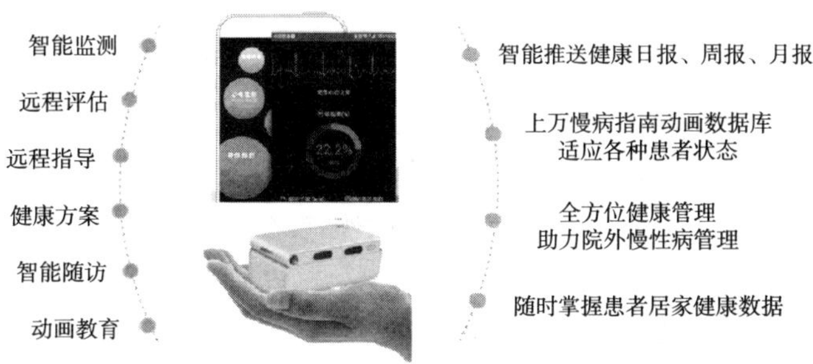

图 12　数字健康管理服务项目

案例（中国石化集团公司中原石油勘探局职工的“健康 365 福利包”）：以班组为单位，使用多参数检测仪进行健康检测，通过全民健康云平台建立职工健康档案，提供风险评估、慢病预警、预约就诊等服务。以健康教育为基础，提升职工健康意识，改变生活方式，形成自我管理的闭环服务。职工慢病干预是针对慢病、心脑梗高风险职工进行重点监控，提供心脑梗预警“951”服务，开通全国三甲医院就医通道有偿服务。

2. 全国区/县域居民卫生健康管理工程

全国区/县域居民卫生健康管理工程是国家乡村振兴局（原国务院扶贫办）推广的项目，旨在提高基层人民群众的全生命周期健康精准化管理水平，推动卫生健康管理服务产业的融合发展。工程围绕全民健康管理和中医药产业振兴发展，以健康中国战略为指引、科研技术创新为基础、社会力量为补充，引领全社会健康公益项目的开展和可持续发展。工程着眼于改善广大人民群众的健康生活方式，将疾病治疗方式向预防为主、健康服务为辅转型，提升全民健康水平，降低“因病致贫因病返贫”的发生率，努力实现“大病不出县，小病不出乡”，助力乡村振兴战略落地生效。

利安盛华作为工程的技术提供方之一，通过医疗级可穿戴设备对服务人群健康数据的监测和实时动态分析，建立服务人群的全方位健康指标，提供健康引导、疗程提醒、异常预警、电话随访、就医绿色通道、中医汤浴控症等服务，形成从健康数据采集到干预管理的完整闭环，建立家庭主动健康管理模式，发挥工程在大健康产业中的引领作用，协助县、区政府完成健康中国考核指标，降低政府医保压力，增加当地就业，促进社会和谐，实现共同富裕（见图 13）。

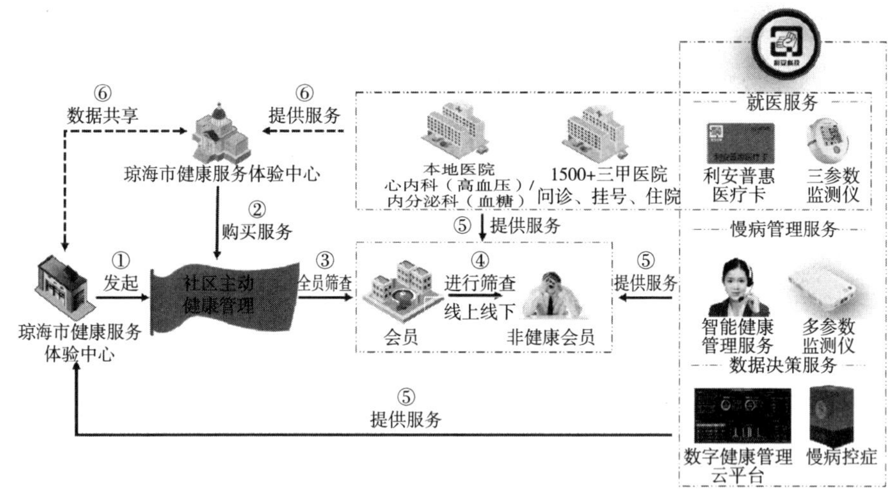

图 13　社区数字健康管理服务流程

案例：全国区/县域居民卫生健康管理工程在海南省琼海市建立了“健康服务体验中心”，用中医特色慢病控症汤浴服务老龄群体，取得推广经验。

在慢病控症服务中主要解决老龄群体突出的亚健康问题。

老年睡眠障碍：当人的睡眠时间减少，清醒时间就相对延长，交感神经的兴奋性加强，促使一系列激素分泌，从而导致血压上升。同时，高血压也会反作用于睡眠，引起自主神经功能紊乱，导致睡眠质量明显下降。最终，睡眠时间不足和高血压之间就会形成一个恶性循环。

老年人体味、脱屑、瘙痒：人老后基础代谢降低，当基础代谢值低于 1510 卡/天，皮肤表层容易产生死皮，如果不及时清理，便会产生异味。人的皮肤自 45 岁开始逐渐出现老年性的变化，皮肤干燥、出现皱纹、弹性降低等，这些改变降低了老年人对周围环境的适应能力，易受温度、细菌及不良物理和化学性刺激的影响而引起或加重皮肤问题，如皮肤瘙痒症、湿疹、老年斑、带状疱疹、神经性皮炎、手足癣、甲癣等等。

老年人肢体及颈腰不适、行走缓慢：骨量偏低会引起骨质疏松，并且骨的强度和韧性都降低。骨量偏低以后，对于重力和在局部运动时，运动的抵抗力或者牵拉抵抗不足，会引起关节局部韧带的损伤和负重过多，从而引起疼痛和不适。肌肉比例偏低会导致虚弱、容易跌倒、行走困难、走路沉重，从而影响生活中的运动量。

社区解决方案：汤浴是中医常用的外治法之一，是中国医药学的重要组成部分。药力通过皮肤的毛囊孔、皮脂腺孔、汗腺孔、角质细胞进人体内，在这个过程中皮肤最大可能地吸收药力、药力渗入体内发挥药效，同时清理肌肤表层堵塞毛孔的沉积物、增强皮肤的代谢能力。在汤浴发挥作用后，血液循环速度增加，血管得到洗涮。此时，体内“毒素”会通过发汗、二便等排出体外。

延年益寿型汉丛汤浴可有效改善老年人的代谢不足、失眠症，有效改善颈脑供血，肢体及颈腰不适、沉重、行走缓慢。另外，针对老年人身体机能衰退，延年益寿型汉丛汤浴可有效预防中老年皮肤病、中老年骨骼关节病、老年阿尔茨海默病、帕金森症，预防老年抑郁、焦虑。

延年益寿型汉丛汤浴一次见效、三次改善、七次改变。其控症效果是药力进入人体后，以气推血，以血带气，开始在体内加速循环，通过血液循环和经络的作用，药力在全身散开，内达五脏六腑，外通四肢百骸。通过汤浴的渗透作用，可调养脏腑气血，改善身体循环，增加血液含氧量，从而疏通全身血脉，加快代谢，缓解疼痛，解决老年人亚健康问题，真正做到慢病控症、慢病预防，预防高危疾病的发生，让老年人感到身心愉悦。

四　主动健康管理服务的特点与优势

数字前门 Al+AI 智能双引擎服务是通过数据 AI 采集+AI 数据分析，让百姓得到无缝融合的在线健康管理和个性化干预控症服务形式。这项服务可以使80%的人从“全民健康云”数字前门的一项或多项健康管理服务中受益，使其健康状态得到持续改善，满足百姓快速变化的健康需求。

数字前门居家服务的特点包含：智能硬件让居民产生服务依赖性，主动检测身体健康指标，而不是强调管理或干预的依从性；还有，中医特色慢病控症服务让居民因慢病得到有效控制而产生依赖性。这项服务的技术手段包括：

多参数检测仪：通过监测健康行为来管理慢病，鼓励良好健康行为，药越吃越少，健康意识越来越强。

心情健康监测：监测技术手段和智能化辅助工具适合普及推广应用，可实现心理健康自我管理。

心脑梗监测 951 预警：全天 600 次实时监测，可提前 9 天预警重大健康风险，精准匹配年龄、性别、职业和生活规律等重要数据，提供最适合的健康管理方案，极大降低个人及家庭的潜在风险开支。

汉丛汤浴：解决居民亚健康问题，真正做到慢病控症、慢病预防，让居民感到身心愉悦。

三甲医院就医帮助：签约 1500+家医院，230000+名医生，可随时解决就医、问诊难题。

数字前门技术优势是患者参与设计的主动健康管理体系，以增强人们的体验感、减轻临床工作人员的负担、简化患者获得医疗服务的途径、提供支持患者护理的新技术，让人们获取增进卫生公平的机会，让患者在正确的时间和地点得到正确的治疗（见图 14）。

图 14　主动健康管理体系主要目标

五 问题及建议

在当今数字化医疗环境中，医疗决策越来越依赖于数据的智能集成。然而，在实现路径上存在许多障碍和挑战：复杂的决策可能会失败，因为数据无法访问或过于广泛而无法评估；信息被忽略或指导方针被忽略；理论基础仍需完善；临床效果不够显著；商业模式不够清晰；专利保护缺失；患者思想意识教育不足；谁为服务付费……所有这些都可能导致效率低下、工作流程成本高昂并损害服务效果。

（一）需要关注的问题

1. 人与经验

数字健康解决方案应满足人们未满足的需求，采用符合其工作流程和日常惯例的解决方案，消除服务体验中的摩擦，而不是增加摩擦。虚拟培训和教育有助于提高基层医生的技能，扩展服务团队的专业知识；需要与所有利益相关者共同创建，以开发新的数字服务交付模式，并将其列入日常工作流程。

2. 数据和技术

为了实现服务对象及其服务过程和质量数据的充分挖掘利用，关键在于建立开放、安全和互联互通的数字化云平台以及数据应用标准；人工智能的作用是支持而不是取代医疗健康专业人员的能力，帮助专业人员采集和使用“爆炸式”的海量数据；没有一家供应商能够独自解决医疗保健的所有挑战，数字医疗保健的未来将建立在协作生态系统之中。

3. 治理和信任

增强服务对象对其健康数据安全使用的信任，对于数字健康技术的广泛应用是至关重要的；为了确保人工智能等数据密集型技术使患者、医疗专业人员和整个社会受益，需要仔细权衡各种方案的规划设计，以防止加剧现有健康服务不平等现象；要严格执行政府关于信息数据管理的规定，确保个人信息及其服务数据使用的安全。

（二）几点建议

解决方案。从服务对象和医疗保健专业人员未满足的需求开始，共同创建解决方案，并将其集成到基层医疗的工作流程和日常工作中，并通过虚拟培训和教育来促进持续学习。

数据互联。采用安全的、基于云平台的数字前门系统联结来自医疗机构内外不同系统和设备的数据，以便在需要时提供正确的决策参考。

人工智能。利用人工智能的力量支持和增强医疗专业人员的专业能力，完善健康服务对策，提高运营效率，改善服务对象的个性化体验。

数据安全。通过可靠的数据隐私和安全保护政策，增强和维护对数字健康技术的信任，同时通过政府数据安全基础设施，促进数据共享和数据安全。

增进合作。基层医疗机构增进与第三方软件服务（SaaS）等新业务模式的合作，使医疗保健提供商建立可复制的商业模式，从市场化的创新服务中获益。

（三）数字医疗健康的未来

政策红利。随着国家医疗信息化政策的出台以及医改的不断深入，医疗行业正在发生战略性转变。一方面，这些战略性转变体现在传统医疗管理理念的变革上，从“以治疗为中心”到“以患者为中心”过渡；另一方面，传统的就医模式的改变，将破解长期存在的“看病难、看病贵、三长一短”等问题，从而推动智慧医疗的发展。

需求增加。随着城市化推进和老龄化加剧，消费升级、生活方式转变、慢性病及其高风险人群占比飙升及医疗卫生负担的持续加重，是我国民众健康需求向多元、多层次发展的重要原因并驱动整个大健康产业向纵深发展，进而拉动健康服务技术产品、商业模式和制度机制等多层面创新。

产业协同发展。慢性病健康管理是国家基本公共卫生服务项目的主要内容之一。慢性病健康管理与服务促进是以“零级预防和中医治未病”为指导，以全人群慢性病风险因素预防和全民健康素养提升为基本策略。通过推行慢性病健康管理与促进服务示范机构的规范性建设，优化慢性病健康管理服务，落实分级诊疗与医联体制度，促进慢性病健康管理与医改、健康服务业、健康养老等有序协同发展。

我们看到，2020年冠状病毒疾病的流行加速了数字医疗技术的应用，这进一步推动了智慧主动健康管理的发展。在后疫情时代，数字化正在引领医疗领域的一个新常态，一个符合消费者价值观和期望的常态。通过创新和流程的协同作用，创建和实施强大的数字前门战略，使医疗保健机构、健康管理机构和康养机构能够通过方便、个性化的服务吸引和留住消费者，这是医疗保健服务系统提高患者体验、竞争优势、运营效率等的关键所在。归根结底，可持续运营的关键是提升客户满意度，利用数字创新打造数字前门，提供无缝的服务体验，是迈向更智能的以患者为中心的数字医疗新世界的必由道路。

参考文献

国家心血管病中心：《中国心血管病报告 2016》，中国大百科全书出版社，2017。

刘敏等主编《老年心血管疾病的社区健康管理》，华中科技大学出版社，2016。

张亚梅：《健康管理在社区心血管疾病患者中的应用》，《中国医药指南》2013 年第 18 期。

Troiano，R. P. et al. Physical Activity in the United States Measured by Accelerometer. Med. Sci. Sports Exerc. 40，181-188（2008）.

罗晓兰、樊卫国：《健康医疗可穿戴设备与医疗模式创新》，《中华健康管理学杂志》2016 年第 1 期。

王子宽：《穿戴设备智能化在老年人健康管理中的应用》，《中国电信业》2016 年第 10 期。

张敏、罗梅芬、聂瑞：《健康可穿戴技术的用户使用意愿影响因素分析——基于使用经验和健康知识的调节作用》，《信息资源管理学报》2017 年第 2 期。

吕建军、彭凯、张研：《可穿戴技术在健康领域发展的 SWOT 分析》，《中国社会医学杂志》2016 年第 5 期。

郭源生等编著《智慧医疗共性技术与模式创新》，电子工业出版社，2020。

祁麟、文彦丽：《可穿戴血压测量设备的研究与应用进展》，《中国医疗设备》2016 年第 12 期。

张广有：《可穿戴设备再掀移动医疗新热潮》，《中华医学信息导报》2014 年第 8 期。

中科新知三级联合慢病管理模式创新报告

庞志强*

摘　要： 老龄化已成为我国突出的社会问题，在老年群体中慢病成为主要死亡原因和疾病负担，占总疾病负担的70%以上。传统的社区公共卫生服务已无法满足社区慢病患者日益多层次和多样化的健康需求。因此在健康中国的大背景下，探索建立一种适合我国的社区慢病管理模式迫在眉睫。现有的养老模式普遍存在重“养”轻“医”的问题，基于此，中科新知打造了一套独有的“家庭—社区—医院”三级联合的疾病管理模式，通过集成一系列创新医疗器械，结合多维生命体征大数据，为慢病人群和社区居民建立个性化健康管理模型和智能化疾病预警预筛模型；结合临床辅助决策系统（CDSS），实现院内和院外数据的联结，开展诊后管理和检后管理服务，实现精准慢病管理闭环。

关键词： 非接触监测　三级联合　疾病预警　慢病管理

一　引言

广州中科新知科技有限公司系中国科学院院属企业、国家认定高新技术企

---

* 庞志强，广州中科新知健康管理模式创始人，广东省心脑血管个体化医疗大数据工程技术研发中心副主任，广东省精准医学应用学会精准健康管理分会副主任委员。

业。从 2014 年开始，中科新知同中科院深圳先进技术研究院、华南师范大学、广东工业大学紧密合作，把“产学研”的模式落到实处，最终完成了“非接触心律呼吸监测关键技术”的研发，此关键技术获得了“广东省精准医学科学技术奖技术发明一等奖”。技术成果转化产品“非接触式心率呼吸记录仪”在 2018 年 12 月、2022 年 1 月获得了 NMPA Ⅱ类医疗器械注册认证。“非接触心律呼吸监测关键技术”依托于压电传感技术，通过非接触方式，精准、连续采集心跳（BCG 信号）、呼吸、体动信息，能够建立心、肺、神经系统等器官的个体化数字模型。

在行业应用上，中科新知结合创新医疗器械和大数据管理服务平台，经过与客户信息交互，通过机器学习算法构建个体健康模型，进一步提供健康评估、疾病预警、健康指导等全生命周期健康管理，为慢病管理、居家养老、社区养老、企业健康管理、个人精准健康管理等多个应用领域提供全套解决方案。2018 年以来中科新知已累计为数万人提供服务，累计超过 50 万人夜、400 万小时的数据。

二　中科新知产品及服务模式创新

中科新知的硬件产品“人工智能智慧养老管理系统（心晓悠护 Lite）”，于 2020 年入选工信部、民政部、卫健委《智慧健康养老产品及服务推广目录》。该产品及服务具有以下创新点。

（一）非接触多维健康大数据采集新技术

受老年人参与度与持续度等不确定的影响，居家生命体征数据监测挑战极大。中科新知的非接触式生命体征监测设备借助国际前沿的非接触生物信息传感监测技术，实现了患者在无接触场景下的心冲击波图（BCG）、呼吸努力监测，进而实现夜间心率异常事件、睡眠呼吸暂停事件、低通气事件、睡眠结构分期等监测。以上采集的体征数据，结合监测医疗设备参数，对心脑血管及呼吸类疾病的筛查和异常变化具有明确临床依据。

核心硬件是中科新知自主研发的专业医疗级智能硬件监护系统，该硬件已获得 NMPA Ⅱ类医疗器械注册认证。它有如下一些特点。

（1）精准：采样率 1000Hz，数倍于临床心电图监测仪，精准无失真获取人体夜间生命体征数据；

（2）连续：用于病人居家连续体征数据监测，掌握每日生命体征参数变化趋势；

（3）无扰：非穿戴设备，置于枕下，不辐射环境，免充电操作，安全安心方便易用，适用于居家环境下使用；

（4）早筛：借助心脑血管及呼吸类疾病患者的体征数据，构建分类模型，实现面向居家心血管及呼吸类疾病发病的早期筛查；

（5）预警：结合连续生命体征多维趋势图，识取时间维度下体征参数的趋势突变，实现患者疾病病情变化、急性加重等的预警提示。

为了满足慢病患者的监护需求，中科新知的硬件平台也已经接入了包括血氧检测设备、心电贴片、动态血糖仪等第三方硬件。

（二）基于连续性、多维健康大数据的个体化健康决策建模新方法

中科新知基于多维生命体征数据、社区与患者沟通疾病信息、生活行为信息等，构建基于患者个体化多维健康大数据的慢病管理决策模型，区别于当前的散点性或片段性临床检测数据。通过个体化的建模，可以更精准地掌握老年人的身体状况信息。

中科新知结合了硬件设备、软件平台和相应的服务，为养老行业提供了一套“智慧养老解决方案”，该方案基于物联网、大数据、云计算、人工智能等诸多技术，融合新型养老服务模式，最终实现互联网化、智能化的解决方案，提升老年人生活质量，构建老年友好型社会（见图 1）。

图 1　智慧养老解决方案

（三）三级联合的慢病和健康管理服务新模式

养老场景下的疾病和健康管理的目的是身体的康复和特殊事件的管理，所以需要的不仅仅是同医生、医疗机构建立联结，而且需要以居家体征监测为核心的疾病管理体系。中科新知集成了一整套监测硬件、个人健康/疾病模型以及对应的就医绿通、用药管理、居家护理、在线问诊、在线购药、疾病诊后随访管理等居家医疗服务体系，打造独有的“家庭—社区—医院”三级联合的疾病管理模式。

1. 个人健康/疾病模型驱动下的居家医疗服务体系

中科新知以海量体征数据为依据进行多尺度聚类、挖掘，同时有能力打通医院内数据，整合了 CDSS（临床辅助决策系统），建立了心脑血管及呼吸类慢病健康决策模型，结合人工智能技术，智能分析用户连续体征数据并与模型匹配，进而辨识用户体征健康趋势，匹配发送健康建议；发现健康异常时，对异常进行分级预警，并按级别给予相应的干预，做到“早发现、早干预、早治疗”。

基于个体模型，中科新知能够提供一系列的院外医疗服务，且对服务的方式做了一定的适老化改造，这些服务包括：

（1）疾病诊后管理：将医护服务延伸到院外，填补患病的老年人院外管理空白，让老年人获得连续的、全周期的个性化院后管理服务，其中包括：精准用药管理、随访服务、认知行为干预服务等；

（2）门诊/住院绿通服务：根据患病的老年人病情及需求，综合评价，进行分诊、导诊，同时为患者安排最合适的三甲医院、科室以及副主任以上专家，甚至是必要的海外医疗；针对需手术的病人，能为患者尽早安排住院床位及手术，避免延误病情；

（3）居家医疗护理：根据患病的老年人的病情及需求，可安排专业的护理人员进行多项可选的居家护理服务；

（4）在线问诊：可由专业的医生为患病的老年人提供在线问诊服务，解决常见的健康和疾病问题；

（5）在线购药：患者可享受便捷的在线购药服务，享受药品折扣的同时，还可送药到家。

2. 疾病和健康管理模式构建

在社区内面向中老年慢病患者开展连续生命体征监护和远程健康管理。通过建立多维健康大数据平台，为社区慢病患者建立电子档案；借助便携式、低负荷的医疗级健康检测设备，使慢病患者可在家完成连续性健康监测；借助互联网健康云平台，构建以多维健康大数据为基础的医疗服务决策模型，用于日常健康风险监测、疗效评估和疾病加重风险预警。

通过平台数据联结患者、社区及医院，实现慢病群体居家健康状态的实时共享、安全监控和长期预警的创新管理模式，最终构建以社区为平台、“家庭—社区—医院”三级联合的社区慢病管理体系。

在“家庭—社区—医院”慢病管理模式中，社区居民（慢病高危人群）使用便携式、智能化健康监测设备在家体检，社区卫生服务中心远程监控和筛查患者疾病风险，将严重者转诊至上级医院，并在患者病情稳定后转回社区继续进行康复管理，患者在家继续接受诊疗干预和健康监控，建立“家庭—社区—医院—社区—家庭”的慢病诊疗管理路径。

以社区为平台推进此慢病管理模式，综合大型综合性医院的诊疗能力、社区卫生服务中心的数量优势以及家庭监测和干预的便捷性优势，为社区内慢病患者提供连续性管理服务，这样既节约了医疗资源，实现了不同级别、不同性质医疗机构间的密切合作，又满足了患者的医疗、护理、生活的需求，保证患者获得连续的医疗照护和健康管理服务。

三　三级联合健康管理模式的实际应用与发展

（一）产品和平台不断升级

以《“健康中国2030”规划纲要》慢病居家健康管理国家战略需求为导向，根据慢病居家管理的实际应用需求，中科新知通过临床研究、工程技术积累和产学研合作攻关，突破国际技术瓶颈，不断升级产品和完善平台功能，使其在智慧健康养老和慢病预警管理应用领域获得了广泛应用，经广东省精准医学应用学会（5A级）鉴定，产品核心技术在非接触心律呼吸监测领域整体达到国际先进水平，其中，在心搏间期、睡眠呼吸暂停事件、心率呼吸量程等非接触测量指标的准确性上达到国际领先水平。该技术获2021年广东省精准医学科学技术发明奖一等奖（见图2）。

广东省精准医学应用学会
科学技术成果鉴定证书
粤精准鉴字［2021］第 2 号

成 果 名 称：非接触心律呼吸监测关键技术

主要完成单位：广州中科新知科技有限公司
华南师范大学

鉴 定 形 式：会议鉴定

鉴 定 日 期：2021 年 10 月 28 日

鉴定意见

鉴定委员会一致认为，"非接触心律呼吸监测关键技术"先进性与创新性强，成果整体技术水平已达到国际先进水平，其中，在心搏间期、睡眠呼吸暂停事件、心率呼吸量程等非接触测量指标的准确性达到国际领先水平。

广东省精准医学应用学会
2021年10月28日

GD PRECISION MEDICINE APPLICATION ASSOCIATION

广东省精准医学科学技术奖励

证 书

为表彰2021年度广东省精准医学科学技术奖获得者，特颁发此证书。

项目名称：非接触心律呼吸监测关键技术与应用

授奖类别：技术发明奖

奖励等级：一等奖

获 奖 者：庞志强

授奖编号：2021-B-1-01-R04

图 2　获奖证书

（二）服务体系不断完善，覆盖面不断扩大

三级联合的健康管理模式经过不断探索和应用，累计授权国家发明专利 20 件，发表 IEEE IoTJ、IEEE JBHI 等核心期刊论文 12 篇。产品及服务应用于新冠肺炎患者预后康复管理、心脑血管及呼吸慢病居家健康管理领域，累计服务逾 3 万名心脑血管及呼吸类慢病患者，提前预测脑卒中、心梗等急性发作，保障了患者的生命安全。

2020 年，入选了工信部、民政部、国家卫健委三部委联合公布的《智慧健康养老产品及服务推广目录》，并在中山大学附属第三医院、南方医院、广州市妇女儿童医疗中心等三级甲等医院开展院外管理和随访的应用，同时赋能国内不少于 10 家大中型健康管理机构、养老服务机构，在慢病居家监测及管理领域发挥了积极作用。

（三）服务水平和质量不断提高

通过建立基础生命体征（包括心率、呼吸、血压、心肺健康等）数据的精准、连续、长期监测平台，进行数据融合和辅助决策评估，赋能社区提升医护能力和效率，从数据端打通居家—社区—医院全程健康链条，能有效满足老年慢病患者居家健康医疗服务的需求，实现心脑血管及呼吸类慢病患者居家场景的智能筛查、病程管控和急性加重预警等功能，做到疾病变化“早发现、早诊断、早干预”。公司采用自主研发的多维生命体征传感设备，开展面向心脑血管及呼吸类老年慢病患者的多模态数据采集，建设智慧慢病监测、筛查、决策和预警的人工智能慢病管理服务平台，形成“居家监测—社区初筛—医院诊疗”的服务模式和示范性应用，将医疗前置，能有效缓解现有医疗体系无法覆盖社区和居家的社会问题。

该服务模式已在多种慢病居家管理服务中进行了示范性应用，包括对武汉金银潭医院的新冠肺炎康复患者开展居家心肺功能监测与评估，对广州市社区 COPD 患者开展居家疾病监测与加重风险预警，对心衰患者开展了非接触式心衰风险预测预警等，并积累了丰富的慢病居家健康监测、风险预警和干预管理的经验。

应用案例如下。

（1）在 2020 年新冠疫情突发时应用于武汉金银潭医院，用于新冠愈后患者心肺功能监测与康复评估，评估新冠病毒对人体睡眠治疗及心肺功能的影响，并首次报道了基于居家心肺监测发现新冠肺炎预后对患者心脏功能性伤害的情况。张定宇院长对产品及服务给予了高度评价：“非接触式生命监测及分析系统为新冠患者预后健康提供了有效的方案，缓解了医院跟踪随访人力的不足，具有显著的社会效益。”

（2）在中山大学附属第三医院应用于呼吸类慢病患者居家场景下的呼吸异常监测，包括呼吸过速、呼吸困难等，评估治疗药物疗效及其对神经系统的影响，实现与患者无接触场景下的睡眠呼吸异常初筛，有效应用于评估慢阻肺（COPD）患者的长期居家评估，预测和预警急性加重风险，患者居家监测数据被传输给社区服务中心、三甲医院，实现了居家监测—社区初筛—医院诊疗的三级管理模式（见图3）。

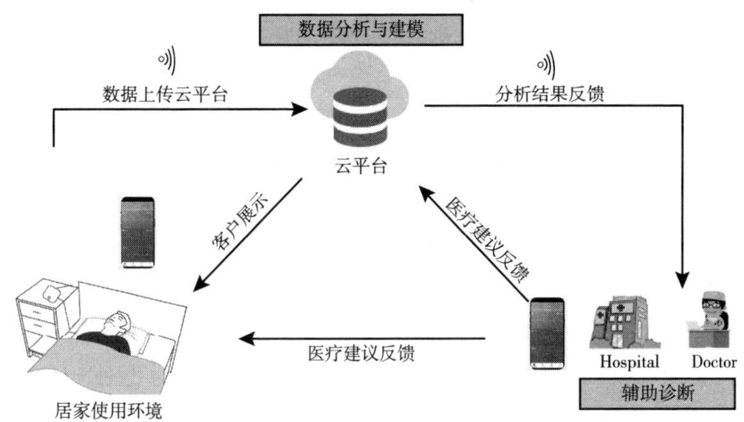

图3　慢病患者居家监测

（3）与中国心衰中心、广东省中医院合作，面向稳定期心衰患者，在院内采用非接触式生命体征监测设备采集心冲击图（BCG）和呼吸努力信号，结合临床诊断、心脏彩超数据，构建心衰失代偿风险模型及管理平台，心衰稳定期患者在居家场景下使用非接触式监测设备长期监测BCG和呼吸努力，预测、预警心衰失代偿风险，提醒患者和家人关注疾病的变化、及时就医。同时，通过远程管理平台将心衰患者的数据传输给医护人员，协助医护人员高效精准干预和管理患者（见图4）。

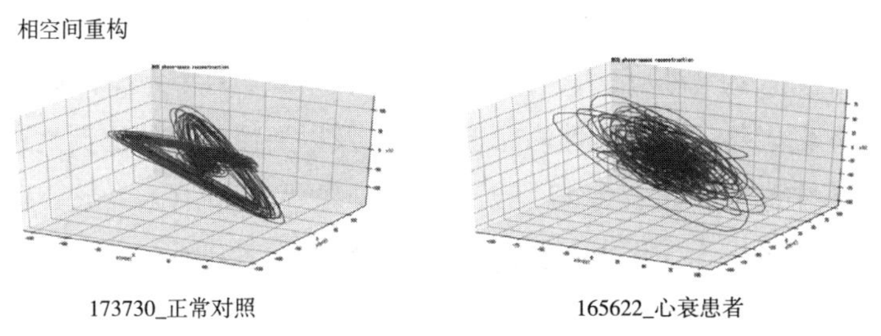

图4　心衰稳定期患者居家监测

（4）联合北京医养康在“海淀区家庭照护床位”项目提供远程监测、慢病管控以及远程平台提醒等居家老人照护运营服务。在该案例中，中科新知的“非接触式多维生命体征监测设备”作为居家床位标配进入居家照护中。医养服务提供方可以降低渠道配置医生的成本，可远程针对社区内使用睡眠监测用户提供健康指导和改善干预；通过平台可直观看到老年慢病患者对医生提供的周改善计划的执行情况；通过长期数据的沉淀可有针对性地对不同病种的客户做有针对性的服务内容的提供。

（四）促进了中国智慧健康服务模式的创新

产品与服务的分离，是中国智慧健康服务的通病。三级联合管理服务模式，跨越了产品与服务之间的“鸿沟”，实现了产品与服务的深度融合。随着深度老龄化的到来，建设三级联合的智能化慢病管理和健康管理平台成为关键措施，运用科技化手段提高老年人的健康水平和生活质量，积极应对我国人口老龄化，提高健康服务质量和健康保障水平，有助于中国智慧型健康服务模式的推广、助力实现健康中国战略。

四　中科新知三级联合健康管理模式的发展前景

随着社会老龄化的发展以及慢病患者对健康服务、护理服务需求的日益增加，“家庭—社区—医院”三级联合的健康管理模式越来越凸显其优势，不仅符合我国养老服务的实际需求，而且促进了“医养结合”的高水平、高质量发展。

（一）老年群体慢病和健康管理服务需求日益凸显

《健康中国行动（2019-2030年）》报告中指出，截至2018年底，我国60岁及以上老年人口约2.49亿人，占总人口的17.9%。老年人整体健康状况不容乐观，近1.8亿老年人患有慢性病，患有一种及以上慢性病的比例高达75%。目前全国成年人中高血压患者2.45亿人，脑卒中患者1300万人，冠心病患者1100万人，糖尿病患者近1.3亿人，慢性阻塞性肺疾病患者将近1亿人。慢病成为居民的主要死亡原因和疾病负担，占总疾病负担的70%以上，是制约人民健康的重要因素。

老龄化成为我国突出的社会问题，目前我国面向老年慢病患者居家健康管理等研究和示范性应用处于起步阶段，国务院多次强调要突出社区医疗服务的重要作用。在对城市人口社区健康服务需求的调查研究中发现，“上门看病”排在了第一位，反映了人们对医疗服务便利性和个性化的迫切需求。

随着社会老龄化的发展以及慢性病患者对护理需求的增加，患者出院回归家庭或社区后的照护需求也会增加，但往往因为得不到连续性的照护而使得自理能力和生活质量下降。健康需求得不到很好的满足，慢病患者可能需要再次就诊、入院，从而导致门急诊、住院发生率升高，患者的费用增加，严重时甚至导致患者病情的恶化或死亡。传统的社区公共卫生服务已无法满足社区慢病患者日益多层次和多样化的健康需求。因此在健康中国的大背景下，探索建立一种适合我国的社区慢病管理模式迫在眉睫。

在后疫情时代，传统的极大依赖于线下医疗活动的慢病患者诊疗模式已经渐渐暴露其弊端，将慢病预防和控制的关口前移，运用“互联网+”智慧医疗等新技术，构建一个“家庭—社区—医院”三级联合的疾病管理模式联动的慢病管理体系至关重要。

（二）三级联合服务模式符合我国养老服务的实际需要

2021 年国家卫生健康委举行新闻发布会，会上国家卫生健康委老龄健康司司长王海东介绍，我国老年人大多数都选择居家和社区养老，形成“9073”的格局；“9073”养老模式又称国家“9073”工程。早在“十一五”规划中，上海就率先提出“9073”养老模式，即：90%的老年人由家庭自我照顾，采取以家庭为基础的居家养老；7%的老年人享受社区居家养老服务，社区提供日间照料；3%的老年人享受机构养老服务。

针对 90%的居家养老的老人，居家开展健康监测，将数据联结到社区服务中心和医院，在疾病发生变化时提供社区监护和医院诊疗服务，因此，“家庭—社区—医院”三级联合的服务模式能够较大程度上满足老人居家养老和慢病管理的需求。

（三）三级联合服务模式促进了“医养结合”的高质量发展

对于养老，我们一直会提一个概念：医养结合，即多元化养老服务是在做好传统生活照料、精神慰藉等服务的基础上，更加注重老年人的医疗保健服务。

我们来看一下目前在“9073”的模式下，典型的养老场景的医疗情况。

1. 专业的养老机构

设想中的专业养老机构应该配备专业的医护人员，建有内部医务室、护理站，与护理院和大型医院对口，实现养老、医疗的双向转诊；在成本可控的情况下，可以配备一定的体征监测设备、必要的康复器材以及紧急救援设施。通过这些医疗基础设备的配置，专业的养老机构能够较好地覆盖老年人基本的医疗需求，能够为不同的老人提供具有长期性、针对性的医疗护理服务。但目前我国的养老机构依然存在以提供简单的生活照料服务为主、医疗服务较少的问题，难以提供专业医疗护理服务，以致养老机构覆盖人群出现结构性缺陷。

2. 社区养老综合服务中心

设想中的社区养老综合服务中心应配备少量的护士，对常见老年病能提供基础的护理服务；并能够提供健康监测等个性化健康监测及基础医疗服务；但对疾病的管理由老人自主去社区医院/大型医院解决。在目前存在巨大的养老缺口的背景下，社区养老无疑是最适宜的养老模式，但与之相匹配的资金保障、服务水平、医疗设施问题仍亟须解决。

3. 居家养老

依托基层医疗机构提供最基本的医疗卫生服务，医护服务辐射到家庭，提供转诊服务；对疾病的管理由老人自主去社区医院/大型医院解决。目前居家养老为医养结合服务的重点，成本低且能让老人更有归属感，但家庭内的医疗设施不齐全，且医疗服务网点分配不均，在医疗特殊事件发生时容易错过最佳治疗时机。

各个养老场景下，现有的模式普遍存在重“养”轻“医”的问题，注重的都是如何满足老年人的生活需求，而对疾病治疗和健康管理需求的满足普遍缺失。

养老场景下的疾病治疗和健康管理的目的是身体的康复和对特殊事件的管理，所以需要的不仅仅是同医生、医疗机构建立联结，更需要以居家体征监测为核心的疾病管理体系。中科新知的养老行业解决方案，打造独有的“家庭—社区—医院”三级联合的疾病管理模式，真正实现了“医”与“养”结合。

（四）中科新知三级联合服务模式的发展构想

1. 产品方面

产品发展方面，一是以非接触心律呼吸监测关键技术为核心，研发多维生命体征监测设备，赋能智能家居产品，包括但不限于枕头、床垫等。二是建立慢病管理数据库，以中老年人为核心群体，以慢病管理信息为基础，与民政部门、医疗机构等紧密合作，通过数据的互联互通消除“数字鸿沟”。三是完成智能化设备的便携性、适老化改造，让操作更为简单、指引更加全面，帮助中老年群体更好地适应智慧化慢病管理模式。

2. 服务方面

数字信息技术是支持三级联合服务模式，支持老年慢病群体居家/社区管理的重要支撑。未来将强化信息技术支撑，促进人工智能、物联网、云计算、大数据等新一代信息技术和智能硬件产品及服务在三级联合服务中的深度应用。

一是提升智慧化服务的供给能力，帮助医疗服务人员、健康管理机构等了解居家老人的心理、生理、习惯和认知等，提供促进心理健康、生理健康和社会关系健康的服务内容。二是推动家庭养老病床的使用，为居家老人提供远程监测和健康服务，依托互联网平台、手机 App、微信小程序等重点发展远程慢病管理、个性化健康管理服务，联合其他服务机构提供“互联网+护理”“互联网+健康咨询”“互联网+健康科普”等智慧化健康服务。

3. 模式推广方面

继续完善“居家监测—社区初筛—医院诊疗”三级联合管理服务闭环的建设，并推动在省、市的逐步推广，实现“平时在家庭，小病进社区，大病进医院”的管理模式。

该服务模式的推广，是在当地政府部门的允许和支持下，与大型三甲医院、社区医院、社区卫生服务中心合作，必要时联合其他健康管理机构等，在省、市内部分地区开展试点应用和示范性推广，形成服务闭环，探索服务收费模式，随后在全省乃至全国完成模式的复制和推广应用。

4. 几点对策建议

（1）加强健康宣教和知识普及，提升患者及家属意识。

慢病管理的主要任务主体并不是医生和护士，而是患者本人和家庭，慢病患者住院治疗的时间是有限的，更多时间是回归到家庭照护，健康宣教不仅面向患者本人，同时也应该注重家庭成员的慢病知识普及、提高家庭成员的防病意识。

（2）推动建设健康大数据中心。

政府部门牵头，联合健康大数据科技型企业，建立区域性健康大数据平台，接入医疗数据接口，为社区慢病患者建立电子档案；并借助便携式、低负荷的医疗级健康监测设备，使慢病患者可在家完成连续性健康监测；借助互联网健康云平台，构建以多维健康大数据为基础的医疗服务决策模型，用于日常健康风险监测、疗效评估和疾病加重风险预警。通过平台数据联结患者、社区及医院，实现对慢病群体居家健康信息的实时共享、安全监控和长期预警。

（3）开展试点应用并提供政策和资金支持。

在市/区（县）区域内进行试点及模式推广，初期采用企业投一点、政府补一点、居民掏一点的方式，探索可行的管理服务和收费模式，将疾病预防和控制的关口前移，提前预防，有望实现社区居民高血压、糖尿病患者规范管理率提高20%，疾病控制率提高 10%，恶性心脑血管事件发生率降低 20%，并形成良好的社会辐射和示范性推广。

参考文献

国家卫健委：《健康中国行动（2019-2030 年）》，2019 年。

国家卫健委新闻发布会：《我国养老呈“9073”格局：约 90% 老人居家养老》，2021 年。

县域智慧助配餐模式创新报告

——以浙江省临海市为例

王光永*

摘　要： 县域智慧助配餐模式是在以县为行政区划的地理空间范围内，为辖区老年人提供配餐、助餐、送餐服务，通过助配餐信息管理系统和智能化终端，形成“来源可溯、过程可控、去向可追”的闭环服务和监管体系。2021年5月，县域智慧助配餐模式在浙江省临海市（县级市）开始落地实施，以“县级中央厨房+镇/街级中心食堂+村/居级助餐点”的层级点位布局，辐射居家，逐步形成城区15分钟、农村30分钟的助配餐服务圈。截至当前，每天为分布在19个镇/街的2500多名有助餐需求的老年人提供堂食和上门送餐服务。并通过签约授权符合要求的社会餐饮企业、偏远人口稀少地区和山区发展邻里互助的形式，实现全市老年助餐网络全覆盖和兜底保障人员助餐服务全覆盖。

关键词： 县域　智慧平台　中央厨房　助配餐服务

一　引言

县域智慧助配餐模式是在县级行政区划的地理空间范围内，为辖区老年人提

* 王光永，临海市民政局社会救助和福利保障科科长，社会工作师。

供配餐、助餐、送餐服务，并结合信息化技术，形成“来源可溯、过程可控、去向可追”的闭环服务体系。

县域智慧助配餐模式是以县为基本管理单元，由“县级中央厨房、镇/街级中心食堂、村/居级助餐点”构成助配餐网络，在满足社区老年人堂食的同时，提供城区 15 分钟、农村 30 分钟步行范围内的上门送餐服务，通过助配餐信息管理系统和智能化终端，形成“来源可溯、过程可控、去向可追”的闭环服务和监管体系。

此模式于 2021 年 5 月在浙江省临海市开始落地实施，覆盖临海市 19 个镇/街，每天为 2500 多名有助餐需求的老年人提供堂食和上门送餐服务。并结合签约授权符合要求的社会餐饮企业、偏远人口稀少地区和山区发展邻里互助的形式，实现全市老年助餐网络全覆盖和兜底保障人员助餐服务全覆盖。

二　智慧助餐服务体系构建及现状

临海市总人口达 120.33 万人，60 周岁及以上老年人口共 25.95 万人，占总人口的 21.57%。随着人口老龄化快速发展，临海市加快推进城乡社区居家养老服务体系建设。截至 2020 年末，已建成运营的养老机构 52 家，镇（街道）居家养老服务中心（下称服务中心）19 家，城乡社区居家养老服务照料中心（下称照料中心）662 家，其中示范型照料中心 50 家、农村家宴厨房 57 家，为智慧助餐服务网络建设打下了坚实的基础。

（一）发展历程

基于前期线上线下各项工作的有效推进，从 2020 年开始，临海市民政局开始系统性筹划智慧助配餐体系的建设，2021 年底，实现 19 个街镇中心食堂全覆盖，每个中心食堂辐射周边至少 6 个村居助餐点。2022 年开始筹建市级中央厨房，并整合各类资源和因地制宜发展各类助配餐模式。

（二）智慧助配餐体系构成

1. 场所

（1）县级中央厨房：集中采购原材料并制作加工成半成品的场所，然后配送到各镇/街级中心食堂，保证菜品的一致性和品质，降低食品安全风险。

县级中央厨房也是城区周边 15 分钟步行圈范围内居民的中心食堂，既可以提供堂食，也可以送餐上门。

（2）镇/街级中心食堂：提供膳食加工、集中就餐和配送餐服务的社区食堂。具备供餐（150 人以上）能力并符合安全卫生管理要求的镇（街道）居家养老服务中心、农村家宴厨房、养老机构等都可以成为镇/街级中心食堂的场所。

（3）村/居级助餐点：接受中心食堂的成品菜，为周边有需求的老年人提供堂食（至少能容纳 15 人以上就餐）和上门送餐服务的场所。符合条件的城乡社区居家养老服务照料中心、文化礼堂等可以成为村/居级助餐点的场所。

2. 设备

（1）厨房和餐厅设备：储藏设备、洗涤消毒设备、调理设备、食品机械、制冷设备、烹饪设备、蒸煮设备、通排风设备、净化环保设备、厨房用品用具、餐桌椅、显示屏等。

（2）配送餐设备：冷链配送车、送餐车、保温箱、餐盒餐盘等。

（3）智能化设备：GPS 定位器、人脸识别设备、手持智能识别终端、摄像头等。

3. 信息管理平台

实行对县级中央厨房、镇/街级中心食堂、村/居级助餐点各个节点和路途的实时监控，并通过智能终端设备对就餐老人身份进行精准识别，结合政府补贴政策，形成“来源可溯、过程可控、去向可追”的闭环服务和监管体系。

4. 服务机构

（1）餐饮机构：负责菜品采购、验收、制作服务和县级中央厨房、镇/街级中心食堂的管理、运营。

（2）配送服务机构：运送半成品物资从县级中央厨房到各镇/街级中心食堂、从各镇/街级中心食堂到村/居级助餐点、从助餐点到居家的配送。

（三）信息管理系统

1. 用户端

“浙里办”是一款基于浙江政务服务网一体化平台能力的 App，基于“浙里办”独立开发临海养老用户端的“老临家”，将智慧点餐作为单独模块嵌入，根据位置定位自动列表最近的助餐点，需要助餐的老年人实名注册后即可根据需要完成点餐、预约。

2. 服务端

按照订餐老人的基本信息（包括姓名、身份证号、性别、年龄、住址、街镇、村居等）和类型（包括助餐点、助餐类别、补贴政策、就餐状态等），助餐员在“临海助餐”小程序端拍照确认完成并即时上传，照片需体现老人清晰人脸、餐品和助餐类别等。

3. 管理/监管端

建立订餐老人的基本数据库：姓名、性别、年龄、身份证号、户籍地址、居住地址、所属街镇村居、本人联系电话、紧急联系人及电话、就餐助餐点、助餐类别（堂食、领餐、送餐）、享受补贴政策、目前状态（正常、暂停、注销）等，并实时更新。

通过送餐时长限制、服务照片内容、用户回访等对助餐服务设置预警并实时监管、跟踪。通过汇总各中心食堂、助餐点的卫生情况、营业天数、就餐人数、助餐点数量和用户满意度对助配餐服务机构进行监管考核。

（四）智慧助配餐平台概况

1. 网络拓扑（见图 1）

2. 业务架构

以互联网、物联网、云计算为技术架构，为养老助配餐主要相关方提供业务、数据、资金的运营、管理、服务的闭环生态平台（见图 2）。

（1）数据录入/采集。

通过老人/老人家属在临海市民政“浙里办”服务端口主动注册填写、服务人员/志愿者上门服务主动采集、临海智慧养老平台输入导入三种渠道完成老人数据的录入和同步。

（2）养老数据管理。

通过数据统计和老人移动端求助反馈信息，对数据库内的老人数据做筛选排查，制定需要上门访问的老人名单并派发给相应服务机构，对老人进行上门拜访和需求记录。服务机构收集老人需求信息、制定对应的服务方案，并派发给服务

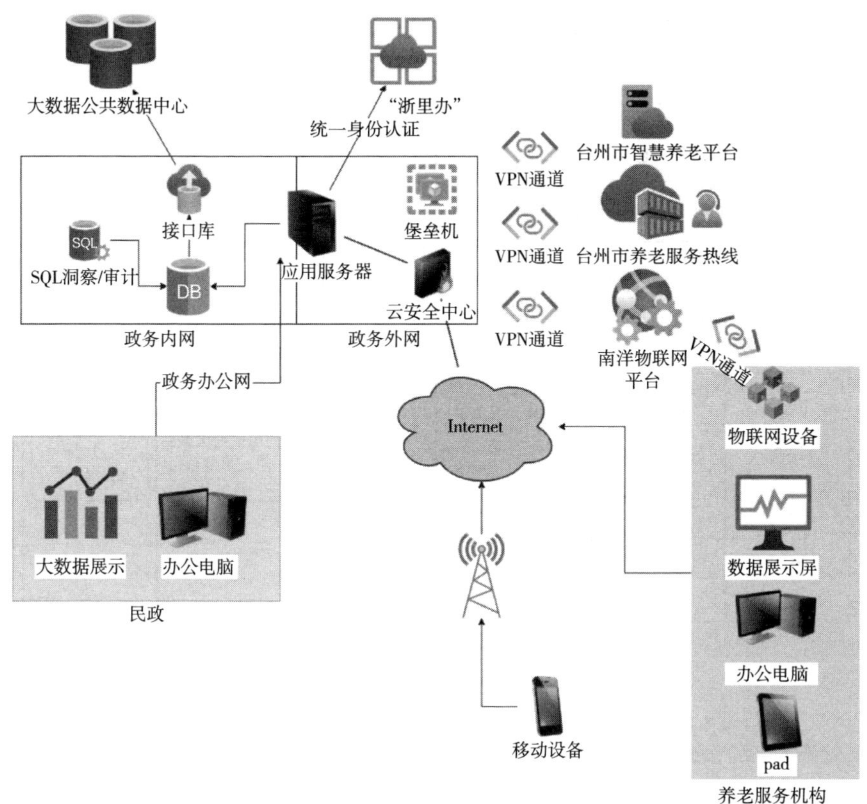

图 1　网络拓扑

人员/志愿者对老人进行定点服务。

（3）老人求助与服务应答。

通过电话、家用硬件报警设备等渠道实现老人在线订购专属养老服务、随时随地在线求助服务功能。所有服务订购信息和求助信息将汇总至应答服务后台并由专业值班人员接收信息，依据服务需求和求助内容安排至对应服务人员/志愿者处完成对老人的远程/上门服务。

（4）食品监管。

以中心食堂为中心辐射相近社区就餐点，再从社区就餐点为失能、失智等困难老人送餐上门。整个过程中将采用视频监控的方式对中央厨房开展必要的食品安全日常监督管理，同时与市场监督管理局相关系统信息互通，获取各“厨房”

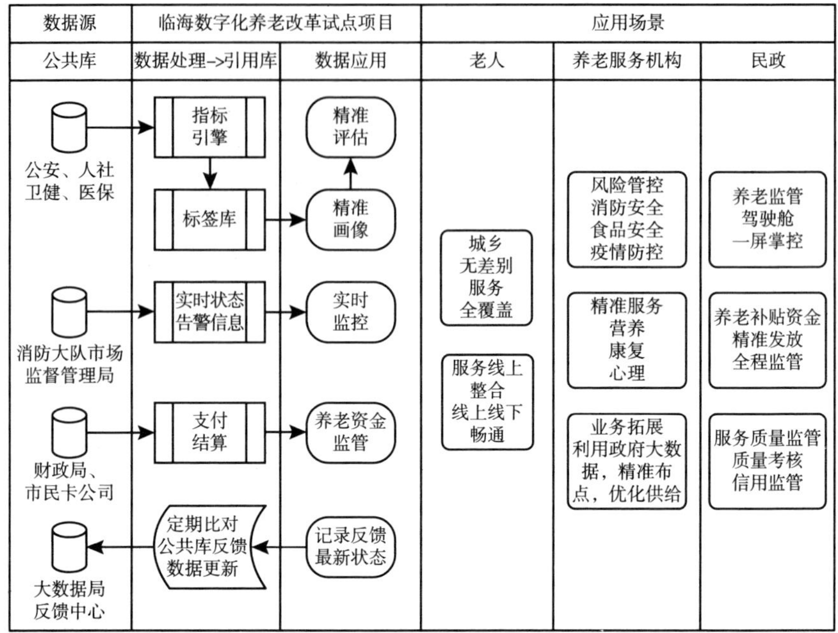

图 2　闭环生态平台

剩菜处置记录、食品留样记录、厨房设备保养记录、卫生检查记录、餐具消毒记录等信息（机构人员将每份参数样品拍照上传），同时也可全程监控餐盒配送，保证餐食质量，支持电脑/智慧大屏实时查看送餐车/送餐人员实时定位，形成整个区域内所有网点助餐数据的实时查询、动态展示、电子结算。

（5）数据安全（见表 1）。

表 1　数据安全情况

安全目标	描述
身份真实性	能对通信实体身份的真实性进行鉴别
信息机密性	保证机密信息不会泄露给非授权的用户、实体或过程
信息完整性	保证数据的一致性，能够防止数据被非授权用户或实体建立、修改和破坏
服务可用性	保证合法用户对信息和资源的使用不会被不正当拒绝
不可否认性	建立有效的责任机制，防止实体否认其行为
系统可控性	能够控制使用资源的人或实体的使用方式，对信息的传播及内容具有控制能力
系统易用性	在满足安全要求的条件下，系统应当操作简单、维护方便
可审查性	对出现的安全问题提供调查的依据和手段

（6）功能说明。

实时采集、整理、统计助配餐各类数据内容，并以可视化的方式进行展示和统计。

负责老人的助餐就餐服务管理系统方案设计、管理，服务内容监控，送餐车、餐盒、服务人员监管追踪溯源的服务系统。

A. 预约就餐功能。

老人可以通过便民服务，以提前预约的方式，在线上下单后，通过中央厨房统一采购，通过二级配送体系，最终由服务人员或志愿者送餐上门，送餐人员可以通过人脸识别进行签到，从而证实送餐成功，方便数据管理（见图 3）。

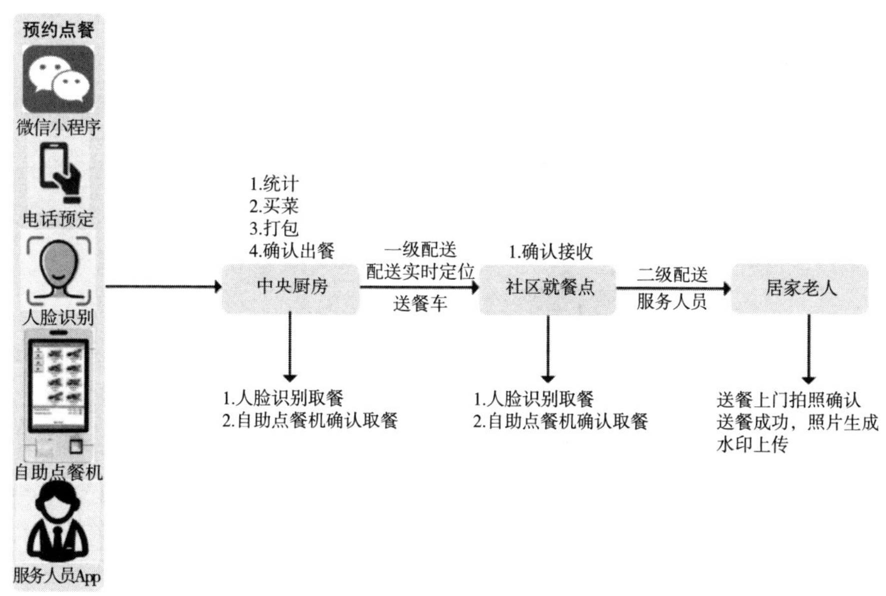

图 3　助配餐流程

B. 中央厨房。

中央厨房根据预约情况统一采购，统一准备，配送至各镇街中心食堂，同时对老人开放堂食。

C. 中心食堂—社区就餐点一级配送。

中心食堂，配有 GPS 定位的保温餐车，快速扫码确认餐盒装车，送餐车实时上报行进路线，按时配送到各社区就餐点，实现一级配送。

D. 社区就餐点。

社区就餐点支持人脸识别堂食，针对到食堂就餐的老人注册登记信息，充值金额到个人账户，采取人脸识别支付取餐，同时记录用餐数据，便于政府补贴发放监管工作。

为方便特殊情况老人，社区就餐点开展送餐上门二级配送服务，送餐人员在送达时扫码，上报定位，确认送达，同时进行老人账户扣款。

E. 实时定位功能。

送餐车配有定位设备，送餐人员利用手机，实时上报位置，系统中可查询到实时定位信息，同时可以看到配送时间。数据可以在数据大屏实时动态展示。

F. 支付流程（见图4）。

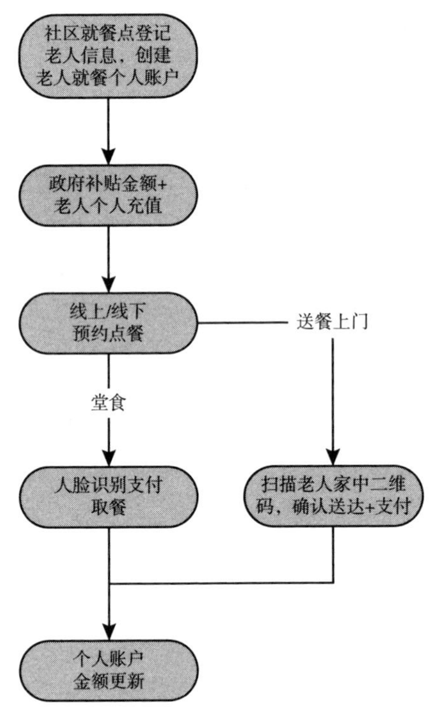

图4　支付流程

（五）助配餐服务的实施

1. 目标任务

以老年人需求为导向，健全和完善老年助餐机制，以解决高龄、失能失智、低保低边等特殊老年人“吃饭难”问题为重点，选择合适的为老年人助餐模式，逐步形成城市 15 分钟、农村 30 分钟的助配餐服务圈，构建“政府主导、社会力量补充、数字化支撑”的老年助配餐服务体系，推动老年助配餐机构长效运营，为老年人提供优质、高效的助配餐服务。计划到 2022 年 12 月，实现全市兜底保障人员助餐服务全覆盖，力争有需求的老年人助餐服务基本覆盖、老年助餐网络基本覆盖；到 2023 年 7 月，实现全市有需求的老年人助餐服务全覆盖、老年助餐网络全覆盖。

2. 服务对象

服务对象为居住在临海市市域内、具有临海市户籍的居家老年人，分为三类对象。

（1）一类对象：年满 60 周岁及以上的特殊家庭老年人。

A. 分散供养特困老年人；

B. 最低生活保障家庭和最低生活保障边缘家庭中的老年人；

C. 享受国家定期抚恤补助优抚的老年人；

D. 残疾等级 3 级及以上的老年人；

E. 计划生育特殊家庭中的老年人。

（2）二类对象：年满 80 周岁及以上的高龄老年人。

（3）三类对象：年满 60 周岁的居家老年人，重点保障 70 周岁及以上的居家老年人。

临海市引进的创业创新高层次人才及其配偶的直系亲属，在临海居住期间可享受临海市户籍老年人同等待遇。

3. 助餐模式

（1）市级中央厨房。中央厨房是指采用大空间的操作间，采购、选菜、切菜、调料等各个环节均有专人负责，将半成品和调好的调料一起用冷藏车配送到各镇/街级中心食堂，保证菜品的一致性和品质，降低食品安全风险。

县级中央厨房也是周边 15 分钟步行圈范围内居民的中心食堂，既可以提供堂食，又可以送餐上门。

（2）中心食堂。提供膳食加工、集中就餐和配送餐服务的社区食堂。具备供餐（150 人以上）能力并符合安全卫生管理要求的镇（街道）居家养老服务中心、农村家宴厨房、养老机构等都可以成为镇/街级中心食堂的场所，以实现多点布局、堂食就餐、规模配送（助餐服务点）、单独配送（配送入户）等多样化就餐、个性化点餐服务。

（3）助餐点。对没有条件建立老年食堂，但有助餐需求老年人数量超过5人的村社，可设置助餐点，通过中心食堂配送，为有用餐需求的老年人提供助餐服务。

（4）机构食堂配送。利用有条件的养老院、养老服务机构食堂，引导它们在满足机构内老年人就餐需求的前提下扩大供餐容量，为周边社区老年人提供就餐、配送餐服务。

（5）社会餐饮配送。就近选择诚信经营、管理规范、餐饮服务食品安全监督年度等级原则上在B级及以上的社会餐饮企业，为有需求的老年人提供就餐、送餐服务。

（6）邻里互助。对偏远山区、海岛村庄等位置相对偏远、就餐人员偏少、不具备设置老年食堂、助餐服务点条件的村社，鼓励居民双方通过签订协议的方式，在本村/社内选择身体健康、品行端正、居住距离较近的居民为本村/社有助餐需求的老年人提供就餐、送餐服务。

4. 补贴标准及方式

（1）建设补助。对新建的市级中央厨房、中心食堂给予一次性建设补贴，对供餐能力达到300人・餐及以上的给予20万元补贴；对供餐能力达到100～300人・餐的给予10万元补贴；对供餐能力低于100人・餐或具备现场分餐能力并有20人以上堂食场所的助餐点按照建设总金额的50%补贴，最高补贴5万元。

对提升改造的助餐点按照改扩建总金额的50%补贴，最高补贴3万元。

对补贴金额在相关部门验收合格并取得合法资质后申请发放。

（2）运营补助。一是根据实际运营天数和老年食堂就餐（含送餐）的老年人总人数确定补助档次，年实际运营天数多于300天及符合条件的就餐总人数达到平均每天200人及以上的，补助30万元/年；二是年实际运营天数多于300天及符合条件的就餐人数达到日均105～200人的，补助20万元/年；三是依托养老服务机构老年食堂，全年安全运营300天以上，日均助餐老年人达20人以上的，给予每年2万元奖励补助，日均每增加20人，年增加补助2万元，最高不超过10万元；四是依托社会餐饮企业，全年安全运营300天以上，日均助餐老年人达40人以上的，给予每年2万元奖励补助，日均每增加20人，年增加补助1万元，最高不超过10万元；五是（社区食堂）年实际运营天数多于300天，老年人就餐人数日均105人及以下的，补助金额见表2；六是年实际运营天数多于300天的邻里互助助餐点，按照助餐老年人数，给予每人每年1200元奖励补助；七是年实际运营天数少于300天的或者只开展早餐服务的，不予补助运营经费。

表2　运营补助情况

日均就餐老年人数(人)	运营补助金额(万元)
0~10	2.5
11~15	3.0
16~20	3.5
21~25	4.0
26~30	4.5
31~35	5.0
36~40	5.5
41~45	6.0
46~50	6.5
51~60	7.0
61~105	8.0

（3）助餐补贴。老年人就餐时，给予符合助餐补贴对象的老年人相应补贴。

一类对象：每人每餐8元以上的享受每人每餐补助5元（仅限中餐和晚餐）；

二类对象：每人每餐8元以上的享受每人每餐补助4元（仅限中餐和晚餐）；

三类对象：每人每餐8元以上的享受每人每餐补助2元（仅限中餐和晚餐）；

每人每餐低于8元的不享受补贴，自费。

本市户籍失能失智及90周岁以上老人送餐服务费免费，送餐服务费为2元/人次，由财政贴补。

助餐补贴不发放现金，通过助餐价格优惠的方式体现。补贴当日使用有效，不能累积使用和转赠。在临海市常住的非临海市户籍老年人，可在居住地享受助餐服务，但不享受各项优惠补助。

（4）餐费标准及送餐服务。①餐费标准。老年食堂以菜品多样化、由老年人自选的方式供餐，米饭2元/人，每小碟菜品2~6元自选，满足老年人的营养健康需要。②送餐服务。老年食堂可为老人提供送餐上门服务，送餐服务费为2元/人次，老人自行承担。

5. 社会参与

（1）加强宣传引导，发动社会参与，实现政府补一点、社会捐一点、企业让一点、乡贤捐一点、党员帮一点、子女充一点、老人掏一点、菜园种一点的“八个一点”，不断完善老年助餐服务体系，实现老年助餐的可持续发展。

（2）各镇街及村社要发动党员参与志愿服务，实施“党建+老年助餐服务”模式，增强老年助餐服务红色基因。依托“五社联动”，建立为老服务志愿队伍和服务项目，加强舆论引导，积极引入公益慈善组织和志愿者组织参与老年人助餐、送餐服务。

（3）各镇街及村社要积极发动乡贤、企业家、爱心人士等为助餐机构捐款捐物，设立爱心捐赠榜，妥善使用社会捐赠资金，及时公布捐赠情况。

（4）助餐机构可根据实际需求设置志愿服务项目和服务时长，探索建立“时间银行”转换机制，对提供志愿服务的，经村社或运营单位确认后，可在助餐机构内进行服务转换。

6. 激励机制

（1）对设有助餐机构并运营3年以上的村社，在文明村社考评中酌情予以加分。镇街对村社干部考核中，对设立助餐机构并长效运营的村社干部应给予适当加分。

（2）把老年助餐机构建设纳入乡村振兴考评体系，促进乡风、民风健康发展。

（3）村集体经济可结合自身实际，提取适当的福利事业公益金用于老年人用餐伙食自付费用减免。

（4）对积极引导社会力量、慈善资源参与老年食堂运营的个人、集体或单位，在慈善评选中予以推荐。

（六）主要成果

2020年2月，台州市作为民政部、财政部第五批中央财政支持开展居家和社区养老服务改革试点地区，根据台州市试点工作方案，明确将临海市作为试点中的试点，将临海市已建的智慧养老系统纳入台州市智慧养老系统的一部分，

2020年11月全国评审中，台州市在全国59个试点城市中被评为优秀，其中临海市智慧养老系统得到评审委员的一致好评。

2021年，临海市智慧养老系统入选台州市第一批数字政府场景谋划清单，承接省民政厅养老服务综合监管场景试点工作。

2022年7月6日，学习强国平台发布《台州临海：老年食堂的“府城味道”守护“舌尖”幸福》的专题报道。

2021年5月至2022年7月，共完成助餐服务60多万人次。

三 发展中的困难及对策

一年来的实践显示，助餐是老年人尤其是高龄老人的迫切需要，但智慧助餐是一项看似简单、实则复杂的社会系统工程。在实施过程中遇到了各种困难和问题。主要有以下几个方面。

（一）社会知晓度、融合度欠缺

作为政府的民生实事项目，定位偏向为高龄、经济困难、生活不便的老年人提供基本保障服务，前期的宣传和摸排具有一定的针对性，社会老年群体及子女知晓度欠缺。

从社区食堂的规划、选址、建设、验收到运营，周期长、部门跨度大，社区老年食堂属于餐饮行业，从设备配置、原材料采购、清洗切配、烹饪蒸煮到发菜配送、回收消毒等食品的生产环节、流通环节和餐饮的服务环节需符合食品卫生要求。前期的建设推广、中期的运营服务、后期的维护监管都需要政府、社会、市场的高度协同。

（二）支付不够便捷

由于老年人对数字技术的使用和接受程度低，对无感支付存在不信任感，支付方式更多的是现场现金支付或者是现金预收款形式，每月要核对多退少补，造成大量的人工浪费用于收付、核对、统计、解释等工作。

（三）对策建议

老年助餐服务涉及面广、质量要求高，必须加强统筹规划、发挥政策优势，协调政府、社会、市场各方面力量，共同把好事办好、实事办实。

1. 落实政策支持

从中央到地方，各级政府都高度重视老年助餐工作。国务院发布的《“十四五”国家老龄事业发展和养老服务体系规划》、浙江省民政厅发布的《浙江省养老服务发展“十四五”规划》、《临海市关于加快推进为老助餐服务高质量发展的实施方案（试行）》等，都对这类工作做出部署、提出要求。在今后工作中，必须切实解决政策落实的“最后一公里”问题，不折不扣地把各项政策要求落到实处。

2. 加强部门协作

党委、政府相关部门要从宣传组织、规划部署、经费保障、指导监管、岗位设置、安全检查等方面各司其职，密切协作，形成合力。乡镇街道要切实落实场地、资金、人员等条件，确保助餐项目落地生效。村居社区和社会组织要发挥服务职能，做好助餐对象核查、志愿者队伍组织、发动邻里互助、助餐机构监管等工作。

老年助餐服务关系老年人切身利益，也是养老服务体系的重要内容。构建覆盖城乡、布局均衡、方便可及的老年助餐服务网络成为一项重要的民生实事，让行动不便的老人无须为买菜做饭发愁，能够真正实现生活无忧无虑、安享晚年。

康养小镇建设与运营模式创新报告

——以海南省“四季春天”温泉康养小镇为例

曾韵珊　蔡荣斌*

摘　要：“康养小镇”是以特色的自然资源、健康养老设施和生活服务为基本要素的功能性社区。自从西方发达国家进入人口老龄化以来，康养小镇随之出现并迅速发展，我国的康养小镇则始于2016年国家住建部倡导建设的特色小镇。近年来，随着城镇化和人口老龄化快速发展，各地针对不同类型的资源环境、人文特色开发了各具特色的康养小镇。这些康养小镇因地制宜，以生态环境为基础，以历史文化为契机，秉承以人为本、生态为先的发展理念，进行多元化开发，构成了以康养为核心，集旅游、休闲、商贸、娱乐于一体的产业集聚群，成为区域的一个新增长极，带动当地社会经济的发展，形成百花齐放的特色康养小镇发展格局。海南省白沙黎族自治县的“四季春天”温泉康养小镇，就是利用温泉的养生疗愈特色资源，融合医疗、康复、养生、文化、旅游、养老服务的医养结合特色小镇，本文研究分析这一小镇建设和运营模式，以供我国康养小镇的未来发展借鉴。

关键词：特色小镇　康养小镇　模式创新

* 曾韵珊，中益老龄事业发展中心办公室副主任。蔡荣斌，海南“四季春天”温泉小镇董事长。

一 引言

康养小镇作为健康养老功能性社区发源于欧美发达国家。如美国的持续照料社区（CCRC）有将近百年的发展历史，而活力退休社区（AARC）则始于20世纪60年代，其规模最大的项目为位于佛罗里达的“群村”，占地80多平方公里；澳大利亚的退休村始建于20世纪30年代，目前发展到1100多个。在欧洲，康养小镇发端于特色疗养基地，大多以疗养酒店、休闲农庄、特色民宿等形式服务于度假人群。随着时间的推移，这类规模较小、功能单一的疗养基地逐渐发展成为多功能、大规模的康养小镇，如德国的黑森林地区的巴登巴登温泉小镇。

（一）国外康养小镇的主要特点

国外的康养小镇是随着社会环境和消费需求的变化而发展起来的。从需求角度而言，健康长寿是人类追求的永恒目标。受工业化和城镇化进程加快、环境恶化、经济发展水平提升、社会老龄化凸显、人均可支配收入增加等因素影响，大众健康意识和健康需求持续提升，日常体检、康养休闲、健康饮食等被逐步纳入康养产业范畴。在需求的拉动下，康养小镇快速发展，德国、美国、法国、日本等国家打造了全球著名的康养小镇成功案例。

德国有350余处森林康养基地，每年大约接待30万人。德国黑森林脚下的康养小镇巴登巴登，拥有12个大众浴场和389座个体浴室，是远近闻名的疗养胜地。小镇有完善的“防、养、治”康养体系、丰富的休闲文化设施、个性化的康养产品体系；悠久的历史、独一无二的温泉资源以及完善的娱乐服务体系，成就了巴登巴登康养小镇的辉煌。美国黑莓牧场坐落在全美知名的自然保护地大雾山山脚下，以优美的自然风光闻名，是集住宿餐饮、休闲娱乐、观光游览、健康养生等功能于一体的度假旅游胜地，占地总面积为4200英亩。法国依云小镇度假区位于法国上萨瓦省北部小镇艾维昂勒邦，背靠阿尔卑斯山，面临莱芒湖，属于地中海气候。散落在大城市周边的欧洲小镇，有狭窄整洁的街道、童话般的小木屋，颠覆了旅游者对于康养小镇的固有观念。日本FuFu山梨保健农园是日本森林疗养基地的标杆，位于日本山梨市牧丘町，占地6万平方米，拥有丰富的自然资源，农园外是信州连绵的山脉，可以看到远处的富士山，让人身心得到放松与疗愈。

总结国外康养小镇成功的经验，具有以下几点。一是优越的地理环境。海拔差异明显、植被丰富，既有森林又有花园、农田、果园，为康养服务提供了良好的自然基础。二是注重塑造小镇的文化形象。通过各类文化场馆建设、举办文化活动等，进一步强化和提升小镇的文化属性，实现了与其他小镇的差异化竞争。三是注重多元化产品的融合。体验内容涵盖温泉疗养、艺术体验、户外徒步和休闲娱乐等多种方式，满足休闲度假、康养、艺术爱好者等多元化客群的需求。四是多功能的产业组合。提供度假和居住的配套服务，建成四季皆宜的养生度假区，形成集美体保健、商务会展、旅游观光以及户外运动于一体的产业体系。

（二）我国康养小镇的发展历程

我国的康养小镇是随着“特色小镇”的推广而形成的，是特色小镇的类型之一。特色小镇发源于浙江省。2014 年 10 月，现国务院总理、时任浙江省省长李强在参观云栖小镇时提出：让杭州多一个美丽的特色小镇，这是“特色小镇”概念首次被提及。2016~2017 年，住建部等三部委印发通知，公布两批中国特色小镇名单，特色小镇作为在县域经济基础上发展而来的创新经济模式，得以在全国范围内推广。截至 2018 年 2 月，全国两批特色小镇试点 403 个，加上各地方创建的省级特色小镇，数量超过 2000 个，而且类型丰富，如体育小镇、文旅小镇、基金小镇、模具小镇等，其中不乏以“康养小镇”命名的特色小镇。

特色小镇坚持“非镇非区”的功能定位，强调生产、生活、生态“三生融合”，产、城、人、文“四位一体”，这对于破解经济结构优化和动力转换的现实难题，促进当地经济稳增长、调结构和实体经济转型发展起到积极的推动作用。但是，在特色小镇快速发展的同时也产生了一些问题。一些地方快速发展的特色小镇，很大程度被房地产商“绑架”、打着各种产业旗号拿地搞房地产开发；有的不具备产业基础，盲目“跟风”，没有特色产业支撑，聚不起人气；有的大包大揽，把特色小镇当作融资平台；等等。针对这一现象，国家发改委、住建部等联合发布指导意见，“叫停”特色小镇过度房地产化，防范“假小镇真地产”，防止加剧政府债务风险。

（三）康养小镇发展过程中存在的主要问题

在人口老龄化与健康养老消费升级的大背景下，康养产业进入了快速发展阶段，但同时也面临着战略谋划薄弱、创新动力不足、养老服务体系不健全等发展中的问题。

1. 战略布局薄弱

有的部门和企业对“康养产业”的内涵和外延理解狭隘，将康养产业等同于传统的“养老”或“医护”服务，有的则直接将康养产业狭义理解为养老地产、乡村旅游等。康养项目战略布局还存在薄弱环节，缺少康养产业统筹规划，存在专业人才和服务队伍短缺等短板，难以满足日益增长的健康与养老需求，面临供不应求的市场现状。

2. 创新动力不足

现有的康养产品和服务档次不高，大多数仍以观光旅游为主，健康养生、休闲度假、民俗文化等方面的特色项目稀缺，康养产业的拳头产品、主打精品少而弱，部分度假村、农家乐建管失衡，脏乱差问题比较明显，在行业中的知名度和美誉度不高，有的项目对文化特色发掘不力，文化产业与康养产业融合不够。

3. 专业人才缺失

一方面高端人才储备不足，复合型高端人才紧缺，能够挖掘康养文化、研究康养新产品、开发康养新服务的人才尤为短缺，康养产业的纵深发展已经遭遇人才瓶颈；另一方面，从服务人员看，年龄层次偏大、文化水平偏低、技能培训不足、服务质量不高、工作稳定性差已成为常态，这也是当前康养行业面临的最大难题。

二　海南“四季春天”温泉康养小镇创新模式

为了深入了解我国康养小镇建设的现状和特点，现以海南“四季春天”温泉康养小镇为个案，总结分析其发展过程中的经验和问题，研究提出我国康养小镇发展的对策思路。

（一）项目概况

海南“四季春天”温泉康养小镇是海南春天房地产开发公司开发并运营的“医养结合养老社区”。该公司是从事康养住区投资、开发、建设、运营及康养产业、旅游文化产业发展的社会企业，致力于建设以机构养老为体系支柱、以老年医疗为区域核心、以养老社区服务为实施基础的医养结合老年健康服务产业集团公司。目前，集团公司的康养服务分为三大板块：机构康养服务、社区康养服务和候鸟康养服务，各个板块一体化运营，为老年人提供多样化的康养旅居服务。

模式上得到了各级政府及中国老年医学学会的大力支持和协同指导，已经建立了协调统一的风景区“医养结合”康养小镇服务模式。

“四季春天”温泉康养小镇位于海南白沙县邦溪镇芭蕉湖畔，项目规划占地面积达 2100 亩。邦溪镇是海南省十大旅游风情小镇之一，也是中国最美休闲地之一，所以该项目是坐落在风景区里的健康养老社区。小镇于 2010 年开始建设，目前已经完成多层、高层、洋房和别墅等四期养生养老住宅开发建设，并配建了商超、会所、酒店、老年大学、书画院、社区医院等健康养生养老设施，各功能区建筑面积累计达 30 多万平方米，初步形成集居家养老、社区养老和机构养老于一体的全新养老模式，已经吸引来自全国 23 个省、自治区、直辖市的养生养老人群纷至沓来，每年冬季一房难求。除海南外，集团公司又在林都伊春汤旺河旅游度假区等地摸索康养连锁经营模式，通过架起南北两大养生养老度假基地大通道，实现优势资源互补，同时秉承中国传统“孝”文化理念，努力打造“文化养老、智慧养老、科技养老、绿色养老”等特色服务，致力于成为中国康养小镇建设运营的创新品牌。

（二）项目优势

“四季春天”温泉康养小镇的区位环境、功能规划和服务配套都有鲜明的特色。

1. 交通便利，宜居指数高

小镇所在地邦溪镇位于白沙县的西北角，紧邻高速、高铁，距海边直线距离 15 公里，毗邻昌江县，国道、省道交会，是绿色旅游“承山接海”的窗口；这里早晚温差大，年平均气温为 23℃；这里植被覆盖率达 83%，山湖泉共享，是海南岛生态核心保护区，宜于养生、养老、度假。

2. 设施完备、配套齐全

一是配套酒店：占地面积 150 亩，建筑面积 5.98 万平方米，拥有 618 套客房。酒店还有附属 700 亩的度假旅游用地，现已成为百果园、休闲农业基地。二是配套社区医院：配建 3600 平方米社区医院，由中国老年医学学会指导与解放军总医院远程医学会诊中心合作，为社区养老养生人群提供远程会诊、医疗保健、慢病预防与治疗、急救、健康管理等服务。三是配套会所、商超：社区内配建约 3800 平方米多功能会所，提供老年大学、书画院、电影院、健身中心、台球室、乒乓球室、咖啡厅和各类棋牌室等服务；配建约 3900 平方米综合商超，提供农贸市场、超市、各类商店、多用途餐厅等服务。

（三）政策和专业优势

康养小镇建设是业态和运营模式的创新，离不开政府的统筹规划和政策支持，也需要专业机构和组织的技术支撑。

1. 政府的主导作用

海南“四季春天”温泉康养小镇养老社区项目自 2010 年在海南立项以来，得到了海南省、白沙县、邦溪镇三级政府领导的密切关怀和大力支持，政府提出了促进医养结合康养小镇发展的意见和建议，在制定市政建设规划时，把发展社区医养结合模式作为康养小镇的重要内容，积极推进医养结合康养社区的构建。在政府的主导下，项目方始终牢固树立“以人为本、生态宜居、创新发展、审时度势、敢为人先”的经营理念；始终本着质量永远第一、客户永远是上帝的理念，以国际标准和视野打造海南中西部地区综合“宜居、生态、养生、养老、度假、文化”精品风景型康养度假区，取得了有目共睹的好成绩。康养小镇养老社区归根结底是提供养老服务的地方，服务提供过程中需要各环节不出差错，政府在这一过程中承担了统筹及监督的责任，不仅推动了相关政策的落实，还协调了各方之间的关系，推进了“医养结合”康养小镇创新模式，提升了社会对该模式的信任水平。

2. 相关组织的专业支撑作用

“四季春天”温泉康养小镇作为中国老年医学学会医养结合基地，多年来得到了学会及相关专业委员会领导的亲临指导。学会曾多次组织相关专家来小镇开展老年医学研究、学术交流、人才培养、业务指导、健康教育、慢病防控、专家义诊以及相关标准制定和医养结合模式创新等工作，把最优质的医疗资源引入社区，从而提升了项目的核心竞争力，使老年人居住在小镇感到有安全保障。

习近平总书记在庆祝海南建省办经济特区 30 周年大会上宣布支持海南全岛建设自由贸易试验区，同时提出海南要以发展旅游业、现代服务业、高新技术产业为主导。从经济特色来看，自贸区是一个具有综合功能的经济体，不仅要发展环岛旅游、拓展国际旅游贸易，而且要发展其他现代服务业，比如与国际旅游相对应的国际健康养老产业。未来，“四季春天”温泉康养小镇养老社区要抓住机遇，不断提升服务水平，把风景区里的医养结合康养小镇创新模式做成养老服务知名品牌。

三　康养小镇发展前景分析

康养小镇是指在人口老龄化不断加剧的情况下，健康养老理念与传统房地产业融合发展的产物。康养小镇“非镇非区”，不是行政区划单元上的一个镇，也不是产业园区的一个区，而是按照创新、协调、绿色、开放、共享发展理念，结合自身特质，找准产业定位，科学进行规划，挖掘产业特色、人文底蕴和生态禀赋，有明确产业定位、文化内涵、旅游特色和一定社区功能的新兴业态。

（一）人口老龄化助推健康养老需求剧增

我国是世界上老年人口最多的国家，也是全球老龄化速度最快的国家。2022年末，60岁及以上人口已达2.8亿人，占全国人口的19.8%；其中65岁及以上老年人口达到2.1亿人，占全国人口的14.9%，预计“十四五”期末老年人口将突破3亿人，我国将进入中度老龄化社会，老年消费市场潜力巨大。可以预计，我国必将形成巨大的中老年人消费市场，这是未来中国必然面临的趋势与商机。

（二）康养产业政策日趋完善

康养产业是21世纪的新兴产业，是现代服务业的重要组成部分，关系国民的生活质量，影响经济社会发展。近年来我国高度重视康养产业的发展问题，为推动我国康养小镇的发展作出了战略谋划。在政策、市场、资本以及技术的催化下，不少专家都表示，中国的康养小镇产业将进入黄金期，并带动相关产业快速发展。重重利好自然吸引了众多主体参与其中，包括房地产、互联网、金融、科技企业等，几乎涵盖了每一种企业类型。《“健康中国2030”规划纲要》明确提出，到2020年，健康服务业总规模超8万亿元，到2030年达16万亿元。

2023年，中共中央、国务院《关于做好2023年全面推进乡村振兴重点工作的意见》把健康养老服务纳入乡村振兴战略，并作出了全面部署，提出：要深化农村社会工作，加快乡镇区域养老服务中心建设，推广日间照料、互助养老、探访关爱、老年食堂等养老服务；梯度配置县乡村公共资源，发展城乡学校共同体、紧密型医疗卫生共同体、养老服务联合体。其中涉及乡村康养产业发展的政策措施、康养基地建设、发展养老服务、实施休闲农业和乡村旅游精品工程等，要求建设一批设施完备、功能多样的休闲观光园区、森林人家、康养基地、乡村民宿、特色小镇，以及利用闲置农房发展民宿、养老等。在一系列政策推动下，我国康养产业将迎来前所未有的发展契机。

（三）多产业融合推动康养小镇发展

中共中央、国务院发布的《“健康中国2030”规划纲要》指出，应积极促进健康与养老、旅游、互联网、健身休闲、食品产业融合，催生健康新产业、新业态、新模式。2021年11月24日，《中共中央　国务院关于加强新时代老龄工作的意见》（以下称《意见》）对外发布。《意见》要求积极培育银发经济，加强规划引导和发展适老产业。适宜创建发展康养小镇的地区，一般都有良好的生态环境和气候条件，这是实现健康生活的一个重要基础。在这个基础上，根据当地不同资源，结合市场需求特点，可以发展融合不同产业体系的健康养老特色小镇，这不仅能引领当地康养产业快速起步，也能拉动当地多产业的融合发展。

在需求和政策拉动下，国内康养小镇产业有了较快的发展，如以武当山太极湖为代表的宗教文化养生型、以广西巴马赐福湖国际长寿养生度假小镇为代表的长寿文化养生型、以平水养生小镇为代表的生态养生型、以灰汤温泉小镇为代表的温泉养生型、以大泗镇中药养生小镇为代表的医养结合型、以绿城乌镇雅园为代表的养老小镇型等。由此可见，抢抓机遇、发展康养小镇产业等，将具有较大的市场发展空间和长远的发展潜力。

四　康养小镇模式创新的着力点

在我国，康养小镇是近年出现的新事物、新业态，其开发建设和运营管理并无现行的模式经验可参考、可借鉴，因而在实践中大胆探索创新尤为重要。

（一）坚持“以人为中心”理念

特色小镇的建设不能只重视发展经济而忽视了小镇的主体——人。特色小镇的建设和发展必须以人为主体，以中老年群体为中心，让人的生活更加舒心，实现人与自然深度融合。特色小镇的“特色”不是单纯的产业聚集特色和建筑体的特色，在历代生活中形成的人的生活方式、生活状态也是一种特色。关注民生，建设以人为本的特色小镇是第一要务。

（二）秉持可持续发展原则

特色小镇是我国新时代的一个经济发展新引擎、新动力，其快速发展对破解大城市病、加速乡村振兴、完善国家宏观产业布局、加速城乡一体化进程，都有着重要意义。因此要着眼长远发展，以“可持续”为小镇开发的出发点和归宿点，以健康产业为核心，将健康、养生、养老、休闲、旅游等多元化功能融为一体，形成多业态深度融合、发展动力强劲的规划实施方案。康养小镇建成后，要根据旅游者、居民的消费需求，将健康疗养、医疗美容、生态旅游、文化体验、休闲度假、体育运动、健康产品等业态聚合起来，实现与健康养老相关消费的大规模聚集。

（三）挖掘文化旅游资源和民俗特色

特色小镇是促进城乡一体化的重要平台，要以质量和特色为主要出发点，以某一特定的产业为核心进行打造，充分展现小镇的产业特色、生态特色、文化特色。文化特色是特色小镇的核心，小镇不限于满足人们的生活需求，更要成为文化特色与产业融合的新载体。康养小镇的文化特色应该鲜明而具体，要以地方文化特色为基础，传承小镇的历史文化文脉；强化文化特色可以更好地展现康养小镇独有的个性，并且区别于其他类型特色小镇的精神气质，提升康养小镇的文化形象、感染力和影响力。

（四）创新可持续的商业模式

以医疗健康服务为核心产业，以配套设施经营为辅助产业；以医疗健康养老服务为经营核心，以养老设施销售为财务平衡和补充，链接专业的康养文旅（医疗、康复、护理和养老）和配套业态运营方，增强长效的医养康服务运营能力，实现小镇产业的可持续发展。

（五）不断提升服务专业化水平

良好的气候和生态环境是康养小镇的建设基础，而专业化的康养服务则是决定康养小镇是否具备可持续竞争力的关键要素。要针对目前康养产品与服务趋于同质化现象，进一步细化产品市场，进行专业化分工，同时强化和重视产品特色以及个性化服务，通过专业化的服务规范康养小镇产业，满足老年人精神和价值需求，满足其实现自我价值和过有尊严的晚年生活的诉求，走可持续发展之路。

（六）制定康养小镇服务标准

在政府相关部门统筹下，由行业协会牵头研究制定康养小镇的服务标准，为康养小镇健康养老等各项管理服务制定科学适用的服务规范，打造服务质量标准优质的示范性标杆项目，对我国康养小镇的发展起到引导和示范作用；打造国际化的康养小镇形象，使中国特色的康养小镇服务品牌走向世界。

五　发展思路及展望

我国已经进入新发展阶段，同时也进入人口老龄化急速发展阶段，“十四五”期末 60 岁及以上人口将超过 3 亿人，我国将进入中度人口老龄化社会。在这一大趋势下，康养小镇建设将在积极应对人口老龄化、健康中国建设、乡村振兴三大国家战略推动下迎来发展的黄金期。展望未来我国康养小镇的发展，大体将在以下几个方面取得突破。

（一）康养小镇建设的政策导向更加清晰

从 2020 年起，出生于 20 世纪 60~70 年代的人口开始逐步进入老年期，老年群体的健康养老服务需求和消费将释放。以党的十九大“加快老龄事业和产业发展”的部署为契机，我国康养产业的顶层设计与政策架构已初具雏形。国务院关于“健康产业将发展为国民经济的重要支柱产业”的定位，表明国家大力发展医疗健康养老产业的政策导向坚定不移，可以说为医疗康养产业注入了一针强心剂。从近几年来国家密集出台的一系列关于康养方面的改革措施可以看出，改革将持续且深入，越来越多的改革措施将陆续出台。

（二）服务功能及体系构建将成为康养小镇建设的重点

一是康养小镇目标服务人群将更加明确。着眼长远，康养小镇必将全面关注已老、初老和将老人群，兼顾其他年龄人群。无论是现有老龄人群，还是尚未步入老年的中年人群，均开始关注未来养老生活规划，且入住康养社区的意愿逐年升高。在社会快速老龄化的背景下，康养小镇要有能力吸引、承接和全面服务已老人群、初老人群以及将老人群。

二是全过程的医疗健康服务将成为核心服务需求。老年人对医疗健康服务的需求不限于治疗，还需要匹配治疗后的康复、护理、日常疗养以及临终关怀服务等。因此，康养小镇需设置集保健、医疗、康复、护理和养老于一体的机构，具备提供涵盖预防性、诊疗性和诊疗后期的接续性医疗服务的能力，提供集“预防、治疗、康复、养生”于一体的服务。

三是配套服务趋向一体化的整合。在消费以及生活方式逐步升级的背景下，康养小镇需要以老人群体及小镇居民的身心需求为核心，以“提升小镇居民健康素养、培养健康生活方式”为目标，建设相应的配套服务业态，有目的地构建涵盖营养、文化、体育和消费的综合体验，从而培育有活力、有文化、有生命力和有尊严的社区生活氛围，使小镇居民实现“身体、心理和社交”的综合性健康状态。

（三）将更加注重创造综合社会价值

长期而言，康养小镇可成为当地可持续的产业及就业、税收来源。医疗服务将成为小镇的产业基础和支柱，并提升小镇所在区域的人群综合健康水平与医疗服务水平，实现小镇当地的产业升级与经济可持续发展；在设施建设期可为当地贡献固定资产投资，在服务运营期带动当地 GDP、医疗专业人员就业与税收发展；小镇还将刺激当地和辐射人群的消费以及新兴服务业的发展，从而带来大量辅助性新增就业岗位，并有助于提升地方土地的增值和收益。

（四）人才队伍将成为康养小镇的核心竞争力

专业化的康养服务是决定康养小镇可持续竞争力的关键要素。提高康养产业服务的专业化水平是提升产业效益的必要路径，未来康养小镇的竞争将体现在专业队伍建设水平的竞争上，所以培养专业人才、引进专业人才、留住专业人才显得尤为重要。

（五）康养小镇类型呈多样化发展态势

未来，我国康养小镇趋向多样化发展态势，在健康养老功能定位的前提下，其功能的实现方式和途径日趋多样化。

1. 文化养生型

深度挖掘项目地独有的宗教、民俗、历史文化，结合市场需求及现代生活方式，运用创意化的手段，打造利于养心的精神层面的旅游产品，使游客及康养人群在获得文化体验的同时，能够修身养性、回归本心、陶冶情操。如依托宗教资源打造文化度假区，依托中国传统文化打造国学体验基地等。

2. 长寿资源型

依托长寿文化，大力发展长寿经济，形成以食疗养生、山林养生、气候养生等为核心，以养生产品为辅助的具备健康餐饮、休闲娱乐、养生度假等功能的健康养生养老体系。

3. 中医药膳型

药食同源，是东方食养的一大特色。因此美食养生可以说是健康养生中至关重要的一项内容。健康食品的开发，可以与休闲农业相结合，通过发展绿色种植业、生态养殖业，开发适宜于特定人群、具有特定保健功能的生态健康食品，同时结合生态观光、农事体验、食品加工体验、餐饮制作体验等活动，推动健康食品产业链的综合发展。

4. 生态养生型

以原生态的生态环境为基础，以健康养生、休闲旅游为发展核心，重点建设养生养老、休闲旅游、生态种植等健康产业。即依托项目地良好的气候及生态环境，构建生态体验、度假养生、温泉水疗养生、森林养生、高山避暑养生、海岛避寒养生、湖泊养生、矿物质养生、田园养生等养生业态，打造休闲农庄、养生度假区、养生谷、温泉度假区、生态酒店、民宿等产品，形成生态养生健康小镇产业体系。

5. 养老综合型

将医疗、气候、生态、康复、休闲等多种元素融入养老产业，发展康复疗养、旅居养老、休闲度假型“候鸟”养老、老年体育、老年教育、老年文化活动等业态，打造集养老居住、养老配套、养老服务于一体的养老度假基地等综合开发项目，为老年人打造以养老居住、医疗护理、休闲度假为主要功能的养老小镇，带动护理、餐饮、医药、老年用品、金融、旅游、教育等多产业共同发展。

6. 度假产业型

居住养生是以健康养生为理念、以度假地产开发为主导而形成的一种健康养生方式。这种养生居住社区向人们提供的不仅仅是居住空间，更重要的是一种健康生活方式。除建筑生态、环境良好、食品健康等特点外，它还提供全方位的康疗及养生设施和服务，并为人们提供冥想静思的空间与环境，达到在恬静的气氛中修身养性的目的。

7. 体育文化型

依托山地、峡谷、水体等地形地貌及资源，发展山地运动、水上运动、户外拓展、户外露营、户外体育运动、定向运动、养生运动、极限运动、传统体育运动、徒步旅行、探险等户外康体养生产品，推动体育、旅游、度假、健身、赛事等业态的深度融合发展。

8. 医学结合型

康疗养生产品是以中医、西医、营养学、心理学等理论知识为指导，结合人体生理行为特征，以药物康复、药物治疗为主要手段，配合一定的休闲活动开发的康复养生旅游产品，包括康体检查类产品，它是医疗旅游开发的重要内容之一。

康养小镇是一个综合体系和复杂工程，需求多样化、投入多样化、要素多样化，需要政府、社会、家庭共同努力，不断创新思维、完善功能区布局及配套建设，充分利用“互联网+”技术，促进人工智能、物联网、大数据等新一代信息技术和智能硬件产品在康养小镇深度应用，切实智慧化康养小镇建设，为老年人群带来更多福祉。

参考文献

中共中央、国务院：《“健康中国 2030”规划纲要》，2016 年 10 月。

《中共中央　国务院关于加强新时代老龄工作的意见》，2021 年 11 月。

附　录

附录一

智慧健康养老产业发展行动计划（2021-2025 年）

工业和信息化部　民政部　国家卫生健康委关于印发《智慧健康养老产业发展行动计划（2021-2025 年）》的通知

各省、自治区、直辖市工业和信息化主管部门、民政厅（局）、卫生健康委：

为深入贯彻落实《中共中央　国务院关于印发〈国家积极应对人口老龄化中长期规划〉的通知》、《国务院关于实施健康中国行动的意见》（国发〔2019〕13 号）、《国务院办公厅关于推进养老服务发展的意见》（国办发〔2019〕5 号）、《国务院办公厅印发关于切实解决老年人运用智能技术困难实施方案的通知》（国办发〔2020〕45 号），进一步推动智慧健康养老产业发展，工业和信息化部、民政部、国家卫生健康委共同制定了《智慧健康养老产业发展行动计划（2021-2025 年）》。现印发你们，请认真贯彻落实。

工业和信息化部

民政部

国家卫生健康委

2021 年 10 月 20 日

智慧健康养老产业发展行动计划
（2021-2025年）

智慧健康养老产业是以智能产品和信息系统平台为载体，面向人民群众的健康及养老服务需求，深度融合应用物联网、大数据、云计算、人工智能等新一代信息技术的新兴产业形态。为进一步促进智慧健康养老产业发展，积极应对人口老龄化，打造信息技术产业发展新动能，满足人民群众日益迫切的健康及养老需求，增进人民福祉和促进经济社会可持续发展，制定本计划。

一、总体要求

（一）指导思想

以习近平新时代中国特色社会主义思想为指导，全面贯彻党的十九大和十九届二中、三中、四中、五中全会精神，立足新发展阶段、贯彻新发展理念、构建新发展格局，深入实施健康中国战略和积极应对人口老龄化国家战略，坚持以人民为中心，坚持供给侧结构性改革和需求侧管理相结合，强化科技支撑，优化产业生态，协同推进技术融合、产业融合、数据融合、标准融合，推动产业数字化发展，打造智慧健康养老新产品、新业态、新模式，为满足人民群众日益增长的健康及养老需求提供有力支撑。

（二）基本原则

需求拉动，供给升级。以满足人民群众对健康及养老的需求为出发点和落脚点，丰富智慧健康养老产品及服务供给，提升适老化水平，提高供给质量，促进供给侧与需求侧更高水平动态平衡。

创新驱动，科技赋能。加强跨学科、跨领域合作，推动物联网、大数据、云计算、人工智能、区块链、超高清视频、虚拟现实等新一代信息技术在健康及养老领域的集成创新和融合应用，提升健康养老产品及服务的智慧化水平。

政府引导，多方联动。充分发挥市场在资源配置中的决定性作用，强化政府在产业发展中的引导作用，加大政策支持，培育龙头企业，加强示范引领，推动政产学研用深度合作，打通制约产业发展的瓶颈环节，形成优势互补、协作共赢的产业生态。

统筹推进，示范引领。加强顶层设计，强化部门合作和部省联动，统筹政策、技术、资本、人才、数据等要素，促进各类要素在产业链内充分流动、优化配置。结合各地经济社会发展水平、资源禀赋及特色优势，打造典型应用场景，引导各地实现差异化发展。

（三）发展愿景

到2025年，智慧健康养老产业科技支撑能力显著增强，产品及服务供给能力明显提升，试点示范建设成效日益凸显，产业生态不断优化完善，老年“数字鸿沟”逐步缩小，人民群众在健康及养老方面的幸福感、获得感、安全感稳步提升。

——科技支撑能力显著增强。新一代信息技术与健康养老融合发展更加深入，芯片、传感器及操作系统等底层技术进一步夯实，行为监测、生理检测、室内外高精度定位、健康数据分析等一批关键技术的集成创新及融合应用能力大幅增强，全面满足智慧健康养老需求。

——产品及服务供给能力明显提升。健康管理、康复辅助、养老监护等智能产品种类不断丰富，产品质量与性能持续提升，应用场景进一步拓展，服务内容进一步丰富，服务模式进一步创新，跨界融合的发展局面基本形成。

——试点示范建设成效日益凸显。持续推进试点示范建设，拓展试点示范类型。在现有试点示范的基础上，面向不少于10个应用场景，再培育100个以上示范企业，50个以上示范园区，150个以上示范街道（乡镇）及50个以上示范基地，进一步强化示范引领效应。

——产业生态不断优化完善。加快构建政产学研用深度融合的产业生态，推动建设5个以上公共服务平台，建立智慧健康养老标准体系，研究制定20项以上行业急需标准，检验检测、展览展示、资本孵化等产业公共服务能力显著增强。

二、强化信息技术支撑，提升产品供给能力

（一）推动智慧健康养老新技术研发。发展适用于健康管理的智能化、微型化、高灵敏度生物传感技术，大容量、微型化电池技术和快速充电技术，高性能、低功耗微处理器和轻量级操作系统。开发适用于养老照护的多模态行为监测技术、跌倒防护技术、高精度定位技术。支持突破康复干预技术、神经调控技术、运动功能康复评估与反馈等核心技术。攻关适用于家庭服务机器人的环境感知、脑机接口、自主学习等关键技术。

（二）拓展智慧健康养老产品供给。推动多学科交叉融合发展与技术集成创新，丰富智慧健康养老产品种类，提升健康养老产品的智慧化水平。重点发展具

有趋势分析、智能预警等功能的健康管理类产品。加强康复训练型、功能代偿型等康复辅助器具类产品的设计与研发。大力发展具有行为监护、安全看护等功能的养老监护类产品。支持发展具有健康状态辨识、中医诊断治疗功能的中医数字化智能产品。支持发展能够提高老年人生活质量的家庭服务机器人。

专栏一　智慧健康养老产品供给工程
1. 健康管理类智能产品。重点发展具备血压、血糖、血氧、体重、体脂、心电、骨密度等检测监测功能的可穿戴设备、健康监测设备、家庭医生随访工具包以及社区自助式健康检测设备。 2. 康复辅助器具类智能产品。重点发展外骨骼机器人、康复评估、肢体康复训练等康复训练类设备以及智能轮椅、仿生假肢、助听器、助行器等功能代偿类设备。 3. 养老监护类智能产品。重点发展防跌倒、防走失、紧急呼叫室内外定位等智能设备。鼓励发展能为养老护理员减负赋能、提高工作效率及质量的搬运机器人、智能护理床、智能床垫、离床报警器、睡眠监测仪等智能看护产品。 4. 中医数字化智能产品。重点发展具有中医诊疗数据采集、健康状态辨识、健康干预等功能的智能中医设备。 5. 家庭服务机器人。重点发展具有情感陪护、娱乐休闲、家居作业等功能的智能服务型机器人。

三、推进平台提质升级，提升数据应用能力

（一）做强智慧健康养老软件系统平台。加快建设统一权威、互联互通的全民健康信息平台，实现健康数据的有效归集与管理。鼓励企业开发具有多方面、多种类健康管理分析功能及远程医疗服务功能的应用软件及信息系统，提升健康服务信息化水平。推进建设区域智慧健康养老服务综合信息系统平台，依托区域养老服务中心，推进养老补贴、养老服务、行业监管信息化，实现老年人信息的动态管理。鼓励企业面向居家、社区、机构等场景，开发养老服务管理系统、为

老服务信息平台，强化物联网、人工智能等基础能力，联动云管边端，丰富服务种类，提升服务质量，实现服务的流程化标准化。

（二）完善数据要素体系。鼓励各地建设区域性健康养老大数据中心，建立健全居民电子健康档案、电子病历、老龄人口信息等基础数据库。搭建健康养老数据中台，统一提供治理分析、共享交换、安全开放等全链条数据服务，提升数据的使用效率，强化数据要素赋能作用。鼓励开展健康养老数据挖掘理论与方法研究，促进数据创新应用，实现健康状态实时分析、健康趋势分析、健康筛查等功能，提升老年人行为画像、行为监测、安全监控等技术能力。加强数据加密、数据脱敏、身份认证、访问控制等数据安全技术应用，保障居民的个人信息安全。

四、丰富智慧健康服务，提升健康管理能力

依托互联网平台、手机应用程序（App）等，建设预防、医疗、康复、护理、安宁疗护等相衔接的覆盖全生命周期的智慧健康服务体系，推动优质健康医疗资源下沉，提升人民群众的健康素养及健康管理能力。重点发展远程医疗、个性化健康管理、互联网+护理服务、互联网+健康咨询、互联网+健康科普等智慧健康服务。

专栏二　智慧健康创新应用工程
1. 远程医疗：鼓励医疗机构应用5G、超高清视频、医疗机器人等新一代信息技术及智能设备，开展远程会诊、远程康复指导等医疗服务，助力医养结合发展。 2. 个性化健康管理：鼓励医疗机构或企业应用健康管理类智能产品，开展信息采集、体征监测、趋势分析、风险筛查、健康计划、预防保健、慢病管理、紧急救助、康复指导等服务。 3. 互联网+护理服务：鼓励医疗机构选派符合资质和能力条件的护士，以“线上申请、线下服务”的模式，为出院患者或罹患疾病且行动不便的特殊人群提供护理服务。 4. 互联网+健康咨询：发展在线咨询、预约挂号、诊前指导、紧急救助、诊后跟踪、康复指导等服务。 5. 互联网+健康科普：推动健康知识的在线普及，强化数据检索、科普宣传、健康教育等信息服务。

五、拓展智慧养老场景，提升养老服务能力

推进物联网、大数据、云计算、人工智能、区块链等新一代信息技术以及移动终端、可穿戴设备、服务机器人等智能设备在居家、社区、机构等养老场景集成应用，丰富养老服务种类，优化养老服务质量，提升养老服务效率。重点面向家庭养老床位、智慧助老餐厅、智慧养老院，打造智慧化解决方案，创新互联网+养老、“时间银行”互助养老、老年人能力评估等智慧养老服务。

专栏三　智慧养老服务推广工程

打造智慧养老场景：

1. 家庭养老床位：依托烟雾传感器、门磁传感器、红外传感器、智能床垫等智慧健康养老产品，提供紧急呼叫、环境监测、行为感知等服务，满足居家老年人享受专业照护服务的需求。

2. 智慧助老餐厅：面向社区养老助餐场景，集成应用互联网、人工智能等技术，提供线上订餐、刷脸支付、精准补贴、膳食管理、食品安全监管等服务。

3. 智慧养老院：集成应用智慧健康养老产品及信息化管理系统，提供入住管理、餐饮管理、健康管理、生活照护等运营智慧化服务，提升养老机构运营效率。

创新智慧养老服务：

4. 互联网+养老服务：依托互联网平台、手机 App 等，向老年人提供助餐、助浴、助洁、助行、助医、助急等居家上门养老服务。

5. “时间银行”互助养老服务：运用互联网、大数据、区块链等技术，赋能互助养老，创新低龄老年人服务高龄老年人、伙伴式陪伴等互助养老模式。

6. 老年人能力评估：运用摄像头、毫米波雷达、红外传感器等智能产品赋能老年人能力评估，提供智慧化老年人能力评估服务。

六、推动智能产品适老化设计，提升老年人智能技术运用能力

（一）增强智能产品适老化设计。支持企业在产品研发过程中充分考虑老年人的使用需求，推出具备大屏幕、大字体、大音量、大电池容量等适老化特征的手机、电视、音箱等智能产品。鼓励企业持续优化操作界面，简化操作流程，提升智能产品人机交互体验。支持企业研发被动式、集成化的健康管理类智能产品及养老监护类智能产品，实现老年人无感知应用。推动企业加强国际合作，积极借鉴国外适老化设计先进理念。鼓励企业推出适老化产品说明书，方便老年人学习使用。遴选优秀适老化产品及服务，编制智能产品适老化设计典型案例。

（二）开展互联网应用适老化及无障碍改造。围绕老年人获取信息的需求，重点推动新闻资讯、社交通讯、生活购物、金融服务、旅游出行、医疗健康、市政服务等与老年人日常生活密切相关的互联网网站、移动互联网应用适老化改造，切实改善老年人在使用互联网服务时的体验。鼓励企业提供相关应用的"关怀模式""长辈模式"，将无障碍改造纳入日常更新维护，提高信息无障碍水平。

（三）提升老年人智能技术运用能力。深入实施"智慧助老"行动，依托社区、养老服务机构、老年大学等，研究编制老年人智能产品应用教程，开展视频教学、体验学习、尝试应用、经验交流、互助帮扶等智能技术应用培训活动，切实解决老年人运用智能技术困难，便利老年人使用智能产品及服务。提升老年人信息应用、网络支付等方面的安全风险甄别能力，增强老年人反诈防骗意识。

七、优化产业发展环境，提升公共服务能力

（一）搭建科技创新平台。支持企业、高校、科研院所、养老机构联合组建智慧健康养老技术协同创新中心、联合实验室，以健康养老需求为牵引，围绕健康管理、康复辅助、养老监护等重点方向，开展产学研用协同创新，推动关键技术、核心器件、重点产品研发创新，解决行业共性技术供给不足的问题，提升智慧健康养老产业的协同创新能力和成果转化能力。

（二）构建标准及检测体系。加快构建覆盖基础通用、数据、产品、服务、管理、检测计量等方面的智慧健康养老标准体系。指导和支持标准组织、行业协会等研制行业急需标准，协同推进智能产品、信息系统平台、养老服务和健康服

务标准的制定，推动信息系统平台互联互通，促进终端产品的集成应用，鼓励开展优秀标准应用示范。搭建智慧健康养老标准及检测公共服务平台。支持第三方机构面向智能产品，研究制定测试规范和评价方法，开展检验检测及适老化认证服务。

（三）加快行业推广应用。组织开展智慧健康养老产业发展大会、产业发展高峰论坛等活动，促进行业交流，扩大智慧健康养老产业影响力。编制《智慧健康养老产品及服务推广目录》，开展入围产品及服务线上展示，搭建线下示范场景，为需求方采购选型提供参考。积极推动相关产品进入政府购买养老服务指导性目录。支持有条件的地区举办智慧健康养老博览会、建设智慧健康养老体验馆，开展智慧健康养老产品及服务体验活动，增强消费者体验，培养消费者使用习惯，加速相关产品服务渗透。

（四）培育创业孵化主体。鼓励开展智慧健康养老创新创业大赛，支持中小企业创新产品形态、探索服务模式。推动设立智慧健康养老产业投资基金，充分发挥国有资本的引领和放大作用，引导社会资本参与产业发展，助推产业升级。支持建立智慧健康养老产业生态孵化器、加速器，集聚线上线下资源，为创业企业提供办公场地、项目推介、企业路演、创业辅导、展览展示、融资支持等多层次创业公共服务。

八、保障措施

（一）加强组织保障。完善部际协同工作机制，完善标准制定、试点示范应用、公共服务平台建设等政策环境，加强产业分析监测研究和督促指导，协调解决重大事项。强化部省联系，汇聚产业资源，上下联动形成合力。支持地方政府加强对智慧健康养老工作成效的考核管理，出台财政、税收等政策措施，推动产业发展。

（二）强化产融结合。充分发挥工业和信息化部国家产融合作平台作用，加强财税金融政策、融资需求、金融产品服务等信息交流共享，促进产融精准对接。开展“早期投资支持产业科技创新”专项工作，依托科创属性判定和科创板上市培育机制，引导社会资本投早、投小、投硬科技。鼓励支持符合条件的智慧健康养老创新企业在科创板、创业板上市融资。

（三）开展试点示范。围绕智慧健康养老重点应用场景，通过揭榜挂帅、赛马等机制，培育一批科技创新能力突出、商业模式成熟的示范企业，打造一批聚集效应凸显、经济带动作用显著的示范产业园区，创建一批社会参与广泛，应用效果明显的示范街道（乡镇）及产业基础雄厚、区域特色鲜明的示范基地，形成产业发展高地。进一步加强应用试点示范层级动态管理，强化示范引领。

（四）加快人才培养。充分发挥人才队伍建设对产业发展的支撑作用，鼓励支持科研人员进入智慧健康养老行业。支持和指导高等院校、职业院校设立相关专业，开设智慧健康养老相关课程，提升为老服务人员信息技术应用能力及水平，打造高素质的人才队伍。

附录二

第四批智慧健康养老应用试点示范名单

工业和信息化部　民政部　国家卫健委
关于公布第四批智慧健康养老应用试点示范名单的通告

按照《工业和信息化部办公厅民政部办公厅国家卫生健康委员会办公厅关于开展第四批智慧健康养老应用试点示范的通知》（工信厅联电子函〔2020〕164号），经各地主管部门推荐、专家评审和网上公示，确定了第四批智慧健康养老应用试点示范名单，现予以公布。

附件：1. 第四批智慧健康养老示范企业名单

2. 第四批智慧健康养老示范街道（乡镇）名单

3. 第四批智慧健康养老示范基地名单

工业和信息化部

民政部

国家卫生健康委员会

2020年12月18日

附件 1

第四批智慧健康养老示范企业名单

序号	省市	企业名称
1	北京市	北京诚和敬驿站养老服务有限公司
2	北京市	北京普天大健康科技发展有限公司
3	北京市	北京美鑫科技有限公司
4	天津市	天津爱德励科技有限公司
5	天津市	天津果实科技有限公司
6	河北省	河北志晟信息技术股份有限公司
7	山西省	山西凯森健康管理集团有限公司
8	内蒙古自治区	内蒙古寿康智慧养老服务有限公司
9	辽宁省	沈阳新松机器人自动化股份有限公司
10	辽宁省	沈阳海龟医疗科技有限公司
11	上海市	上海市爱护网健康管理有限责任公司
12	上海市	上海傅利叶智能科技有限公司
13	江苏省	江苏禾康信息技术有限公司
14	江苏省	南京索酷信息科技股份有限公司
15	江苏省	苏州久久春晖养老服务有限公司
16	浙江省	创业慧康科技股份有限公司
17	浙江省	湖州普康智慧养老产业科技有限公司
18	浙江省	浙江嘉科智慧养老服务有限公司
19	安徽省	合肥泛米智能科技有限公司
20	安徽省	合肥盛东信息科技有限公司
21	福建省	福建环宇通信息科技股份公司
22	江西省	新余美天科技有限公司
23	山东省	山大地纬软件股份有限公司
24	山东省	东营市美年大健康健康管理有限公司
25	河南省	郑州大象通信信息技术有限公司
26	河南省	河南优德医疗设备股份有限公司
27	河南省	郑州新益华医学科技有限公司

续表

序号	省市	企业名称
28	湖北省	湖北华颐爱晚养老产业发展有限公司
29	湖南省	三诺生物传感股份有限公司
30	湖南省	湖南睦邻健康养老服务有限公司
31	湖南省	娄底泓和健康养老服务有限责任公司
32	广东省	广州市巨硅信息科技有限公司
33	广东省	广州柏颐信息科技有限公司
34	广东省	广东颐寿医疗养老有限公司
35	广西壮族自治区	太和自在城股份有限公司
36	四川省	四川联颐科技集团有限公司
37	四川省	泰康之家蜀园成都健康服务有限公司
38	贵州省	贵州省广播电视信息网络股份有限公司
39	云南省	云南珂珂物业服务有限公司
40	西藏自治区	林芝梦航文化培训有限责任公司
41	陕西省	荣华养老服务有限责任公司
42	陕西省	陕西省水务集团全乐养老服务股份有限公司
43	陕西省	西安中星测控有限公司
44	宁夏回族自治区	固原银海科技有限责任公司
45	宁波市	宁波云医院有限公司
46	青岛市	青岛中康爱邻里智慧医养服务有限公司
47	深圳市	深圳和而泰家居在线网络科技有限公司
48	深圳市	深圳一格信息服务有限公司
49	央企	联通系统集成有限公司
50	央企	建信金融科技有限责任公司

附件 2

第四批智慧健康养老示范街道（乡镇）名单

序号	省市	街道(乡镇)名称
1	北京市	北京市西城区西长安街街道
2	北京市	北京市石景山区八角街道
3	山西省	太原市万柏林区下元街道
4	吉林省	长春市二道区东站街道
5	吉林省	长春市二道区长青街道
6	吉林省	长春市二道区荣光街道
7	上海市	上海市长宁区仙霞新村街道
8	上海市	上海市长宁区新泾镇
9	上海市	上海市长宁区华阳路街道
10	上海市	上海市徐汇区虹梅路街道
11	上海市	上海市普陀区曹杨新村街道
12	上海市	上海市宝山区高境镇
13	江苏省	南京市江宁区汤山街道
14	浙江省	杭州市滨江区浦沿街道
15	浙江省	杭州市滨江区长河街道
16	浙江省	杭州市西湖区西溪街道
17	浙江省	杭州市滨江区西兴街道
18	浙江省	杭州市拱墅区半山街道
19	浙江省	嘉兴市南湖区南湖街道
20	浙江省	杭州市下城区潮鸣街道
21	浙江省	杭州市江干区九堡街道
22	浙江省	嘉兴市南湖区东栅街道
23	安徽省	合肥市包河区万年埠街道
24	安徽省	合肥市庐阳区逍遥津街道
25	安徽省	滁州市琅琊区丰山街道
26	安徽省	合肥市包河区方兴社区服务中心
27	安徽省	合肥市庐阳区三孝口街道
28	安徽省	滁州市琅琊街道
29	安徽省	合肥市庐阳区大杨镇
30	安徽省	马鞍山市博望区丹阳镇
31	安徽省	合肥市瑶海区七里站街道
32	安徽省	滁州市琅琊区清流街道
33	山东省	济南市泉城路街道

续表

序号	省市	街道(乡镇)名称
34	山东省	东营市东营区文汇街道
35	山东省	济南市市中区七里山街道
36	河南省	新乡市卫滨区胜利路街道
37	河南省	新乡市红旗区洪门镇
38	河南省	郑州市金水区丰产路街道
39	河南省	郑州市金水区花园路街道
40	河南省	新乡市辉县市胡桥乡
41	湖北省	武汉市武昌区杨园街道
42	湖北省	武汉市武昌区粮道街道
43	四川省	成都市成华区保和街道
44	四川省	成都市成华区双桥子街道
45	四川省	成都市武侯区火车南站街道
46	四川省	成都市龙泉驿区十陵街道
47	四川省	成都市龙泉驿区大面街道
48	四川省	彭州市致和街道
49	四川省	成都市郫都区郫筒街道
50	四川省	成都市龙泉驿区同安街道
51	西藏自治区	林芝市鲁朗旅游小镇(鲁朗镇)
52	陕西省	西安市莲湖区青年路街道
53	陕西省	西安市莲湖区土门街道
54	陕西省	西安市莲湖区桃园路街道
55	陕西省	榆林市靖边县张家畔街道
56	陕西省	汉中市汉台区老君镇
57	陕西省	安康市岚皋县城关镇
58	陕西省	宝鸡市太白县咀头镇
59	甘肃省	兰州市城关区靖远路街道
60	宁夏回族自治区	石嘴山市大武口区青山街道
61	大连市	大连市沙河口区星海湾街道
62	大连市	大连市沙河口区黑石礁街道
63	大连市	大连市沙河口区西安路街道
64	大连市	大连市沙河口区南沙河口街道
65	宁波市	宁波市鄞州区百丈街道
66	青岛市	青岛市西海岸新区张家楼街道
67	青岛市	胶州市里岔镇
68	深圳市	深圳市龙华区观澜街道
69	深圳市	深圳市宝安区新桥街道
70	深圳市	深圳市宝安区西乡街道
71	深圳市	深圳市龙岗区横岗街道
72	深圳市	深圳市光明区马田街道

附件3

第四批智慧健康养老示范基地名单

序号	省市	基地名称
1	吉林省	长春市二道区智慧健康养老示范基地
2	浙江省	杭州市滨江区智慧健康养老示范基地
3	浙江省	嘉兴市南湖区智慧健康养老示范基地
4	浙江省	湖州市吴兴区智慧健康养老示范基地
5	安徽省	合肥市智慧健康养老示范基地
6	安徽省	滁州市智慧健康养老示范基地
7	山东省	济南市市中区智慧健康养老示范基地
8	山东省	潍坊市奎文区智慧健康养老示范基地
9	河南省	郑州市金水区智慧健康养老示范基地
10	河南省	新乡市智慧健康养老示范基地
11	湖北省	武汉市江汉区智慧健康养老示范基地
12	四川省	成都市成华区智慧健康养老示范基地
13	四川省	成都市郫都区智慧健康养老示范基地
14	四川省	成都市龙泉驿区智慧健康养老示范基地
15	云南省	昆明市官渡区智慧健康养老示范基地
16	陕西省	西安市莲湖区智慧健康养老示范基地
17	深圳市	深圳市宝安区智慧健康养老示范基地

附录三

2021 年智慧健康养老应用试点示范名单

工业和信息化部　民政部　国家卫生健康委员会 关于公布 2021 年智慧健康养老应用试点示范名单的通告

根据《工业和信息化部办公厅　民政部办公厅　国家卫生健康委员会办公厅关于开展 2021 年智慧健康养老应用试点示范遴选工作的通知》（工信厅联电子函〔2021〕270 号），经各地主管部门和有关中央企业推荐、专家评审和网上公示，确定了 2021 年智慧健康养老应用试点示范名单，现予以公布。

附件：1. 智慧健康养老示范企业名单

2. 智慧健康养老示范园区名单

3. 智慧健康养老示范街道（乡镇）名单

4. 智慧健康养老示范基地名单

工业和信息化部

民政部

国家卫生健康委员会

2022 年 2 月 15 日

附件 1

智慧健康养老示范企业名单

序号	省市	企业名称
1	北京市	泰康之家燕园(北京)养老服务有限公司
2	北京市	北京金卫捷科技发展有限公司
3	北京市	北京华卫迪特健康科技有限公司
4	天津市	天津茵诺医疗科技有限公司
5	河北省	河北瑞朗德医疗器械科技集团有限公司
6	河北省	河北数港科技有限公司
7	河北省	邢台市爱晚红枫医养服务有限公司
8	山西省	大同助老健保有限公司
9	内蒙古自治区	鑫海颐和城养老运营服务有限公司
10	吉林省	长春市南关区仁大医养中心有限公司
11	上海市	尚体健康科技(上海)有限公司
12	上海市	弗徕威智能机器人科技(上海)有限公司
13	江苏省	南京爱普雷德电子科技有限公司
14	江苏省	中民孝行(常州)养老产业发展有限公司
15	江苏省	苏州普康智慧养老产业科技有限公司
16	浙江省	麒盛科技股份有限公司
17	浙江省	杭州爱讯科技有限公司
18	浙江省	杭州和康养老服务管理有限公司
19	安徽省	安徽佳安智慧养老服务有限公司
20	安徽省	来邦科技股份公司
21	安徽省	芜湖圣美孚科技有限公司
22	山东省	山东欣悦健康科技有限公司
23	山东省	山东沃尔德生物技术有限公司
24	山东省	山东万福苑养老股份有限公司
25	湖北省	武汉携康智能健康设备有限公司
26	湖南省	湖南超能机器人技术有限公司
27	重庆市	重庆凯尔老年公寓管理有限公司
28	贵州省	贵州贵铝现代城市服务有限公司
29	陕西省	陕西金宝美养老产业服务有限公司
30	新疆维吾尔自治区	新疆新特房物业管理有限责任公司
31	青岛市	青岛圣德医养康复集团有限公司
32	青岛市	青岛维普养老产业有限公司
33	深圳市	深圳市迈迪加科技发展有限公司
34	央企	国新健康保障服务集团股份有限公司
35	央企	联通(上海)产业互联网有限公司

附件 2

智慧健康养老示范园区名单

序号	省市	园区名称
1	江苏省	东台沿海湿地旅游度假经济区
2	河南省	安阳市内黄县康复设备产业园

附件 3

智慧健康养老示范街道（乡镇）名单

序号	省市	街道(乡镇)名称
1	山西省	晋中市榆次区路西街道
2	上海市	上海市闵行区新虹街道
3	上海市	上海市静安区临汾路街道
4	上海市	上海市浦东新区周家渡街道
5	上海市	上海市静安区大宁路街道
6	上海市	上海市浦东新区东明路街道
7	上海市	上海市嘉定区菊园新区(街道级)
8	江苏省	无锡市新吴区旺庄街道
9	江苏省	南京市雨花台区赛虹桥街道
10	江苏省	常州市新北区三井街道
11	江苏省	南京市雨花台区西善桥街道
12	江苏省	盐城市东台市东台镇
13	江苏省	常州市新北区薛家镇
14	江苏省	盐城市东台市时堰镇
15	江苏省	南京市江宁区湖熟街道
16	江苏省	常州市钟楼区北港街道
17	浙江省	杭州市西湖区灵隐街道
18	浙江省	嘉兴市秀洲区王店镇
19	浙江省	嘉兴市秀洲区新塍镇
20	浙江省	杭州市萧山区临浦镇
21	浙江省	杭州市富阳区富春街道
22	浙江省	杭州市萧山区瓜沥镇
23	浙江省	杭州市富阳区银湖街道
24	安徽省	铜陵市铜官区天井湖社区(街道级)
25	安徽省	合肥市包河区淝河镇
26	安徽省	黄山市屯溪区昱中街道
27	山东省	济南市市中区杆石桥街道

续表

序号	省市	街道(乡镇)名称
28	山东省	威海市经济技术开发区泊于镇
29	山东省	临沂市平邑县平邑街道
30	山东省	济南市历下区东关街道
31	山东省	济南市历下区文化东路街道
32	山东省	德州市齐河县晏城街道
33	河南省	新乡市红旗区向阳街道
34	河南省	郑州市高新技术产业开发区梧桐街道
35	河南省	新乡市红旗区东街街道
36	河南省	郑州市金水区经八路街道
37	湖南省	长沙市长沙县果园镇
38	湖南省	娄底市双峰县金开街道
39	重庆市	重庆市渝北区仙桃街道
40	四川省	成都市青白江区清泉镇
41	四川省	成都市都江堰市青城山镇
42	四川省	成都市青白江区大同街道
43	四川省	成都市都江堰市天马镇
44	青岛市	青岛市西海岸新区滨海街道
45	深圳市	深圳市宝安区松岗街道

附件 4

智慧健康养老示范基地名单

序号	省市	基地名称
1	上海市	上海市浦东新区
2	上海市	上海市普陀区
3	江苏省	南京市雨花台区
4	江苏省	盐城市东台市
5	江苏省	南京市江宁区
6	浙江省	杭州市萧山区
7	浙江省	嘉兴市秀洲区
8	浙江省	杭州市富阳区
9	安徽省	合肥市庐阳区
10	安徽省	滁州市琅琊区
11	安徽省	铜陵市铜官区
12	山东省	德州市齐河县
13	湖南省	长沙市长沙县
14	四川省	成都市都江堰市
15	四川省	成都市青白江区
16	四川省	成都市大邑县
17	青岛市	青岛市西海岸新区

附录四

智慧健康养老产品及服务推广目录（2022年版）

关于公布《智慧健康养老产品及服务推广目录（2022年版）》的通告

工信部联电子函〔2023〕176号

根据《工业和信息化部办公厅民政部办公厅国家卫生健康委办公厅关于组织开展2022年智慧健康养老产品及服务推广目录申报工作的通知》（工信厅联电子函〔2022〕303号），经企业自愿申报、地方推荐、专家评审、面向社会公示等程序，确定了《智慧健康养老产品及服务推广目录（2022年版）》，现予以公布。

附件：智慧健康养老产品及服务推广目录（2022年版）

工业和信息化部

民政部

国家卫生健康委

2023年6月27日

附件

智慧健康养老产品及服务推广目录（2022 年版）

一、产品类

1. 健康管理类智能产品				
1.1 可穿戴健康检测设备				
序号	省市	企业名称	产品名称	规格型号
1	北京市	北京高芯科技有限公司	老年健康安全手表	T5
2	宁波市	宁波科强智能科技有限公司	科强智能健康手表	H006
1.2 健康监测设备				
序号	省市	企业名称	产品名称	规格型号
3	北京市	北京五维康科技有限公司	动态心电记录仪	C-12
4	北京市	北京鹰瞳科技发展股份有限公司	便携式眼底相机	AI-FD16a
5	天津市	天津九安医疗电子股份有限公司	智能血糖监测系统	BG5
6	天津市	天津九安医疗电子股份有限公司	iHealth Pulse Oximeter	PO3M
7	吉林省	吉林东华原医疗设备有限责任公司	健康小屋	健康小屋工作站 V2.0
8	江苏省	江苏康尚生物医疗科技有限公司	指夹式血氧仪	SONOSAT-F01
9	江苏省	苏州爱琴生物医疗电子有限公司	近红外组织血氧参数无损监测仪/脑组织血氧参数评估系统	ECO-N17
10	浙江省	浙江大华技术股份有限公司	中文大华单目手持测温仪	DH-TPC-HT2201
11	山东省	烟台羿中医疗科技有限公司	远程动态实时心电监测系统	YZXD800-1
12	山东省	泰安市康宇医疗器械有限公司	超声波骨密度分析仪	HL-3302C
13	深圳市	深圳邦健生物医疗设备股份有限公司	动态心电记录仪 IH-12 PLUS	IH-12PLUS
1.3 家庭医生随访工具包				
序号	省市	企业名称	产品名称	规格型号
14	北京市	北京国安广传网络科技有限公司	渐健家医家庭医生签约随访工作站	V4.0
15	湖北省	武汉携康智能健康设备有限公司	智能健康服务包	D200
1.4 社区自助式健康检测设备(无)				

续表

2. 老年辅助器具类智能产品				
序号	省市	企业名称	产品名称	规格型号
16	江苏省	常州市钱璟康复股份有限公司	智能动态反馈训练系统(电动移位机)	E005
17	山东省	山东泽普医疗科技有限公司	四肢联动康复训练仪	ZPDY-MS350
18	深圳市	深圳市迈步机器人科技有限公司	下肢助行机器人 MAX	MAX-M2
3. 养老监护类智能产品				
3.1 智能监测设备				
序号	省市	企业名称	产品名称	规格型号
19	北京市	北京分音塔科技有限公司	分音塔老人安全智能报警器	SSA-003
20	浙江省	浙江宇视科技有限公司	跌倒检测毫米波雷达	RDN361
21	浙江省	杭州萤石网络股份有限公司	智能家居摄像机	CS-C6Wi
22	安徽省	来邦科技股份公司	来邦长者监护系统	NB 系列
23	山东省	山东沃尔德生物技术有限公司	非接触式卧床人员起身报警设备	DJ118A12A0B2(1.8.5)
24	湖北省	湖北三沃力源航天科技有限公司	老年人髋关节跌损智能防护气囊(穿戴式跌倒防护气囊)	DDFH-1B
25	陕西省	西安中星测控有限公司	孝为先跌到报警器	CS399
3.2 智能看护设备				
序号	省市	企业名称	产品名称	规格型号
26	北京市	北京清雷科技有限公司	毫米波雷达智能睡眠监测仪	KY-22
27	上海市	上海迈动医疗器械股份有限公司	智能床垫	SMS15082、LCM2008P1
28	江苏省	南京苗米科技有限公司	智能健康感知看护仪	MM-ZH-01/02-A
29	江苏省	江苏鱼跃医疗设备股份有限公司	可穿戴式低功耗智能制氧装备	Spirit-3
30	宁波市	宁波星巡智能科技有限公司	智慧养老看护器	SC-AI15
31	深圳市	深圳市迈迪加科技发展有限公司	智能睡眠监测器	BM8701-2、M901L
4. 中医数字化智能产品(无)				
5. 家庭服务机器人				
序号	省市	企业名称	产品名称	规格型号
32	上海市	上海小度技术有限公司	小度智能屏	XDH-0F-A1

续表

<table>
<tr><td colspan="5">6. 适老化改造智能产品</td></tr>
<tr><td>序号</td><td>省市</td><td>企业名称</td><td>产品名称</td><td>规格型号</td></tr>
<tr><td>33</td><td>江苏省</td><td>南通京希信息技术有限公司</td><td>京希慧管家-伴老智慧屏</td><td>T800C</td></tr>
<tr><td>34</td><td>广东省</td><td>珠海格力电器股份有限公司</td><td>格力“馨天翁”长者空调器</td><td>KFR-35GW/(35532)
FNhAe-B1(WIFI)</td></tr>
<tr><td colspan="5">7. 场景化解决方案</td></tr>
<tr><td colspan="5">7.1 家庭养老床位</td></tr>
<tr><td>序号</td><td>省市</td><td>企业名称</td><td colspan="2">产品名称</td></tr>
<tr><td>35</td><td>北京市</td><td>北京思杰佳通信息技术有限公司</td><td colspan="2">家庭养老床位平台</td></tr>
<tr><td>36</td><td>北京市</td><td>北京怡养科技有限公司</td><td colspan="2">基于照护管理服务模式的家庭养老床位应用场景</td></tr>
<tr><td>37</td><td>天津市</td><td>天津乐聆康养科技有限公司</td><td colspan="2">银发智康幸福屋</td></tr>
<tr><td>38</td><td>天津市</td><td>天津茵诺医疗科技有限公司</td><td colspan="2">茵诺家庭养老床位</td></tr>
<tr><td>39</td><td>江苏省</td><td>江苏中科西北星信息科技有限公司</td><td colspan="2">家庭养老床位数字化管理服务平台</td></tr>
<tr><td>40</td><td>江苏省</td><td>南京福康通健康产业有限公司</td><td colspan="2">互联网+适老化改造</td></tr>
<tr><td>41</td><td>浙江省</td><td>杭州思锐信息技术股份有限公司</td><td colspan="2">家庭养老床位系统</td></tr>
<tr><td>42</td><td>安徽省</td><td>安徽八千里科技发展有限公司</td><td colspan="2">智慧家庭养老床位建设与服务解决方案</td></tr>
<tr><td>43</td><td>安徽省</td><td>安徽晶奇网络科技股份有限公司</td><td colspan="2">家庭养老照护床位业务场景</td></tr>
<tr><td>44</td><td>安徽省</td><td>来邦科技股份公司</td><td colspan="2">居家养老</td></tr>
<tr><td>45</td><td>四川省</td><td>四川久远银海软件股份有限公司</td><td colspan="2">家庭养老床位</td></tr>
<tr><td>46</td><td>甘肃省</td><td>中电万维信息技术有限责任公司</td><td colspan="2">居家社区基本养老服务提升</td></tr>
<tr><td>47</td><td>深圳市</td><td>深圳壹零后信息技术有限公司</td><td colspan="2">壹零后家庭养老床位解决方案</td></tr>
<tr><td colspan="5">7.2 智慧助老餐厅</td></tr>
<tr><td>序号</td><td>省市</td><td>企业名称</td><td colspan="2">产品名称</td></tr>
<tr><td>48</td><td>安徽省</td><td>合肥盛东信息科技有限公司</td><td colspan="2">智慧助老餐厅</td></tr>
<tr><td colspan="5">7.3 智慧养老院</td></tr>
<tr><td>序号</td><td>省市</td><td>企业名称</td><td colspan="2">产品名称</td></tr>
<tr><td>49</td><td>北京市</td><td>北京华卫迪特健康科技有限公司</td><td colspan="2">智慧养老院</td></tr>
<tr><td>50</td><td>浙江省</td><td>杭州乐湾科技有限公司</td><td colspan="2">“三轮”驱动数智化养老院场景</td></tr>
<tr><td>51</td><td>河南省</td><td>河南开云信息技术有限公司</td><td colspan="2">智慧养老院场景解决方案</td></tr>
<tr><td>52</td><td>青海省</td><td>西宁市城北区和睦康养园</td><td colspan="2">和睦智慧养老</td></tr>
<tr><td>53</td><td>—</td><td>国投健康产业投资有限公司</td><td colspan="2">智慧养老院</td></tr>
<tr><td colspan="5">7.4 智慧化康复中心</td></tr>
<tr><td>序号</td><td>省市</td><td>企业名称</td><td colspan="2">产品名称</td></tr>
<tr><td>54</td><td>福建省</td><td>泰好康电子科技(福建)有限公司</td><td colspan="2">帕金森运动症状康复训练中心
(防颤精确性感统训练测试仪 PTT-A1)</td></tr>
<tr><td colspan="5">7.5 智慧药房(无)</td></tr>
</table>

二、服务类

1. 智慧健康服务			
1.1 个性化健康管理			
序号	省市	企业名称	服务名称
1	北京市	北京健康有益科技有限公司	益站数字化健康管理中心
2	北京市	北京医护到家健康管理集团有限公司	护士上门服务
3	北京市	北京智精灵科技有限公司	六六脑认知障碍数字疗法
4	北京市	推想医疗科技股份有限公司	肺结节/肺癌临床全程智能管理服务
5	天津市	天津九安医疗电子股份有限公司	iHealth 共同照护管理模式
6	上海市	卫宁健康科技集团股份有限公司	智慧健康服务
7	上海市	上海安康通健康管理有限公司	社区康养服务
8	安徽省	安徽八千里科技发展有限公司	烛光妈妈主动健康管理服务
9	河南省	河南省新星科技有限公司	互联网+护理服务
10	重庆市	重庆城银科技股份有限公司	颐谷云康智慧养老管理
11	四川省	四川久远银海软件股份有限公司	全程健康档案服务
12	陕西省	西安燕尾帽医疗科技有限公司	互联网+护理服务
1.2 互联网+健康咨询/科普			
序号	省市	企业名称	服务名称
13	北京市	北京金卫捷科技发展有限公司	“易指禅”应急呼叫、家庭医生健康咨询服务
14	福建省	福建健康之路信息技术有限公司	健康之路全周期医疗健康服务平台
15	重庆市	立信(重庆)数据科技股份有限公司	慧年互联网+健康科普咨询服务
2. 智慧养老服务			
2.1 互联网+居家养老生活照料			
序号	省市	企业名称	服务名称
16	上海市	上海长庚家庭服务有限公司	智慧居家养老服务
17	浙江省	浙江椿熙堂养老服务管理有限公司	椿熙堂智慧养老综合服务
18	安徽省	安徽佳安智慧养老服务有限公司	佳安智慧养老服务
19	新疆维吾尔自治区	昌吉市厚德老年生活公寓有限责任公司	厚德康养智慧养老服务
20	青岛市	青岛中康爱邻里智慧医养服务有限公司	中康爱邻里智慧居家养老服务
21	厦门市	厦门智宇信息技术有限公司	智宇智慧健康养老服务
22	——	联通数字科技有限公司	社区居家养老服务

续表

2.2 互助养老(无)			
2.3 老年人能力评估			
序号	省市	企业名称	服务名称
23	湖南省	湖南软神科技股份有限公司	老年人能力综合评估系统
2.4 线上老年教育/购物			
序号	省市	企业名称	服务名称
24	四川省	四川久远银海软件股份有限公司	养老服务商城
25	深圳市	深圳市金龄科技有限公司	网上老年大学

后　记

似乎是转眼之间，2015 年智能养老蓝皮书《中国智能养老产业发展报告》出版至今已经整整八年了。八年间，中国的智能养老领域发生了巨大变化。

先是在我国具有巨大影响力乃至在国际上也闻名遐迩的中国“皮书系列”中有了“智能养老蓝皮书”的一席之地，于是这部智能养老蓝皮书不经意间便成了“开山之作”。

接着，2017 年国家工业和信息化部、民政部和国家卫生计生委制定印发了《智慧健康养老产业发展行动计划（2017-2020 年）》，首次明确了“智慧健康”“智慧养老”的产业定位。2018 年，第二部智能养老蓝皮书顺利出版，书名仍为《中国智能养老产业发展报告》，为何没改为“智慧养老”呢？理由大约是既然已经在“皮书系列”中占了块地儿，“智能养老蓝皮书”就不能只有一棵“独苗”，加之业内同行们也大多尚未“改口”，智能养老也就硬着头皮“扛”下去了。

当开始筹划出版第三本智能养老蓝皮书时新冠疫情来了，全世界的日子都不好过，“智能养老蓝皮书”也不例外。这期间，《智慧健康养老产业发展行动计划（2021-2025 年）》发布，我们立即向社会科学文献出版社提出申请，出版社建议改为“智慧养老智库报告”出版，因为书的内容更符合智库报告丛书的要求，我们欣然接受了，于是又有了国内第一本“智慧养老智库报告”的出版。

为了更充分体现智库报告的特色，我们在中国老龄协会申报了“中国智慧健康养老产业发展及创新经验研究”课题，旨在强化政策理论研究的力度，提升书的咨政性和实践创新性，更好地为政策制定提供参考，为实践创新树立标杆。基于此目的，智慧养老智库报告的篇目除了课题研究成果外，还选择了若干篇政策性较强的研究报告，如李志宏同志、李芳云同志的《我国老龄产业政策创新的发展方向》等文章。

智慧养老智库报告与读者见面了，借此机会衷心感谢中国老龄协会、社会科学文献出版社、课题组成员和作者，以及为此书的编撰出版提供支持帮助的人们。诚然，作为第一本智慧养老智库报告，《中国智慧养老产业发展报告（2023）》还存在许多不当之处，敬请广大读者批评指正。

图书在版编目（CIP）数据

中国智慧养老产业发展报告．2023／朱勇主编．--
北京：社会科学文献出版社，2024.2
（智慧养老智库报告）
ISBN 978-7-5228-2779-7

Ⅰ.①中… Ⅱ.①朱… Ⅲ.①养老-服务业-产业发
展-研究报告-中国-2023 Ⅳ.①F726.99

中国国家版本馆 CIP 数据核字（2023）第 218432 号

·智慧养老智库报告·
中国智慧养老产业发展报告（2023）

主　　编／朱　勇
副 主 编／焦国翔　李志宏

出 版 人／冀祥德
责任编辑／桂　芳
责任印制／王京美

出　　版／社会科学文献出版社·皮书出版分社（010）59367127
地址：北京市北三环中路甲 29 号院华龙大厦　邮编：100029
网址：www.ssap.com.cn
发　　行／社会科学文献出版社（010）59367028
印　　装／三河市东方印刷有限公司

规　　格／开 本：787mm×1092mm　1/16
印 张：18　字 数：311 千字
版　　次／2024 年 2 月第 1 版　2024 年 2 月第 1 次印刷
书　　号／ISBN 978-7-5228-2779-7
定　　价／128.00 元

读者服务电话：4008918866